数字金融
与高质量发展研究

张立冬 方维慰 王德华 范玮 等著

上海社会科学院出版社
SHANGHAI ACADEMY OF SOCIAL SCIENCES PRESS

前言

　　21世纪第三个十年，人类社会正经历一场由数字技术驱动的深刻变革。以大数据、云计算、人工智能、物联网、区块链等为代表的数字科技与实体经济日趋融合，深刻改变着我们的社会、经济和生活方式。作为金融创新与科技创新叠加融合形成的新一代金融服务，数字金融凭借着自身的包容性、高效性、适应性、普惠性、渗透性，不断推动着金融业的创新与变革，不仅大力推动了金融业的数字化转型，而且也有力推动了数字经济的发展，对于推动金融更好地服务实体经济，促进经济社会高质量发展具有重要意义。

　　金融是国民经济的血脉，是国家核心竞争力的重要组成部分，关系着中国式现代化建设全局。党的十八大以来，以习近平同志为核心的党中央高度重视金融工作，积极探索新时代金融发展规律，不断加深对中国特色社会主义金融本质的认识，不断推进金融实践创新、理论创新、制度创新，逐步走出一条中国特色金融发展之路。2023年10月召开的中央金融工作会议强调，坚定不移走中国特色金融发展之路，做好科技金融、绿色金融、普惠金融、养老金融、数字金融"五篇大文章"，并提出加快建设金融强国的战略目标。党的二十届三中全会通过的《中共中央关于进一步全面深化改革、推进中国式现代化的决定》将"积极发展科技金融、绿色金融、普惠金融、养老金融、数字金融，加强对重大战略、重点领域、薄弱环节的优质金融服务"作为深化金融体制改革的一项重要内容。为贯彻落实党中央、国务院决策部署，国务院办公厅于 2025 年 3 月印发了《关于做好金融"五篇大文章"的指导意见》，对做好科技金融、绿色金融、普惠金融、养老金融、数字金融"五篇大文章"，加快建设金融强国进行了系统部署。

　　数字金融建设是金融强国的底座，能够对科技金融、绿色金融、普惠金融、养老金融形成支撑助力，是做好"五篇大文章"的重中之重。本书立足于中国式现代化建设的时代背景，围绕数字金融高质量发展和数字金融赋能经济社会高质量发展两个维度，以系统性思维解构了数字金融与高质量发展的理论逻辑、内在机理与实现路径，并就加快推动数字金融助力经济社会高质量发展提出了针对性对策建议。本书共分为四大板块，分别围绕数字金融的赋能机制、数字金融与产业融合、数字金融的科技驱动、数字金融的场景创新等四个维度展开研究。具体而言："数字金融的赋能机制"重点解析数字金融如何通过降低信息不对称、优化资源配置、提升金融包容性，为高质量发展注入底层动力，主要包括数字赋能高质量发展、数字金融的发展态势、数字时代的金融监管和数字金融的区域实践四个部分；"数字金融与产业融合"重点聚焦"科技—产业—金融"深度融合良性循环，就如何强化数字金融对数字产业化和产业数字化的支撑进行研究，包括数字金融与产业数字化转型、数字金融与产业创新体系、数字金融与专精特新企业融资三个部分；"数字金融的科技驱动"重点剖析人工智能、区块链等技术推动金融数字化转型的驱动机理和路径，通过强化科技和数据双轮驱动以提升数字金融高质量发展，主要包括金融科技的全面提升途径、金融科技与绿色金融的发展、生成式人工智能赋能普惠金融、数字人民币的应用场景四个部分；"数字金融的场景创新"则聚焦数字金融服务的普惠性和包容性，从乡村全面振兴、居民消费与适老化服务等维度，探讨数字金融如何推进全体人民共享数字时代发展红利，为促进共同富裕取得更为明显的实质性进展提供强大动能，主要包括数字普惠金融与乡村振兴、农村产权交易平台的金融服务、数字金融与消费潜力释放、数字金融与适老化服务四个部分。

本书由江苏省社会科学院财贸研究所、江苏省金融研究院的特约研究员和专职研究人员通力协作，共同完成，撰写分工如下：前言（江苏省社会科学院财贸所所长、江苏省金融研究院常务副院长张立冬研究员），《数字赋能高质量发展》《数字金融的发展态势》（江苏省社会科学院财贸研究所副所长、江苏省金融研究院副院长方维慰研究员），《数字时代的金融监管》《数字人民币的应用场景》（江苏省社会科学院财贸研究所助理研究员王德华博士），《数字金融与消费潜力释放——以江苏省为例》《数字金融与适老化服务》（江苏省社会科学院财贸研究所助理研究员范玮），《数字金融与产业数字化转型——以江苏省为例》（江苏省社会科学院原党委委员、副院长，江苏省金融研究院原院长、江苏省金融研究院高级专家咨询委员会委员、二级研究员吴先满；江苏省社会科学院农村发展研究所研究员、江苏省金融研究院专职研究员赵锦春），《数字金融的区域实践》（江苏省社会科学院财贸研究所助理研究员陈涵），《数字金融与产业创新体系——以江苏省为例》（江苏省社会科学院农村发展研究所助理研究员、江苏省金融研究院专职助理研究员黄婷婷；南京市社会科学院经济研究所研究员郑琼洁；南京大学商学院产业经济学博士生苗真子），《数字金融与专精特新企业融资》（江苏省金融研究院助理研究员巩保成博士），《金融科技的全面提升途径——以江苏省为例》《农村产权交易平台的金融服务》（江苏省社会科学院经济研究所助理研究员、江苏省金融研究院专职助理研究员陈丹临博士），《金融科技与绿色金融的发展》（江苏省社会科学院世界经济研究所助理研究员、江苏省金融研究院专职助理研究员于诚博士),《生成式人工智能赋能普惠金融》(江苏省社会科学院财贸研究所助理研究员常哲仁博士),《数字普惠金融与乡村振兴——以江苏省为例》(江苏省金融研究院专职副研究员唐文浩博士),张立冬负责书目选题、章节设计与文稿统筹,张立冬、方维慰负责部分章节修改与完善。

　　本书的写作,得到了江苏省社会科学院、江苏省金融研究院院内外诸多专家学者的支持与帮助,上海社会科学院出版社周萌女士对文稿结构与内容安排提出宝贵的意见,书中还参考了中外学者的大量著作和网站内容,在此一并表示深深的谢意! 由于数字金融领域日新月异,书中难免存在疏漏之处,敬请广大读者批评指正!

2025 年 3 月

目录

1　前言

第一部分　数字金融的赋能机制

3　数字赋能高质量发展

21　数字金融的发展态势

33　数字时代的金融监管

58　数字金融的区域实践

第二部分　数字金融与产业融合

83　数字金融与产业数字化转型——以江苏省为例

109　数字金融与产业创新体系——以江苏省为例

138　数字金融与专精特新企业融资

第三部分　数字金融的科技驱动

161　金融科技的全面提升途径——以江苏省为例

186　金融科技与绿色金融的发展

209　生成式人工智能赋能普惠金融

232　数字人民币的应用场景

第四部分　数字金融的场景创新

257　数字普惠金融与乡村振兴——以江苏省为例

279　农村产权交易平台的金融服务

302　数字金融与消费潜力释放——以江苏省为例

323　数字金融与适老化服务

第一部分
数字金融的赋能机制

数字赋能高质量发展

　　高质量发展是实现中国式现代化的重要支撑，"加快构建新发展格局，着力推动高质量发展"也是新时代经济发展的硬道理。目前，我国经济正在从高速增长阶段向高质量发展阶段演进。高质量发展具有三个显著特征：一是经济为中高速增长，二是经济结构优化转型升级，三是发展机制从要素驱动、投资驱动转向创新驱动。而以数字技术、数字平台、数字经济为主导的数字化能够有效地改变知识积累方式、重构生产组织关系、提升全要素生产率，无疑是当前推进经济转型升级、实现高质量发展的新动力。随着数字中国战略的深入实施，我国数字经济全面发力，根据中国信息通信研究院的数据，2023 年，我国数字经济规模达到 50.2 万亿元，同比增长 10.3%，数字经济占国内生产总值（GDP）的 41.5%，网民规模达10.79 亿人，全国网上零售额为 15.4 万亿元。由此可见，我国有必要也有能力利用数字赋能，为经济高质量发展注入源源不断的新动能。

一、数字赋能经济发展的研究综述

　　20 世纪 90 年代，基于美国"新经济"的出色表现、信息技术的快速扩散和互联网的全面应用，"数字经济"应运而生。1996 年，美国 IT 咨询专家泰普斯科特在《数字经济时代》中首次提出数字经济的来临。1998年，美国商务部发布了数字经济的第一部报告《浮现中的数字经济》，1999 年发布了第二部报告《新兴的数字经济》，后又陆续出版《数字经济》

系列年度报告，揭示了数字经济对美国乃至全球的影响。2020年，在经济负增长的宏观背景下，全球数字经济规模依然达到32.6万亿美元，同比增长3%，占GDP的43.7%，成为拉动全球经济复苏的火车头。世界十大上市公司中，数字经济企业占据七席，数字经济已然成为继农业经济、工业经济之后的新经济形态。因此，数字经济带来的一系列影响、渗透、驱动、变革也成为各界关注的焦点，其中，数字赋能（digital empowerment）更是成为学界研究的热点。在微观层面，数字赋能的研究主要聚焦于以数字技术为推动力，重塑商业、市场和企业模式，壮大电子商务、数字市场和数字企业的过程；在中观层面，主要关注数字技术如何能够渗透到传统产业之中，如，摩尔定律、达维多定律以及梅特卡夫法则等；在宏观层面，则关心数字经济带来的经济社会变革，如，私密性的改变、标准化的形成、数字鸿沟的产生等。H. 雅科拉（H. Jaakkola）（1991）认为信息技术扩散呈现出明显的波动状态，其外溢性对产业结构升级具有推动作用。1999年，前美国总统科技事务助理尼尔·莱恩（Neal Lane）首次系统阐释了"数字经济"的理论框架，认为信息、计算机、通信技术的融合是数字经济发展的驱动力，这种融合创造了新的经济模式。2020年，托马斯·西贝（Thomas Siebel）在其著作《认识数字化转型》中提出数字化转型是云计算、大数据、人工智能、物联网这四种革新性技术聚合的结果。宫崎（Miyazaki）（2002）认为信息产业具有边际效益递增的特点，对产业结构升级的影响深远而持久。冯·克罗格（Von Krogh）（2012）认为数字技术具有知识外溢性和共享性，能够提升技术创新效率和企业产出效率。朱迪切（Giudice）（2016）认为物联网能够重塑产业价值链，优化产业结构。戴尔·尼夫（Dale Neef）（2018）认为随着数字经济2.0时代的到来，大数据将重塑全球通信平台，创造整体效益大于部分之和的效益。托尼·萨尔达纳（Tony Saldanha）（2021）认为企业数字化转型之所以高达

70% 的失败率，并不是创新或技术问题造成的，而是因为缺乏明确的目标和实现目标的规范流程。阿尔多利诺（Ardolino）（2018）系统研究了物联网（Internet of Things，IoT）、云计算（cloud computing，CC）和预测分析（predictive analysis，PA）对于工业企业服务化转型的功能。

　　赋能是通过各种权力、资源、方法、技术来提升主体能力，进而实现价值创造的过程。在我国，"数字赋能"（digital enablement 或 digital empowerment）因为在生产方式升级、治理模式创新、生活方式改善上的杰出表现，而受到研究者的广泛青睐。学术界先后出版了《场景革命：数字化赋能行业转型》《智能＋：AI 赋能传统产业数字化转型》《数字赋能民营经济高质量发展》《创新驱动发展，数字赋能未来》《数字赋能：机械企业与工业互联网》《WEB 3.0：赋能数字经济新时代》《数据赋能：数字化营销与运营新实战》《数字经济赋能高质量发展》《数字赋能：数字时代的企业创新逻辑》等一批具有影响力的著作。同时，发表了一系列观点鲜明的文章，例如，何枭吟（2013）认为数字经济对于传统经济的影响表现在非摩擦性经济、可持续发展性经济、注意力经济、服务型经济等领域。张新红（2016）认为中国推进数字化具有网民优势、后发优势和制度优势，可实现跨越式发展。陈立枢（2016）认为应大力培育以新一代信息技术为基础的智慧产业，通过智慧产业所展现出的融合化、绿色化、智能化、高知识化等特点助推传统产业转型升级。郑莉娜（2018）认为当前应全面推进数字产业化、产业数字化、城市数字化的"三化融合"。王德辉（2020）认为数字技术的应用能够促进生产要素的再分配，进而改进传统生产方式和分配模式，提高制造业附加值。刘平峰（2020）基于 1990—2018 年中国制造业 27 个细分行业面板数据分析，认为数字技术是全要素增长率增长的主要驱动力。陈一华（2021）构建了"数字赋能扩散—低阶普通能力—高阶动态能力"的分析框架，并以此探讨了数字赋能扩散及驱动商业模式创新的内在机理。魏雪（2022）认为数字经济通过提升劳动者技能、升级劳动资料功能以及拓展劳动对象边界，来助力制造业企业技术创新。

二、数字赋能高质量发展的作用机理

英国演化经济学家佩蕾丝认为，技术对经济范式具有决定性影响，每一次技术革命都带来新兴产业的出现，并主导完成对传统经济的更新改造，推动经济范式的不断变革。高质量发展的根本在于经济的活力、创新力和竞争力，在经济结构从粗放型向集约型升级的过程中，先进技术起到至关重要的作用。在此，笔者将数字赋能划分为连接、分析、管控三种能力，并且逐一揭示其在转变资源配置方式、经济增长模式、组织管理架构中的具体作用。

（一）增强连接能力

互联网能够超越地理空间的阻隔，减少信息传递的距离摩擦作用；大数据能够搜集海量信息、精准挖掘外部需求；云计算能够存储、共享不同平台的数据，进行精准分析并反馈终端；物联网能够把各种端点联系起来，实现远程控制和智能管理。数字技术、数字手段、数字设施已然演变成为连接一切、产生数据并充分挖掘数据社会价值的通用型工具。在实践中，数字技术将强化传统经济单元之间相互传递、流通、集成、共享渠道的整合能力，使其能够及时、高效地实现跨环节、跨主体、跨区域、跨国界的无缝连接。数字赋能也有助于消除经济部门内部人员获取信息、机会、资源的结构性障碍，促成经济单元的组织结构趋于扁平化、去核心化、去中介化，从而大幅提升经济主体的内部凝聚力和对外辐射力。

（二）提升分析能力

数据挖掘、商业智能、可视化技术的运用将会使传统经济单元的信息搜寻成本、决策成本、监督成本大为降低，产业内部的透明度、供需双方的契合度、研发设计的协同度大为提升。基于大数据分析、虚拟仿真、数字孪生、辅助决策系统的运用，产业管理者将更加准确地把握消费者的偏好，定位市场需求，及时做出响应，积极改进产品。数字赋能使经济组织内部和组织外部的频繁互动，管理者的判断力、洞察力、敏捷力和预测力都得以锻炼与提升，这将有助于管理者将掌握的数据转化为对经济发展有价值的判断和可操作的指令，从而实现科学决策、组织治理与价值创造。

（三）强化管控能力

就产业发展而言，利用内置设备、传感器以及留在生产设备或产品云中的远程命令和数据算法，企业可以全面地监控产品的操作、状况和外部环境，积极对外界的风云变化做出响应，从而极大地增强企业对产业流程的灵敏度与把控度。借助丰富的监控数据流与控制设备运行的能力，企业能够以多种方式优化设备性能，显著提高输出、利用率和效率。数据流动可以带动技术、资本、人才向高效率领域集中，纠正资源错配，及时获取、有效控制和高效利用数字化信息，降低或消除企业发展的不确定性，为企业构建持续盈利能力和品牌影响力保驾护航。

三、数字赋能高质量发展的制约因素

数字经济可以从成本节约效应、规模经济效应、精准配置效应、效率提升效应、创新赋能效应等方面引领经济高质量发展。目前，中国的产业数字化与数字产业化已然具有良好的基础，但是，在充分发挥数字思维、数字认知、数字技术、数字设施对于实体经济的倍增、叠加、优化、重塑功能方面，还存在不足之处，需要重点克服。

（一）数字领域原创能力不强

我国在数字技术的原创性成果上滞后于发展的实际需要。我国每年发表的科技论文数量巨大，跃居世界第一位，但是具有国际影响力的重大科技成果并不多。在数字技术研发上，引领前沿突破的源头技术和底层技术的储备缺乏，高端芯片、工业控制软件、核心元器件、基本算法等与数字产业相关的关键技术对外依存度依然较高。在实践中，紧贴应用场景，高附加值环节"卡脖子"问题凸显，具有成果转化意义的数字技术较少；能够高效整合产业链条、横向、纵向拓展数字服务的全球领先的创新型企业还非常不够；一些地区原生性信息产业大而全、企业多而平，尚未形成强大的数字赋能推动力。

（二）数字技术渗透程度不深

传统产业，特别是工业制造、集成电路、生物医药等行业，研发和制造过程复杂、数据获取难度大、工艺经验等隐性知识占比高、原始数据质量低、异构数据标准不统一、数据暴露风险大，导致数字技术在此类产业中推广不足。教育、医疗、商务、金融、交通等行业的数字化应用目前还以单点突破为主，垂直领域的综合解决方案还不够成熟，在线新经济发展缺乏场景化的综合解决方案。目前，大型企业数字化研发设计工具普及率、关键工序数控化率显著提升，但是，中小传统企业数字化赋能不够深化，大部分中小企业仅仅完成基础资源数字化或是形式上的线上办公，并未对业务流程和技术架构进行深层次的数字化改造。数字化车间、智能工厂建设投入失衡，表现为重视设备等硬件投入，软件投入相对不足。数字经济在地区之间、产业之间、人群之间的渗透还不平衡不充分，垄断与不正当竞争、数据安全、隐私保护、技术伦理等风险依然存在，因而，我国还需要全方位地推进数字治理。

（三）企业数字转型能力不强

随着企业数字化转型逐步进入深水区，数字化转型的架构越来越复杂，成本更大而风险更高，投资回报期更长，这使得不少中小企业望而却步。特别是在经济低迷的时期，企业经营效益普遍较差，自有资金数额有限，难以满足数字化转型需要的大量资金。数字赋能不仅仅是技术更新，更是企业经营理念、战略、组织、运营的全方位变革，部分企业数字转型思路不清晰、意识不坚定，对数字技术赋能的效果存在后顾之忧，例如，设备维护跟不上、工人的操作习惯很难改变、上云后可能带来数据泄露等问题。这些投资顾虑困扰着企业，阻碍企业从发展战略高度进行长期的数字化转型谋划。同时，数字赋能需要更快的信息交互与数据流转，更广泛的数据共享与集成，但是，当前许多企业依然保留着传统的组织模式，多个异构软硬件平台和信息系统同时运行，人为割裂数据的生产、流通、加工，造成数据增值困难。

四、数字赋能高质量发展的实施方略

中国数字经济发展的速度和规模均居全球前列，具有广阔的发展空间，目前正加速转向深化应用、规范发展、普惠共享的新阶段。相对于单纯发展数字技术，"数字赋能"需要实现的是信息与物质的正向耦合、虚拟与实体的深度交融，这是一项更加复杂的系统工程。高质量发展的根本在于增强经济的活力、创新力和竞争力，因而，在实践中，需要从战略高度，通盘考虑、科学谋划，让数字赋能于经济的高级化、智能化与绿色化发展。

（一）存量改造、虚实融合，实现高端化升级

数字赋能需要多样化、个性化的组合方式与协同模式，必须由浅入深、循序渐进地实施。经济发展拥有大量沉睡的碎片化数据，首先，数字赋能需要基于发展需要搭建数字平台，将分散的数据进行价值挖掘、实时传递、同步更新；其次，逐一打通生产数据流、产品数据流、供应链数据流；最后，进行产业上下游供应关系和产业链内横向合作关系的多维度、立体化的数字化。推进数字赋能，不可以好高骛远，而是要以解决经

济发展的瓶颈与痛点为出发点，有的放矢地进行务实性开拓；不可以空中楼阁，而是要以数字技术作为赋能工具，切实提升产业的客户对接、组织应变、产品创新、生态协同、智慧运营的能力，切勿统一划定指标、指定设备。因不同产业发展具有显著的异质性，在实践中，可以选择基础条件好、成长性强的行业龙头企业开展试点示范，通过典型引路、以点带面或者滚动改造的方式，实现行业数字化转型。同时，利用数字赋能模糊三大产业间的边界，加深先进制造业、现代服务业、高效农业之间的关联，形成相辅相成、良性循环的协同发展态势，促成三大产业共同向高端化演进。

（二）普惠包容、耦合共生，促进智能化转型

沉淀成本（Sunk Costs）指投资承诺后，在退出时不能得到补偿的成本或交易专用性成本。传统产业在转型升级时，不仅无法回避已发生的沉淀成本，而且还要支付各种新增成本，包括解雇工人的成本、培训成本、谈判成本等。成本约束与不确定性风险，往往会削弱传统中小企业数字化转型的积极性。为了能在智能化转型中破题，传统产业应采取"平台＋生态"的方式，推进"互联网＋协同制造"行动，建设"工业云"平台，构筑"培育龙头企业＋稳定核心企业＋集聚关联企业"的数字化转型战略联盟，支持大企业建平台、中小企业用平台，引导不同规模的企业参与云设计、网络协同制造、大数据营销、网络供应链协同发展。制造业需要沿着"智能装备—智能生产单元—智能生产线—智能车间—智能工厂—智能制造系统集成"的路径，深化机械化与数字化的融合，遵循传统生产实际的"智能需求"进行技术补课，注重模块重组创新与技术集成创新，逐步形成自感知、自学习、自决策、自执行、自适应的新型生产方式。

（三）资源替代、梯度推进，实现绿色化改造

工业化时期，产业发展是以大规模地消耗原材料、能源、资金和人力为基础的；信息化时期，产业发展的资源要素转向以人的智力和物化在产品中的信息为基础，知识与有效信息成为最有生命力的战略资源，并对传统的实物型资源产生显著的节约与替代作用。传统产业转型升级需要利用数字资源具有的"边际效益递增"的特性，将新的生产要素不断补充到生产函数中去，实现实体资源的替换与补偿。通过"机器换人力""自动换手工""成套换单台""智联换数控"的渐进式线路，改造传统工业生产线，更换老旧生产设备，改良产品设计、提升生产工艺，实现能耗的精准感知与全流程可控；借助行业工业互联网的一体化平台，提升企业之间的黏性，推进余料共享、设备共享、产能共享，以便最大限度提高原材料、能源的利用率；通过智能感知、工业数据采集、无线传输、大数据分析和应用，实现行业设备智能运行与维护，提高设备综合使用率。同时，加快数字技术与低碳技术、生态技术的融合，推进绿色工厂建设，促进循环经济发展。

五、数字赋能高质量发展的重点领域

近年来，数字经济不仅缓解了疫情对经济的冲击，而且还成为经济增长的强大引擎。2022 年，我国数字经济规模达到 50.2 万亿元，占 GDP 的 41.5%，名义增长 10.3%，已连续 11 年高于 GDP 增速。数字化成为共识度最高、确定性最强的未来趋势。当前，我国必须利用数字化的高附加值、自我膨胀性、强渗透性，优化传统产业结构，重组传统要素资源，改变产业竞争格局，加快推进产业流程升级、产品升级、功能升级、价值链升级，实现生产能力的现代化与高质量发展。

（一）数字赋能生产模式创新

以蒸汽机为代表的第一次工业革命，使人类进入了机械化生产时代；以电力为代表的第二次工业革命，使人类进入了规模化、社会化大生产阶段；以信息技术、数字技术的产生及广泛应用的新一次工业革命，使传统的以生产者为中心的规模化、订单式生产模式向以消费者为中心的定制化、参与式的生产模式转变，传统单一的人与机器的操作式生产，向机器与机器、车间与车间、工厂内与工厂外的协同化、自主化、智能化生产转变。在实践中，工业企业需要努力提升关键工序数控化率、数字化研发设计工具普及率，将生产订单的预计完成时间、工序进度统计、流转方式等都交由系统计算，自动完成精益计划，以最优品质、最低成本和最高效率对市场需求做出最迅速的响应。缩短产品生产周期，实现从期货式、大规模、通用化生产向现货式、柔性化、定制型的生产组织模式转变。传统服务业需要通过电商平台，对消费偏好进行深度挖掘和灵活应对，基于"客户力量"和"小利润大市场"，实现消费的"长尾效应"。同时，借助移动LBS应用、动态算法与定价、双方互评体系等，发展共享经济，剥离闲置资源的所有权和使用权，实现传统生产要素或者生产能力的碎片分享，推进服务业由传统的生产商到销售商再到客户的直线型结构模式向共享型、众筹型商业模式转变，更加体现以人为中心的社会价值导向。

（二）数字赋能分工边界拓展

以往企业信息化的解决方案往往依赖于办公自动化（office automation，OA）系统、企业资源规划（enterprise resource planning，ERP）系统、客户关系管理（customer relationship management，CRM）系统等，而这些只是企业某个组成部分的信息化，并未彼此联通。随着数字技术的成熟与数字服务的深化，产业发展可以便捷地使用5G技术、时间敏感网络（TSN）、边缘计算等新型网络技术，建设企业内网，并且以更低的成本将内网与高性能、高可靠、高安全的外网广泛连接，从而为内部有序协作、技术充分扩散、要素优化配置和供应链管理创造条件。基于密集的外联网络，制造业向上可以精准把控零部件的供应商来源，向下可以对出厂设备进行实时数据采集和监控；服务业可以对外建设用户交互体验体系，多渠道地把握市场动态与用户需求，最大程度地避免供给偏差。

之前传统制造业大多通过地理空间上的集中布局，来获取规模效益和集聚效应，然而过度的地理集聚会形成区域间产品同质化严重、产能过剩。依托数字技术的共享性、外溢性、可持续性，传统产业可以突破分工地位与时空约束，在更大范围内配置资源，实现异地生产、合并组装的"协同制造"，产业链上下游将高效依存，产业区位选择的自由度将由此增强。利用虚拟数字空间与实体物质空间的协作效应，构筑"虚拟产业集群"，形成纵向深入、横向延伸和跨界融合的产业共同体。凭借产业生态的整体优化，增强产业抗拒外部风险的韧性，使我国产业在全球竞争的复杂博弈中依然能够提供有效供给。

（三）数字赋能交易成本降低

泛在连接和全方位感知可以实时监控生产设备运转情况，减少产能的浪费；云计算可以优化软件构架，提升产品研发、生产运输、销售服务等流程的效率；物联网、人工智能可以降低信息收集、传递和储存的成本，减轻信息不对称程度。数字赋能将提升传统产业生产、分配、流通、消费各个环节的协调性，信息获取和交流的畅通性，技术创新与产业的配套性，从而大幅度降低信息获取成本、资源匹配成本、资本专用性成本等交易成本与运行成本。《数字中国建设发展报告（2018 年）》显示，工业互联网平台可帮助企业实现研发成本降低 30%，生产效率提高 10%，节能减排10%。基于数字赋能产业转型的突出表现，我国应继续推进制造业"上云用数赋智"工程，利用低时延、高可靠、广覆盖的工业互联网，提升安全生产能力和精细化管理能力，降低管控成本。同时，数字技术与数字平台将赋予科技创新活动更多的开放性与包容度，产业应积极吸纳多元化主体参与企业的技术创新、模式创新与制度创新，重构创新生态网络，提升产业创新绩效。

（四）数字赋能产业价值链增值

传统产业的价值链呈现 U 字形曲线，"中国制造"虽然已经融入世界产业分工体系，但是，"两头在外"的现象依然存在，多数利润区间处于 U 字形曲线的底部。而数字技术能够进行全产品生命周期的赋能活动：在前端环节，大数据、云计算能够精准把握消费者偏好，模拟仿真设计、修正产品供给，提升市场占有率；在中端环节，智能机器人、物联网能够提升生产及组装环节的效率和精度；在后端环节，数字化营销能够实现线上线下海量数据的融合与商业模式的贯通。因而，中国产业需要通过数字赋能产业链的乘数效应，强化数字—物理—机制的联通，实现"弯道超车"，强化联合研发设计、核心技术创新、市场营销开拓、零部件升级、高级品牌培育，增强对于产业链、供应链、资金链的控制力，提升产业的技术水平和产品附加价值，进而提升"中国制造"在全球价值链中的影响力与辐射力。

六、数字赋能高质量发展的具体举措

为了防止出现粗放化与形式化的数字化，数字赋能高质量发展需要立足技术先进性、引领示范性、产业配套性、环境适应性和资源禀赋性，从设施、技术、平台、资源、应用等多个维度，全方位地推进。

（一）超前布局数字基础设施

利用"新基建"政策利好，加快云网环境、数据共享、通用技术的基础能力建设，构建高速泛在、云网融合、安全可控的"云＋网＋端"信息网络，促进人机物共融。加大政府财政相关专项资金的支持力度，带动全社会的数字经济投资。支持与促进各类底层技术与关键核心技术的研发，推动 5G 网络与人工智能、万物互联等新型数字技术的深度融合与广泛应用。通过传输功能与更强的算力水平，满足人工智能采用的分布式深度学习需求，实现传统制造业的高端化、智能化、绿色化转型升级，形成数字赋能的新优势。超前布局未来无线信息互通网络，探索培育全球首个广域确定性网络，超前布局下一代乃至未来无线信息网络、元宇宙，构建应用场景，拉动相关需求。算力是形成数据要素的动力，数据赋能的基础，是数字经济的核心生产力。中国需要积极构建未来算力网络，提高基础算力水平和算力网络调度能力，持续推进芯片研发，提升国家超级计算无锡中心、昆山中心的能级，加快高性能算力部署，构建云网融合的新型算力设施，推进云网协同和算网融合发展。

（二）厚植数字赋能的产业基础

在数字经济体系中，信息产业是基石，数字赋能传统产业想要取得实效，必须做大做强软件设计、信息服务、信息安全、数字内容、区块链等信息产业，以期为数字化转型提供强有力的产业支撑。信息产业是多个省份的先导产业和支柱产业，未来需要进一步发挥信息产业在推动传统产业转型升级上的引领作用，鼓励信息产业加大研发投入，通过并购重组等方法扩大产能、做强主业，为设备赋智、为企业赋值、为产业赋能。作为政府，需要出台优惠政策，鼓励专精特新软件企业加大对于传统产业升级的支持力度，增强中小企业数字化转型的可得性。政府需要有针对性地培育智能化改造和数字化转型服务商，搭建供需对接平台，做好服务工作，逐步推进数字化政策供给从"普适型"向"专一型"演化。在基础设施上，需要推进"5G+工业互联网"内网改造工程，大力发展工业软件和工业App，强化安全保障能力，夯实制造业数字化改造的硬件基础。倡导企业通过"云分析"增加产品附加值，梳理传统产业数字化转型的关键环节、重点场景、典型案例，量体裁衣地设计数字化改造方案，分行业开展对标建设。积极推进智能制造系统解决方案供应商与企业主体精准对接，可召开形式多样的对接会，引导制造企业、集成商、金融机构、高校院所共同塑造产业转型的数字化生态。鼓励金融机构定向开放面向制造业数字化改造的金融服务产品，引导金融机构增加制造业中长期贷款，支持企业设备更新和技术改造。

（三）深耕数字经济融合发展领域

将"制造强国"建设与"网络强国"建设进行有机结合，探索数字经济与实体经济融合的多元化场景，推进数字新技术、新业态的应用，探索成熟的可推广的商业模式。进一步巩固国家工业互联网安全技术保障平台建设，优化工业互联网公共服务平台，推进"产业＋企业＋平台＋人才＋载体＋金融"的全方位的"5G＋"融合应用项目建设，增强中小企业数字化转型的信心，提高其主观能动性和自主创新的意识。依靠经济手段和行政手段，实行间接性、多元化的数字化政策，特别是对于较为弱势的夕阳产业，需要平衡好数字化转型的资本投入与市场回报的关系，可利用规模效应来降低数字化转型的成本。构建政府、企业、公民共同治理的数字社会，营造相得益彰的数字经济发展环境，避免产业数字化中的"逆向选择""道德风险"及"IT悖论"。完善数字技术创新平台建设，打造一批数字赋能实验室、工程研究中心、产业创新中心、技术创新中心。完善电子政务、空中课堂、在线医疗、智慧养老，通过精准服务与垂直管理，实现数字治理的高效化与智慧生活的人本化。

（四）突破数字关键技术瓶颈

目前，我国涉及高端通用芯片、高频元器件、操作系统的核心技术对外依赖度仍然较高，现有信息产业多以单点技术突破为主，尚未形成安全可控、国际先进的技术体系。为此，需要强化核心技术知识产权战略布局，关注信息领域前瞻性基础研究，加大关键技术的自主研发力度。有效汇聚科教资源，整合科研力量，推进政、产、学、研、用协同创新，培育基于数字化转型的共性技术创新联盟，着力攻克感知、传输、处理的物联网技术及高性能计算技术，创新突破并行计算、海量信息处理、数据挖掘、机器学习等大数据技术，积极研发人工智能、全息显示、虚拟现实等下一代技术。同时，坚持有所为、有所不为，动态梳理产业短板技术和装备清单，因地制宜建立重大技术攻关项目库，确定优先目标，实现重点突破。以大型科技型企业为主体，以专项基金为支撑，联合高等院校、科研院所的人力物力，组建高等级工程实验室和行业工程中心，共建产业技术创新战略联盟。数字经济存在着"赢者通吃"的现象，事实标准往往就成为行业标准，因而，发达国家普遍采取"数字技术专利化—专利标准化—标准垄断化"的"三步走"策略，以拥有技术的垄断权。我国也应在精准预测技术成果的潜在商业价值后，趁势实施技术的标准化战略，通过技术的成熟推广与大规模的商业化应用，形成事实标准，进而在技术标准竞争中掌握主动权，逐步实现数字科技高水平自立自强。

（五）发挥数据要素驱动功能

目前，"数据"已经由传统的统计学要素演变成与劳动、资本同等重要的生产要素。释放数据要素的潜能必须进一步拓展数据的商业化应用场景，打造突破性数据技术的创新成果转化应用示范。探索将更多数字场景应用于公共服务、社会管理等领域，提升跨层级、跨地域、跨系统、跨部门的协同管理和服务水平，促进数据、技术、场景深度融合。加快制定数据权益制度，开展数据资产计价研究，建立数据要素按价值贡献参与分配机制，促进数据交易，通过商业化手段放大数据的价值。提升数据要素的流动、开放与共享水平，提高数据应用价值与使用效能。借助联邦学习、零知识证明、隐私计算等技术，大力推动分布式数据价值分享体系的构建，依托数据确权、流通管控、共享开放数字资源，在数据"加工"中唤醒要素价值。同时，实现数据"活而不乱"的动态平衡，防止数据垄断势力产生，避免数据要素趋向集中而被单一组织掌控，从而导致创新活力丧失、市场效率下降。大力推动数据脱敏，引导企业适当开放数据，以市场的力量拓展数据价值。避免数据持有者为保证自身利益，销毁或形成沉默数据，保障数据资源掌握在更能促进生产力发展的社会部门。推进公共数据的汇聚利用，拓展公共数据的涵盖范围，将生产生活产生的各类数据形成公共大数据。有序管理公共数据，确保公共数据的质量、可用性和安全性，为社会决策、资源配置和市民服务提供支持。以共享为原则、不共享为例外，将数据资源目录、数据共享清单作为政务信息化项目审核的前置条件，将数据共享的完整性、时效性作为确定项目建设投资、运行维护经费和验收的必备条件。编制实施数据共享动态责任清单，加强数据供需对接，提升数据共享质效。

（六）培育数字经济创新人才

目前，高校的专业设置与培养周期偏长，难以适应数字技术的迅速迭代，况且数字经济应用场景日趋多元化，任何一个场景都需要跨专业、复合型的科技人才，为此，急需完善数字化转型的人才培养培训体系，以期为传统产业高端化、智能化、绿色化改造提供源源不断的智力支持。第一，以需求为导向，培养数字化应用人才、数据分析人才、数字技术人才等，将职业培训、再教育、岗位技能提升培训、创业创新培训与高等教育，共同组成一个立体式的培训体系。充实数字经济相关专业的师资队伍，建议引入实践经验丰富的企业领军人才作为导师，搭建多样化的数字经济实践教育平台，如打造校内实训平台或校企联合办学，构建数字化转型相关实践教学基地等。第二，推进基础性数据研究人才的培养，聚焦基础数字科学与各类底层技术与关键核心技术的研究与创新，减少趋利性市场因素对基础性、原创性研究的影响。第三，完善企业内部职工培训制度，将企业管理设计、员工培训与技术创新有效结合，提高内部运作效率。鼓励员工接受培训和在职学习,尤其是提高一线工人的数字化素养,减少智能化制造的阻力。第四,创新高等院校的专业设置与教学课程设置,如设置基础性的数据科学专业,专业交叉上涵盖数字经济的众多应用场景,使课程设置与学生选课上更加灵活,打破学科专业壁垒,深化学科交叉融合,创新学科组织模式,打造新型人才培养模式,为数字赋能提供强有力的人才支撑。

参考文献

［1］Digital CHINA: Powering the economy to global competitiveness, Mc Kinsey Global Institute. 2017.

［2］H. Jaakkola: Technology management with mathematical diffusion models. Innovation in Technology Management. The Key to Global Leadership. PICMET '97, 1997.

［3］［美］达尔·尼夫:《数字经济 2.0》,中国人民大学出版社 2018 年版。

［4］Scuotto V., Nicotra M., Del Giudice M., et al. A micro-foundational perspective on SMEs' growth in the digital transformation era. *Journal of Business Research*, 2021。

［5］［美］托尼·萨尔德哈:《数字化转型路线图:智能商业实操手册》,机械工业出版社 2021 年版。

［6］Ardolino M., Rapaccini M., Saccani N., et al. The role of digital technologies for the service transformation of industrial companies. *International Journal of Production Research. Vol.56, No.6*, 2018,

［7］李载驰、吕铁:《数字化转型:文献述评与研究展望》,《学习与探索》2021 年第 12 期。

［8］王伟玲、王晶:《我国数字经济发展的趋势与推动政策研究》,《经济纵横》2019 年第 1 期。

［9］何枭吟:《数字经济发展趋势及我国的战略抉择》,《现代经济探讨》2013 年第 3 期。

［10］张新红:《数字经济:中国转型增长新变量》,《智慧中国》2016 年第 11 期。

[11] 陈立枢:《智慧产业发展与中国产业转型升级研究》,《改革与战略》2016
年第 10 期。

[12] 王德辉、吴子昂:《数字经济促进我国制造业转型升级的机制与对策研究》,
《长白学刊》2020 年第 6 期。

[13] 刘平峰、张旺:《数字技术如何赋能制造业全要素生产率》,《科学学研究》
2018 年第 8 期。

[14] 魏雪:《数字经济赋能制造业企业高质量发展的内在机理与实现路径研究》,
四川大学硕士学位论文,2022 年。

[15] 夏玲:《数字技术赋能浙江省装备制造产业结构升级研究》,哈尔滨商业大
学硕士学位论文,2021 年。

[16] 腾讯研究院、中国人民大学统计学院:《国家数字竞争力指数研究报告》,
国家数字经济竞争力系列论坛,2019 年。

[17] 方禹:《构建助力数字中国的政策法规体系》,《现代电信科技》2017 年第
6 期。

[18] 胡婧怡、施钰、韩鑫:《数字化智能化改造深入推进传统产业升级升链升活
力》,《人民日报》2023 年 2 月 27 日第 2 版。

[19] 杨东、龙航天:《数字经济重构经济发展新格局》,《金融博览》2019 年第
2 期。

[20] 陈一华:《制造企业数字赋能扩散及驱动商业模式创新的机理研究》,华南
理工大学博士学位论文,2021 年。

[21] 刘腾:《数字赋能对企业价值影响的机理与路径研究》,山东理工大学硕士
学位论文,2022 年。

[22] 田五星、王丽娟、王伟:《数字赋能中小企业产业链转型研究》,《商业经
济》2023 年第 3 期。

[23] 丁波涛:《数字技术赋能产业转型,实现上海经济高质量发展》,《中国信息
化建设》2021 年第 1 期。

[24] 方维慰:《推进数字经济高质量发展的战略分析》,《重庆社会科学》2019
年第 11 期。

[25] 王振宇:《发展中国家的数字金融及其对经济增长的影响》,上海社会科学
院博士学位论文,2022 年。

[26] 张林炜:《数字金融对城市经济高质量发展的影响研究》,山西财经大学硕
士学位论文,2023 年。

数字金融的发展态势

　　随着数字理念、数字技术、数字平台的快速推广与渗透，数字经济与金融供给的融合也愈加紧密，"数字金融"应运而生。如果说，数字经济是高质量发展的重要引擎，那么数字金融作为金融转型升级的新形式与新模式，将在加速新旧动能转换、持续优化经济结构、培育新的增长点与新质生产力等领域，做出举足轻重的贡献。以新动能驱动中国经济持续高质量增长离不开金融"活水"的支撑，目前，我国正在加快构建中国特色现代金融体系，数字金融这一新型的金融服务模式，将成为多样化专业性的金融体系中重要的组成部分，更加有效地为实体经济发展造血、活血、输血。

一、数字金融的概念和内涵

　　在"数字金融"概念形成之前，出现在普通生活中的多是"移动货币""直销银行""互联网金融""数字支付""数字货币"等名词，主流期刊中数字金融研究成果不时出现，但是还未能成为研究热点。随着支付宝、余额宝、微信支付在中国的成功推广，2016 年，北京大学数字金融研究中心与"蚂蚁金服"联合发布了中国数字普惠金融指数；2017 年，党的十九大报告明确提出数字金融是提升金融服务效率的重要途径；2019 年《金融研究》发表了关于数字金融的特刊，"数字金融"逐渐成为学术焦点问题，至此在中国知网上以"数字金融"为题目的硕博论文已经达到 600 余篇。

　　数字金融是将互联网、大数据、区块链、云计算、人工智能等前沿数字技术与信息设施应用到金融领域，通过数据协作和整合，打造出智慧金融生态系统，从而产生的新服务、新产品、新业态。相对于"互联网金融""金融电子化"，数字金融不仅能够全面使用新一代信息基础设施，进行跨网点、跨地域、跨银行的便捷金融服务；而且能够充分开发、整合和利用"数据"这一核心资源，加快金融供需双方的有效匹配和精准衔接，同时开发网络借贷、互联网保险、网络银行等新业务，推进传统金融业务的效率变革（如图 1 所示）。目前，数字金融已然从具体业务和产品环节的技术创新扩展到货币支付、投资咨询、营销获客、渠道运营、风险管理等整个金融行业的全方位技术创新，并且呈现出普惠性、低成本、智能化、精准化、高效化的发展特征。

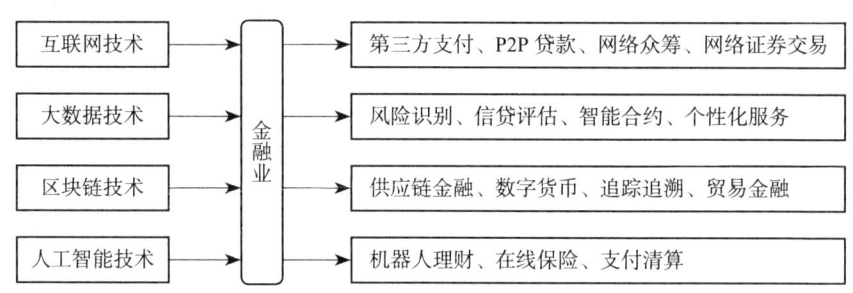

图 1   数字技术在金融业的渗透

（一）易获性

数字化、网络化、智能化、移动化使得金融活动更加灵活、便捷、智慧。从现实层面看，数字金融可以利用信息化的时空压缩效应，减弱距离摩擦效应，使得用户无须前往实体银行或金融服务机构，就能获得支付、储蓄、信贷等金融服务。数字金融可以提升金融服务的"触达能力"，解决金融服务"最后一公里"的问题，使得金融服务能够覆盖更为广泛的用户群体，让一些缺少银行网点、ATM 机等设施的地区也可以同样享受到金融服务，从而提升金融服务的覆盖率、可得性和满意度。

（二）精准性

数字金融以先进的底层技术和智能化终端设备为依托，建设自助银行、网上银行、手机银行，并且在银行、证券、保险、信托、基金、期货等领域广泛构建起第三方征信体系，从而大幅度降低了信息不对称性。通过数据清洗和挖掘，数字金融平台能够从杂乱无章的海量数据中提取有价值的信息，开发出有针对性的金融产品，准确评估消费者的信用水平，提供精准的金融服务。可以说，数字金融改变了传统金融业信息传送、接收、分析、处理的方式，提升了一站式金融服务的有效性，使得"无抵押、无担保、纯信用"的贷款方式成为可能。区块链技术以其不可篡改的特性，提升了金融业务的安全性与透明度，改善了金融资源的配置效率。随着技术的成熟和监管环境的完善，在数字技术加持下，政府对个人支付（G2P）、个人对政府支付（P2G）将有效地减少腐败和欺诈，营造相对安全的金融生态环境，从而提高公共资金的使用效率和公开程度。

（三）低成本

借助数字时代红利，数字金融可以减少信息搜集、人力配置、运营过程、风险管控、产品交易的成本，简化传统金融机构的贷款审批程序，增添第三方支付、个人对个人支付（P2P）、数字保险等新的金融业务，从而拓宽投融资渠道，加速资金流通效能。利用数字化平台，数字金融能够前瞻性地掌握资金供给者的风险偏好以及未来的投资回报率，还能够将金融资源打包成多样化的金融产品，以优化信贷流程、提升资金配置效率。通过扁平化、分布式、网格化的金融组织方式，数字金融服务将呈现"去中心化""去中介化"的态势，从而使得金融服务供给更加直接与简捷。

（四）挑战性

作为金融服务的新型模式，数字金融的飞速发展也必然面临诸多的挑战与风险。大数据、区块链技术的应用提高了金融服务效率，但是，隐私安全、信息泄露、黑客攻击、数据造假、金融欺诈、数据产权等风险也随之而来，如果风险未得到有效控制与化解，就会严重影响数字金融的正常运行。特别是金融数据包含国民账户信息、企业资金流转等重要内容，一旦泄露，会带来比一般数据泄露更大的风险。此外，数字金融的便捷服务，需要大众具备相当的数字素养、数字技能和文化水平，一些金融科技理财工具，都要投入资源进行培训和引导，如果不进行全民数字能力的培育，数字金融依然会在人群之中产生"数字鸿沟"。此外，数字金融的网络性、跨界性、技术性、创新性以及快速渗透性对既有的货币政策和财税政策也会发起冲击，数字金融将给予金融的分业监管、机构监管、事后监管带来诸多挑战。因而，构建适应数字金融混业经营现实的监管体系，以保障数字金融安全健康地运行，势在必行，刻不容缓。

二、数字金融的正面功效

经济是生命的肌体，金融是流动的血液，两者是密不可分、相辅相成的关系。然而，遗憾的是我国金融业对于经济发展的推动力还不充分、不平衡，加之近年来世界金融市场加剧动荡，非常规性货币政策频出，输入型金融风险明显增多。可喜的是，作为数字技术与金融服务的融合体——"数字金融"，凭借着自身的包容性、高效性、适应性、普惠性、渗透性，不断地推动着金融业的创新与变革，有效地提高了金融资源的匹配度与金融市场的活跃度，为金融供给侧结构性改革提供新的契机。通过平台化、移动化、智能化、场景化、个性化的金融产品与金融服务，"金融排斥"现象得到有效缓解，金融有望步入高质量发展的轨道。

（一）促进普惠金融发展

2005 年，联合国提出"普惠金融"的理念，旨在以可负担的成本为有金融需求的群体提供有效的金融服务。普惠金融基于机会平等要求和商业可持续的原则，强调全社会对于金融服务的可获得、可接受。普惠金融的倡导在全球范围内得到高度认同，但是，各国在推进普惠金融的实践上却力不从心，因为在竞争激烈的金融市场中，金融机构更加倾向于服务利润高的客户群体，而非普惠金融的目标客户；加之小微企业和低收入人群缺乏足够的信用记录，也在实际上增加了金融机构评估和管理信贷风险的难度。幸运的是，以低成本、便捷性为特征的数字金融为普惠金融的发展提供了崭新的思路。因此，二十国集团（G20）会议指出，数字金融是通过数字化工具以促进普惠金融发展为目标所提供的金融服务。

目前，我国金融市场体系尚不完备，资源错位配置、市场运行效率低等问题依然存在。与传统金融相比，数字金融能够有效缓解因地理距离、产品价格、评估程序、营销渠道等产生的金融排斥行为，拓展金融服务范围，提升金融工具效用，使那些以往难以获得金融供给的社会群体和中小微企业，获得金融服务的机会。例如，通过移动支付平台与银行账户的连接，中低端客户群也能够实现存、取、汇实时到账；通过互联网平台、大数据技术，数字金融扩展了业务的包容性和广泛性，减弱了服务的排他性和有效边界，使得被传统金融排斥在外的长尾群体也获得适宜的金融服务，从而影响金融资产的配置行为。实践表明，凭借更加便利、有效、个性化的服务，数字金融将在缓解实体企业融资约束，优化消费结构、缩小区域差距、平衡城乡关系、实现共同富裕、促进包容性增长等方面做出突出贡献。特别是在疫情期间，数字金融通过线上渠道为中小微企业提供贷款支持，缓解中小微企业融资需求"短、频、急"的痛点，助力实体经济恢复。由此可见，数字金融既有普惠金融的可得性、易获性、供给量大的特征，又兼具数字化的低成本、广覆盖、智能化的优势。

（二）降低金融交易成本

利用智能化平台和无纸化办公，数字金融能够减少对物理场所的依赖，降低对实体信贷记录、财务报告的限制，并可以在数据收集上形成显著的规模效应，以减少信贷约束和融资成本，拓展服务渠道，提升融资可得性。根据统计，传统信贷的单笔操作成本为 2 000 元左右，而依托数字平台该成本降低至 2 元左右。同时，金融服务与数字技术的互动融合使得海量信息的快速处理成为可能，信息记录系统的构建和关联大幅减少了信息验证的费用，使金融机构可以精准识别和预测潜在的对象和市场，从而提升了资金供给的匹配度。相比于传统金融模式，数字金融拓展业务的边际成本几乎接近于零，这也降低了营造智能化、场景化、多样化融资平台的服务门槛，使得金融服务的对象更加普遍。例如，余额宝设置的最低购买金额仅为 1 元，且目标对象是海量支付宝用户的闲散资金，就是运用这种积少成多的长尾效应，成就了如今巨大的余额宝资金规模。同时，运用内嵌的人工智能技术，金融机构能够动态、快捷地追踪借款者的信用水平变化，降低市场主体之间的信息不对称性，通过开展智能风控，减少人为失误和干扰，提升风险识别效率，降低风险控制成本。

（三）提升业务运行效率

与传统金融结构"层级化"的组织架构不同，借助数字技术与网络设施，数字金融呈现出"去中介化""去极化""点对点"的供给特征。因为减少了管理的层级，可以实现对交易指令的快速响应和执行，使金融业务运行效率显著提升。数字金融将物理网点的业务转移到移动终端，将现金支付转变为扫码支付和第三方支付，减少了现金限制，缩短了支付链条，提升了支付的安全性和金融服务的便捷性。网络信贷市场既满足了居民不同期限的缓冲储备需求，降低了风险规避型投资者的预防性储蓄动机，又通过基金理财的方式，加速了货币流通，使居民获得相对于传统储蓄更多的财富增值。数字技术在克服信息不对称方面发挥着重要作用，数字金融可以精准捕捉贷款者复杂的手机账单、数字足迹、保险记录等多种信息，充分挖掘和分析海量的市场信息，降低了放贷决策对于单一财务信息的过度依赖，加快了审批流程，有助于缩短贷款者的申请时间，提高交易透明度，压缩审贷过程中的寻租空间。通过大数据与云计算，数字金融对用户进行精准"画像"，快速识别财务作弊行为，降低投资者因信息劣势可能受到的利益侵害，从而较好地保护了投资者的权益。同时，数字金融可以便捷地实现个性化金融产品推荐，帮助投资者理性地筛选出符合自身需求的金融产品，从而提高产品交易的匹配度。总之，数字金融以更加优化的信贷结构、更加高效的金融服务，显著提升了金融机构的全要素生产率，推动金融服务的包容性增长，并且间接起到优化营商环境的作用。

（四）推进金融产品创新

凭借低成本、广覆盖、高精度的优势，数字金融为金融产品的创新与升级提供了新的可能性。利用大数据技术与人工智能技术，数字金融能够实现智能投顾、个性化财富管理等服务，设计定制化的投资组合和保险方案，满足不同层次客户的需求。利用移动支付、在线银行、电子货币等手段，数字金融能够提供无缝对接的金融服务，使得金融产品更加便捷、亲民。特别是在疫情期间，推出的"非接触式"的"在家"金融服务，有力地保障了基本金融业务不中断。通过金融与科技的深度融合，数字金融开发并推出供应链金融、互联网保险、数字债券等创新型金融产品，衍生出数字期权、加密货币期货等，为投资者提供多元化的投资工具。在实践中，数字金融深度嵌入其他产业，积极开展跨界合作，开发基于各类场景的金融产品，如与电商平台合作推出"购物贷"，与出行平台合作提供交通保险等，充分释放其服务实体经济的能力，基于区块链技术的金融产品，提供更加智能化的投资顾问系统，以及更加安全高效的数字货币支付系统的应用。总之，数字金融以数据为基础、技术为驱动，有效地缓解了传统银行信息不对称和交易成本过高的问题，不仅为企业和个人提供宽松的融资渠道和创新型的金融服务，而且有助于经济动能转换、区域协调发展和社会文明程度提升，因而，数字金融已经成为科技赋能金融服务提质增效的新动力。

三、我国数字金融的实践进展

目前，我国移动支付、网络借贷、网络众筹、大数据征信、互联网保险、智能投顾、数字货币正在逐一展开，规模不断增大，创新不断涌现，产品不断更新，数字金融已然形成"立柱架梁"的态势，发展程度居世界前列。2023 年，中央金融工作会议提出，"做好科技金融、绿色金融、普惠金融、养老金融、数字金融五篇大文章"。"数字金融"首次被写入中央文件，其重要性日益凸显。目前，我国的数字金融已然迈入"积厚成势"的全面发展阶段，数字技术和数据要素的双轮驱动作用尤其显著，数字金融已成为建设金融强国的重要任务。

（一）数字金融底座基本建成

近年来，我国以建设"高速、移动、安全、泛在"的新一代信息基础设施为发展目标，推进光纤宽带、无线网络和功能性服务平台建设，科学谋划和系统实施了一揽子信息化基础设施重大工程，为数字金融的发展塑造了坚实的"底座"。在固定宽带建设领域，不断增加光缆总长度与光缆线路密度，推进光纤到户，城区光纤覆盖率大幅提升。在移动网络建设领域，推进移动基站建设，4G 网络城乡全面覆盖，5G 网络实现主要城区全覆盖，免费 Wi-Fi 无线宽带覆盖所有公共区域，"低时延、高可靠、广覆盖"的工业互联网覆盖开发区与高新区。信息进村入户工程成效斐然，通信基站、宽带进村入户、农业物联网、农业大数据等基础设施建设为基层农户数据采集提供稳健的硬件设施。实施"互联网 +"行动，新一代数字技术在更大范围、更深程度上创新应用。物联网建设有序推进，城市基本建成覆盖主城区和县域的物联网，并以城市操作系统为载体，以"云网安"一体化为技术底座，以智链数据引擎为驱动，建设数字化基础资源的共性平台。可以说，以灵活调度、智能适配、均衡布局为导向，聚焦新型智慧城市、工业互联网、人工智能等领域，构建的高速、移动、安全、泛在的新一代智慧化信息基础设施，为数字金融发展提供了万物互联、人机交互、天地一体的网络空间。

（二）移动支付方式趋于普及

移动支付（mobile payment）是指使用智能手机、平板电脑等移动设备进行的货币交换或资金转移。2004 年，支付宝的诞生有效地破解了中国电子商务发展的支付、诚信、物流三大困扰，之后，微信支付、银联云闪付、京东支付、美团支付等相继出现，广泛应用于购物、餐饮、交通、旅游等线上和线下场景。随着网络平台和技术趋向成熟，移动支付在安全性、实时性、集成性、便捷性等方面的优势更加凸显。对于商家而言，移动支付可以减少现金管理的成本和风险；对于消费者而言，移动支付可以提供个性化服务和多样化需求，重建了支付渠道的结构，因而用户群体不断壮大。根据中国人民银行发布的《支付体系运行总体情况》报告，2023年，全国支付体系运行平稳，银行账户数量、非现金支付业务量、支付系统业务量等总体保持增长。2023 年，银行共处理电子支付业务 2 961.63 亿笔，金额 3 395.27 万亿元，同比分别增长 6.17% 和 9.17%。其中，网上支付业务金额 2 765.14 万亿元，同比增长 9.38%。支付宝和微信支付是中国移动支付市场的主体，合计市场份额超过 90%。截至 2023 年，移动支付在中国的普及率已超过 80%，位居世界首位。

（三）网络信贷市场发展迅速

网络信贷市场是通过网络平台实现借贷交易的市场，包括网络借贷平台、市场借贷平台、小额贷款平台等。2007 年，中国第一家网络信用借贷平台"拍拍贷"成立，主要从事 P2P（点对点）借贷，可提供个人消费贷款、小微企业经营贷款，之后，余额宝、陆金所等互联网金融模式相继出现。随着互联网金融的兴起，网络信贷市场也踏上了快速发展的轨道。2010 年，央行开始发放第三方支付牌照。依托大数据、人工智能、区块链等技术工具的成熟，网络信贷市场不断提高贷款审批效率、降低运营成本、增强风险管控，实现了低门槛、高效度、广覆盖，为借款人与投资人提供了更多的融资渠道与投资机会。非金融机构开始逐渐成为金融服务的主要提供者，无论是满足日常消费需求还是创业资金需求，人们越来越倾向于选择网络借贷平台作为融资途径。但是，一些信贷平台违法违规或经营不善，也给投资者造成损失，为此，我国出台了《网络借贷信息中介机构业务活动管理暂行办法》，加强防范信用风险、操作风险、监管风险。在有效监管与有效市场的双重驱动下，中国的网络贷款市场规模逐渐壮大，统计数据显示，2023 年上半年，中国网络借贷行业市场规模达到 10.85 万亿元。

（四）数字货币研发试点推广

在新一轮科技革命下，以区块链为底层技术的数字货币应运而生，比特币、天秤币的热度席卷全球。数字货币在为大众的支付结算带来巨大便利的同时，也降低了货币政策的执行能力，对传统中央银行体系和法定货币造成猛烈冲击。为了维护金融秩序的安全与稳定，2017 年，中国人民银行成立数字货币研究所，探索推行法定数字货币的中国模式。相比而言，央行发行的受国家法律承认的数字人民币以国家信用为背书，具有可控匿名、有限法偿等特征，有着第三方虚拟货币不可比拟的天然优势。目前，数字人民币（DCEP）已在深圳、苏州、上海等多个城市展开试点工作，运行稳定、风险可控，京东、腾讯、美团等互联网巨头也积极加入数字人民币支付体系，截至 2022 年 8 月底，试点地区累计交易笔数 3.6 亿笔、金额 1 000.4 亿元，支持数字人民币的商户门店数量超过 560 万个，数字人民币的影响力日益增长。

（五）数字金融监管正在强化

我国数字金融秉承"数字驱动、智慧为民、绿色低碳、公平普惠"的发展原则，以深化金融供给侧结构性改革为目标，充分激活数据要素潜能，加快金融机构数字化转型，强化金融科技审慎监管，取得了良好的成效。在数字金融处于萌芽状态时，我国监管层对此保持着谨慎态度，发布了《非金融机构支付服务管理办法》；在互联网金融的快速发展阶段，国务院发布了《关于促进互联网金融健康发展的指导意见》，明确分类监管的原则，对 P2P、网络支付等业务提出具体监管要求。之后由于互联网金融领域风险事件频发，监管部门开展了金融风险专项整治工作，发布了《网络借贷信息中介机构业务活动管理暂行办法》，针对洗钱、非法集资、信息泄露等数字金融的风险点，制定了相应的防范措施和监管规则。2018年，金融科技委员会成立，旨在加强部门协调合作，形成监管合力。同时，强化数字化监管能力建设，希望利用大数据、人工智能等技术手段，对金融科技创新实施穿透式监管。

参考文献

［1］诸竹君、袁逸铭、许明、柴斌锋：《数字金融、路径突破与制造业高质量创新——兼论金融服务实体经济的创新驱动路径》，《数量经济技术经济研究》2024 年第 2 期。

［2］余进韬：《数字金融的经济增长效应及其机制研究》，四川大学博士学位论文，2023 年。

［3］冯宇静：《数字金融对经济发展的影响分析》，杭州电子科技大学硕士学位论文，2023 年。

［4］张海霞、赵景峰：《加快推进我国数字金融高质量发展》，《宏观经济管理》2023 年第 1 期。

［5］王雁飞、周茂清：《我国数字金融发展的内生动力、现实挑战和政策建议》，《金融理论探索》2022 年第 3 期。

［6］李师语：《我国数字普惠金融发展现状、问题及融合研究》，《东北财经大学学报》2022 年第 2 期。

［7］江竞轩：《论我国法定数字货币的监管困境》，《北方金融》2024 年第 1 期。

数字时代的金融监管

一、引言

　　随着信息技术的飞速发展和广泛应用，经济数字化进程日新月异，数字经济规模不断扩大。根据中国信息通信研究院发布的《中国数字经济产业发展报告（2023）》，2022 年数字经济规模超过了 50 万亿元，占 GDP 的41.5%；相比之下，2012 年我国数字经济规模仅有 11 万亿元，占 GDP 的21.6%。相应地，不仅传统金融业的数字化水平在不断提升，以科技金融为代表的数字金融新业态也在不断涌现，移动支付、电子清算、网上银行等方兴未艾。金融业数字化水平的提升不仅促进了金融业的发展，也显著提高了服务实体经济的能力，在普惠金融等方面成效显著。

　　金融服务业历来处于技术创新的前沿，随着互联网、大数据、云计算和人工智能等新兴技术的广泛试点与应用，金融科技正在重塑全球金融业，金融数字化的浪潮不可遏制。金融科技能够将金融服务扩展到更广泛的人群，可以促进金融服务的包容性和普惠性。金融科技以互联网为基础，应用机器学习、分布式账本技术（DLT）、分布式计算、云计算、生物识别和应用程序编程接口（API）等技术，设计开发出为更多消费者提供新产品和服务的新方法。金融科技允许创建、开展传统金融服务的新方式，包括机器人咨询和财富科技、电子货币和数字支付、加密资产和去中心化金融、动态欺诈检测、众筹和点对点借贷、数字银行和保险科技。我国《"十四五"数字经济发展规划》提出加快金融领域数字化转型，提高金融业的品质和效益。2022 年，中国金融科技整体市场规模达到 5 423 亿元左右。截至 2023 年 3 月 9 日，我国金融科技产业主体数量规模约为 3.3 万家。

然而，随着金融科技引致的金融数字化的深入发展，带来的并非全是益处，也给金融监管部门带来了全新的风险和挑战。金融科技引致了金融创新，冲击了现有的金融框架，带来不可预测的风险，金融不稳定性增加。随着金融科技的发展，金融业逐渐数字化，扩大了金融业的固有风险（如，网络借贷扩大了地域范围，涉及更多人群，这是诚信风险），也带来网络风险、数据安全风险和第三方风险。数字金融时代，要处理好这些风险亟须金融监管的与时俱进，引入各种先进技术，加强数字金融监管，保持金融系统的稳定性，也要做好金融科技创新与金融监管的平衡，维护金融业的健康发展。

2023 年 10 月召开的中央金融工作会议提出，要全面加强金融监管，有效防范化解金融风险；切实提高金融监管有效性，依法将所有金融活动全部纳入监管，全面强化机构监管、行为监管、功能监管、穿透式监管、持续监管，消除监管空白和盲区，严格执法、敢于亮剑，严厉打击非法金融活动。2024 年 1 月 16 日，习近平在省部级主要领导干部推动金融高质量发展专题研讨班中的讲话中提出，坚持把防控风险作为金融工作的永恒主题，构建完备、有效的金融监管体系。在市场准入、审慎监管、行为监管等各个环节，都要严格执法，实现金融监管横向到边、纵向到底。金融监管部门和行业主管部门要明确责任，加强协作配合。各地要立足一域谋全局，落实好属地风险处置和维稳责任。

二、数字时代的金融风险

数字时代的金融风险与传统意义的金融风险并无本质不同，但数字时代因普遍的网络联系，金融风险的具体化速度不同，影响可能也会有很大的不同。数字时代，金融业提供的中介和转换功能保持不变（支付、储蓄、投资、信贷、咨询等），金融科技活动产生的主要风险与更传统的金融业务产生的风险没有什么不同，这一点为金融业政策制定者、研究人员和国际机构达成的共识。对于金融公司（在位者或新进入者）来说，这些风险包括法律、声誉、治理、诚信和运营风险。根据不同的商业模式（特别是如果公司持有客户资金），信用、市场流动性风险将会增加。金融消费者面临的风险，包括不当销售产品和服务、金融排斥、数据隐私、安全风险，或者毁谤行为等，在整个系统中具体化和扩散的强度和方式可能会有所不同，这取决于一系列因素，包括商业模式、分销渠道、法律地位、监管机构及其所执行活动的性质和采用程度。

（一）数字化扩大了金融业的固有风险

不同于传统金融机构或公司，仅在数字领域运营的新兴金融公司似乎更容易受到不当行为等某些风险的影响，包括欺诈行为、诚信风险、网络攻击或因资金不足而缺乏偿付能力。金融科技的发展带动了许多公司的成功，但失败的案例也有很多。在竞争日益激烈的环境中，每年都有许多金融科技初创公司倒下，包括缺乏资金实力、低需求或者有缺陷的商业案例等原因。这些企业的倒闭导致员工失业，拿不到工资，投资者也面临巨大损失。在少数造成巨大影响的情况下，人们对监管机构的监管质量和效率产生了怀疑，引发了监管者的声誉问题。金融科技活动会带来重要的诚信风险，例如，身份盗窃和在线勒索。在数字金融中，洗钱和资助恐怖主义行为可能会促进匿名交易平台的激增。加密资产的使用，在新兴市场的国家中越来越流行。金融市场不乏欺诈行为、市场不当行为和滥用做法，对于受能力限制或不了解这些风险的监管者来说，监控这些风险可能是一项挑战。新技术可能给金融市场带来动态的变革性变化。

在金融环境中，拥有重要的金融科技业务或金融数字化越深入，消费者保护和金融诚信面临的风险可能会大大加剧。金融科技产品和服务的数字化形式，产生了电子信息披露不完全，产品和服务成本及商业模式缺乏透明度的问题。例如，在线发薪日贷款乍一看是无害的，因为涉及的金额很少，而且客户可以灵活地偿还。他们通常也几乎不需要对客户进行尽职调查就能获得批准。此外，这些贷款有时被发放给了无法从其他地方获得信贷的借款人。尽管如此，快速的利息积累，隐藏的罚款费用和展期费用，还是让成千上万的客户最终陷入了债务困境。许多客户和投资者所投入的极具吸引力的投资产品，最终被证明是具有欺诈性的。在某些情况下，因为金融服务提供商不在监管机构的职责范围之内，这些危险信号被长期忽视，或者是监管机构缺乏保护客户的能力。

随着金融业日益数字化，数据对于金融机构越来越具有重要价值或成为重要工具，用于不适当的商业用途或披露消费者数据的比例就越高。金融科技通常涉及消费者数据的收集、存储、处理、分析和交换活动，这些活动涉及各种参与者、现有的金融公司和金融科技初创公司。这些交换使金融消费者面临未经授权披露和使用其个人数据的风险，包括欺诈和身份盗窃。此外，数据限制可能使公司难以验证结果，尤其是在人工智能领域，已经用于分析数据并生成解决方案。在更广泛的意义上，数据泄露可能导致客户对金融机构和金融服务失去信任。在银行业发展良好客户尽职调查（CDD）/了解你的客户（KYC）程序，如果有的话，在替代渠道上可能会少得多。由于分销是通过数字设备进行的，通常没有与供应商面对面的互动，这可能有助于确保产品或服务的适当性。这可能会增加滥用行为、欺诈和操作失败的可能性，从而降低客户对金融科技的信任度并减少采用率（Pazarbasiogluetal，2020）。

（二）金融数字化带来的特定风险

网络风险是数字金融带来的特定风险之一。金融科技的创新发展，普遍拓展了金融业的数字销售渠道，在互联网上销售产品和服务，这就引致了网络风险，容易受到攻击。最近的网络攻击表明安全漏洞可能危及金融业务的连续性，带来巨大的经济和声誉风险，并威胁金融稳定（FSB，2020b）。2024 年 3 月，黑莓有限公司（BlackBerry Limited）发布了最新的全球威胁情报报告，揭示了威胁者将重点放在全球金融部门持有的高价值数据上，在 120 天内记录了 100 万次攻击。相较于发达经济体，在新兴市场和发展中国家，因支付和金融市场基础设施的健壮性欠缺，遭受网络攻击的概率和冲击更高。此外，随着数字平台基础用户的增加，特别是在支付系统的用户增加，利用漏洞（包括平台加密和接口）的网络攻击也会增加。

增加运营风险的另一个来源是对第三方服务提供商的高度依赖，例如，云计算公司。几十年来，银行和其他传统金融机构一直将服务外包给第三方。但近年来，这些相互作用的范围和性质有所加强，特别是在技术服务和云计算方面。受监管公司受制于审慎监管要求，这迫使它们管理外包风险，而不受监管的公司并非如此。根据金融稳定委员会的报告（FSB，2020d），因高度依赖第三方供应商而日益增加的运营风险可能会变得系统性，需要监管方作出回应，以确保有足够的风险控制机制，包括尽职调查程序，运营风险管理，持续存在的监视，以及恰当地执行合同，其中，合同规定了责任分配、商定的服务水平和审计权限。

由于资金不足或缺乏金融部门的经验，特别是在监管和合规方面的经验，所以许多不受监管的金融科技公司已经倒闭。许多金融科技公司需要有强大的 IT 基础设施和技术、风险管理和金融方面的专业知识，但是，所有这些元素的成本未必是新进入的金融科技公司所负担得起的。例如，需要大量的法律顾问理解并遵守管理金融行业的许多规则和条例。有充足的前期资金和现实的商业计划是必不可少的，但不受监管的金融科技公司可能缺乏筹集足够的资金的能力，以满足客户的临界需求。例如，Plastc

是一家金融科技初创公司，成立于 2014 年，他们希望开发一种智能卡能够存储多张信用卡或借记卡的信息。2014 年公司筹集了 900 多万美元，但因无法筹集到足够的资金进行大规模生产，三年后破产了。同样，相比植根于银行和受监管金融机构的合规和风险文化，金融科技公司在这方面可能并没有那么强大。事实上，许多金融科技初创公司进入金融市场时，都不曾有正确的金融背景和专业知识，这阻碍了他们发展合理信贷业务并践行的能力，或一旦受到监管则实现合规成本的潜在规模的能力。例如，BitLendingClub，一个点对点比特币借贷平台，在 2016 年迫于监管压力终止了服务。

三、金融监管的数字化途径

构建一个适宜的数字金融监管框架，既能将金融科技引致的风险控制在可容忍的水平，同时能够促进金融业的创新、竞争和发展，这是数字时代发展的必然要求。通常来讲，金融业的监督框架需要履行三大核心任务，即稳定、诚信和安全。在数字金融时代，完成这三大核心任务，要对数字金融活动也就是金融科技活动进行梳理与甄别，明确监管内容、选择监管时间和确定监管方式，这是建立数字金融监管框架的前奏。

首先要加强顶层设计，从制度上修补漏洞。近年来，随着金融市场的发展，新业态、新业务、新主体不断出现，要求金融立法与时俱进，补齐制度短板，消除监管空白和盲区。针对金融业务的发展变化和现实需要，金融重点领域和新兴领域立法及时推进，为金融监管的落地提供有力保障，为金融业平稳健康发展护航。2023 年 12 月 17 日，《非银行支付机构监督管理条例》正式公布，将年交易金额近 400 万亿元的非银行支付机构及其业务活动进一步纳入法治化轨道。《商业银行资本管理办法》《养老保险公司监督管理暂行办法》《系统重要性保险公司评估办法》等各类金融机构的监管制度密集出台。加强监管保障，除了完善制度，还需要打造忠诚、干净、有担当的专业化监管队伍。近年来，金融业反腐力度持续增强，接受调查的人数较去年大幅增加，反映了我国净化金融市场环境的坚定决心。从金融监管部门释放的信息看，坚持刀刃向内，强化"对监管的监管"将成为今后全面加强金融监管的一大重点。

（一）明确监管内容

对金融监管机构而言，金融科技活动是否处于监管的职权范围内及其强度，是首先要考虑的问题。这取决于金融科技活动的性质和风险。一般原则意义上，只要金融科技的活动属于监管范围内，那么从事这项活动的金融科技公司也同样应该受到监管。金融科技活动监管的内容，需要考虑三个主要因素：一是正在进行的金融科技活动的性质；二是相应金融市场的规模；三是活动被排除在监管边界之外带来的潜在风险。这些潜在风险包括消费者、金融市场和整体金融是否稳定，因为它们相互关联（在某些情况下，一项金融科技活动可能会带来很少的单独风险，但当其金融科技公司还从事其他活动时，风险有可能成为系统性的）。

将金融科技公司或活动排除在监管范围之外可能会带来重大风险。一方面，如果金融科技活动缺乏监管，监管机构也培养不出相应的监管能力，无法识别金融科技活动带来的风险，那么，风险从一开始就会在监管范围外积累，这样很可能会危及金融稳定，并最终降低经济的效率和增长速度（Frost，2020），因为不受监管的公司可能因为监管套利，而侵蚀公平的竞争环境。另一方面，如果进行监管的理由很清楚，但监管机构未能部署可信的监管策略，造成了监管的不确定性，这样可能会阻止潜在投资者和新金融科技公司进入金融市场。

对于监管机构职权范围之外的金融科技活动，需要构建一种新机制来监控风险的演变。理想情况下，应在顶层进行立法改革，以扩大金融监管机构对此类活动的授权，但这在法律上或政治上并不总是可行的。一种选择是要求边界外的金融科技公司与边界内的金融科技公司互相建立伙伴关系，以允许金融科技活动的进行。如果金融监管机构授权之外的公司创建了专门用于许可内活动的子公司，监管机构可以通过许可框架将其管辖权扩大到这些子公司。另一种选择是监管机构和金融科技公司签订谅解备忘录，金融科技公司愿意接受监管，在一些可以根据单独的法案提供金融服务的地区，如果金融科技公司在监管机构监管管辖范围之外，可以采取这种方法。还有一种选择是对从科技公司购买服务的受监管实体施加外包或第三方要求（如监控可疑交易）。

（二）选择监管时间

对金融科技活动进行监管的时间选择有多种，包括立即监管、观望和测试与学习（世界银行，2020a），且这三种情况并不是互斥的。在第一种情况下，金融监管机构完全相信金融科技活动必须在监管职权范围内；如果现有金融监管框架没有包含此类金融科技活动，监管机构将对框架进行修改或建立一个新的定制框架（在某些情况下是最佳选择，但并非总是如此），将相关金融科技活动及时纳入监管职权范围内。当金融科技活动的监管不明确时，就需要对相关市场进行调查，最重要的是，在监管回应之前，已经进行了观望、测试与学习，培养对相关活动的技术监管能力。当没有证据表明该金融科技活动应受到监管时，应采取观望态度，理想情况下应辅之以一些监督监测。当潜在风险具有潜在相关性，但市场渗透程度仍然较低时，金融监管机构可能会决定选择第三种，即"测试与学习"选项，并实施某种形式的创新促进者（监管沙盒、孵化器、创新办公室或中心），以帮助逐步填补监管空白。

一些国家和地区的监管机构允许个别商业案例在没有监管和有一些监控的情况下在实时环境中运行。例如，我国的移动支付在最初发展的几年内基本上不受监管，但鉴于相关风险日益增加，直到2018年我国才采取监管行动，此后移动支付一直受到监管。另一些国家和地区选择发布一种宽松的文书限制金融科技公司的活动，以尽量减少风险，并要求企业提供一些信息以便进行监控（如肯尼亚中央银行在2007年向移动货币发行人发出了"不反对函"）。这些方法的缺点是从不受监管的公司获取数据可能具有挑战性。缺乏高质量的数据可能会降低监管机构了解相关活动，以及识别和监控风险的能力。监管机构需要仔细考虑这种潜在风险和收益之间的权衡，当允许在没有明确监管和报告义务的情况下进行金融科技活动时，要根据现有的最佳数据；当渗透率或风险超过阈值时，就需要采取积极主动的监管立场。

当前，为金融科技建立监管框架，许多国家不约而同的第一步是建立创新促进者，例如，创新办公室或监管沙盒。创新办公室或创新中心为金融科技公司提供了一个监管接触点，允许监管者监控公司发展并在必要时提供指导。监管沙盒和创新加速器允许单个业务案例在密切监控下的实时环境中运行。尽管是资源密集型，但它们可以为金融科技公司提供支持、建议、指导和物理空间，以识别增长机会并驾驭监管、监督和法律环境（世界银行，2020a）。它们还有助于以不同的方式为政策和战略决策提供信息。例如，加速器主要用于在国内培育金融科技生态系统，而监管沙盒则有助于了解金融科技活动所涉及的风险，并测试适当的监管，意在缩小风险规模。例如，中国香港特别行政区的金融科技监管沙盒允许银行及其合作的科技公司对其金融科技计划进行试点试验，涉及有限数量的参与客户，而无须完全遵守金融管理局的监管要求。

（三）确定监管方式

对金融科技活动的监管，既可以从现有监管框架扩展开，也可以制定实施新的监管框架，以便把更多的活动纳入监管范围。在某些情况下，现有监管框架只需要适当修改就可以满足监管目的（如适用于传统银行的反洗钱/反恐融资规则和银行法规同样适用于数字银行）。在其他情况下，监管框架需要通过补充指南来完善（如加纳中央银行在 2015 年发布了《电子货币发行人指南》和《代理指南》）。当然也有可能发生现行法规并不直接适用于金融科技活动的情况，但为有效监管金融科技活动进行必要的变革提供了坚实的基础（如在中国内地和香港特别行政区、韩国和新加坡引入新的数字银行牌照）。在某些情况下，需要制定新规则来正式禁止（如中国 2017 年禁止代币发行融资）或允许金融科技活动（如新加坡和中国香港特别行政区的新电子货币法，中国或印度尼西亚的借贷平台法规）。

每个国家的应对政策取决于金融科技活动的类型和国家的具体情况。金融科技活动带来的风险及其渗透程度将是最相关的驱动因素，但不是唯一的驱动因素。国家或地区的具体情况包括市场状况、产能限制、现有金融监管框架或国家的法律传统。当感知到的风险不高时，新兴市场和发展中经济体国家倾向于在没有正式监管的情况下允许金融科技活动存在。这可能与一些国家面临的诸多情况相关，包括国家的整体能力和资源限制、大型科技公司构成的具体挑战（它们在新兴市场和发展中经济体中提供的服务范围比在发达经济体中更广泛）、该国金融科技往往不发达，以及金融服务市场竞争力较低（FSB，2019a，2019c）。

当数字金融风险很高时，新兴市场和发展中经济体国家表现出更愿意完全禁止该活动或建立新的监管框架，而不是试图修改或扩展现有法规。新监管框架的制定和出台可能要经历长期的磋商过程和深入的监管差距分析，这也反映出这些国家和地区缺乏超越具体商业模式的概念化能力，或者是对游说或政治压力做出的反应。有些情况下，对监管框架的调整是不可行或不可取的，新的框架是最好的应对措施。一些国家或地区以原则为基础，通常能够应用现有立法将监管范围扩大到金融科技活动，只需对程序和许可进行微小调整即可。然而，在大陆法系国家，金融监管机构在监管金融科技活动时可能会受到基本法律赋予的"基于规则的许可"（即授权和权力）的限制。例如，金融机构修改法规或发布新通报的能力可能会受到法律的限制，从而减少了监管机构的选择权（世界银行，2019）。此外，在这些国家，能发布"无异议"正式信函、豁免或限制性许可证的监管机构并不常见。

1. 许可和监管要求

对金融体系构成重大风险的金融科技活动可能需要授权和监管许可才能运营，其余的金融科技活动可能只需要向相关监管机构注册或通告即可。世界银行（2023）提供了一个许可框架，定义了允许金融科技活动的范围，并为持有者设定了相关的监管要求，例如，适用于限制服务的提供。

允许和限制的活动：为了确保金融科技活动的风险状况保持不变，仅从事某些活动（如电子货币发行或众筹）的实体通常被限制从事其他特定活动。与银行或其他金融机构（如投资公司）相比，允许的活动通常定义得更窄。例如，电子货币机构（EMI）通常可以提供支付，但不能提供贷款，而提供点对点借贷的平台可以提供一些借款人研究，但可能无法提供证券。

对消费者类型的限制：在某些情况下，例如，在众筹（公募和私募）和其他与投资相关的金融科技活动中，监管机构可能会禁止或限制向某些类型的客户（通常是散户投资者）提供金融科技活动，以保护他们免受复杂的滥用行为。

审慎规则：除其他外，这些规则包括涉及客户资金中介的数字活动的初始和最低持续资本和流动性要求，在只有受托人角色的情况下（如，在非银行 EMI 的情况下）保管委托资金，以及调整披露和监管合规。

治理要求和行为：这些规则对管理机构的组成以及股东和经理的适当标准提出了要求。在少数情况下，只要程序透明和有效，并且管理受到适当和合适的控制（即检查与应用于金融的技术有关的特定技能和知识），则可以接受较简单的程序。

诚信规则：这些规则包括适应数字服务的反洗钱（AML）或反恐融资（CFT）要求，包括无须出示实体身份证件的虚拟和远程开户。这些经过调整的反洗钱/反恐融资规则——通常以账户、交易和余额限额为前提，以确保客户的低风险状况。这得到了金融行动特别工作组关于数字身份的认证指南以及在电子和数字支付方面使用基于风险的 CDD 方法的支持。

代理：金融服务机构可能希望使用代理来扩大其覆盖范围，并将其渗透到农村和其他人口密度较低的地区。根据金融活动的类型，代理商如果获得授权，则在其活动和地理位置方面受到某些限制。这些限制和流程应根据代理人活动的风险状况进行调整。

数据保护：这些规定在金融科技的背景下越来越具有监管相关性。它们通常可以在特定的许可框架内（如在电子货币框架内）、金融服务实体的一般指南和国家数据保护法中找到。在后一种情况下，数据保护机构通常对金融服务实体拥有共同管辖权。然而，对数据保护风险的监管必须保持平衡，因为过于严格的数据政策可能会阻碍有益的创新，例如，基于数据分析的包容性信贷，给收集数据的人带来竞争劣势，或阻止客户和企业共享信息以获得贷款、保险或其他金融服务。此外，金融当局需要考虑其实施的任何金融服务数据保护条款与更广泛的国家数据保护框架之间的相互作用。数据本地化法（即限制数据跨境流动）近年来得到了一些新兴市场和发展中经济体（如中国、印度、尼日利亚和越南）的青睐。这些限制因国家不同而异，但通常涵盖大型科技公司从事的一些活动，例如，云存

储和 / 或数据处理，因此，可能在减少大型科技公司在金融服务领域的竞争压力方面产生重要影响（FSB，2020b）。

涉及存款的数字银行服务通常通过银行许可框架的扩展（有时是临时的）获得许可。一些国家或地区选择了分阶段的许可程序，通过该程序，新进入者开始运营时活动有限，并最终成为完全许可的银行。监管机构主要侧重于促进采用技术密集型商业模式的存款机构的授权程序，例如，澳大利亚对金融科技初创公司授权存款机构的临时限制性许可证或英国对银行的顺序许可选项。在亚洲，当局开始为纯数字银行（如中国香港特别行政区的虚拟银行，韩国和中国台湾的纯互联网银行，新加坡的数字银行）发布特定的许可框架，这些框架对实体存在有限制，并专注于金融包容性，同时保留了对银行的基本要求（即 AML 或 CFT；消费者保护规则；风险管理；特定审慎要求，如最低资本金）。

鉴于数字金融服务的快速扩张和在促进金融包容性方面的关键作用，许多国家和地区正在积极采用风险相称的方法，将数字支付和电子货币服务纳入监管范围。从事这些活动的公司作为支付的承办人（通常来自虚拟账户）有监管要求，并且通常需要拥有与其风险成正比的审慎和行为要求的许可证，以保障客户资金和诚信。账户信息服务提供商不转移客户资金，由于所涉及的风险较低，他们经常需要遵守注册或通知要求，并且承担较轻的谨慎、运营和安全义务。

由于众筹平台在帮助改善中小企业获得融资渠道方面具有巨大潜力，所以各国越来越多地寻求将众筹平台纳入其法律和监管框架。这些 P2P 借贷平台帮助投资者与寻求通过出售股权或债务筹集资金的借款人或企业建立联系。其他国家则选择了单独的制度（巴西），这种模式在采用部门监管模式的国家（在非洲和拉丁美洲尤为普遍）中似乎更为普遍，尽管在具有统一监管机制的国家中存在单独的制度（印度尼西亚）。

2. 联系：审慎和竞争考虑

金融科技的出现可能迫使市场结构发生根本性变化，从而改变竞争政策的方法，包括增加金融服务当局的参与度。数字市场具有某些结构性特征（如网络效应、沉没成本、规模经济和范围经济，以及其他进入壁垒），可能使它们不那么具有竞争力，并且更容易倾向于单一的垄断企业。实际上，越来越多的证据表明，金融科技供应商的技术和大数据越来越容易获得和使用，尤其是大型科技公司（包括作为金融机构的服务提供商），助长了价格歧视和其他非竞争行为，包括限制对通信和支付基础设施的访问、通过独家合同限制代理的使用、将数据保存在孤岛中，以及拒绝交互操作（Carletti 等，2020 年）。虽然事后采取反垄断措施，例如，通常由竞争主管机构对金融服务市场参与者的反竞争行为实施制裁。但在某些国家，金融监管机构将支持竞争作为其任务的一部分，并可以实施某些事前规制，以确保市场的可竞争性和数据、技术、基础设施方面的公平竞争环境。例如，为非银行机构提供支付基础设施（墨西哥），为非银行信贷提供者提供信贷登记处服务（中国），或为通过开放银行业务获取数据和发起交易提供便利（巴西）。

许多国家正在实施开放银行业举措以促进竞争。拉丁美洲监管机构在新兴市场和发展中经济体中处于前列，这在一定程度上可能是由于相对较高的银行化率和相对较高比例的金融部门监管机构（36%）具有促进竞争的法定任务（世界银行和剑桥替代金融中心，2019）。墨西哥于 2018 年出台了《金融科技法》，随后确定了强制性开放银行计划的高级条款。该计划的细节在 2020 年由墨西哥银行监管机构和中央银行发布的二级法规中。巴西中央银行于 2020 年 5 月发布了一项决议，实施一项对最大的银行、审慎企业集团和支付机构强制性的开放银行计划。尽管巴西中央银行没有明确的竞争任务，但它已将竞争作为战略目标。该决议第 3 条第 2 款提出开放银行业方案的目标就是促进竞争。

金融科技的金融监管是否应旨在保持公平的竞争环境，如果是的话，是否最好通过活动本位的途径实现这一点，这一直是存在争议的问题。金融监管可能会限制金融科技企业的进入，间接偏袒现有企业，或使某种类型的市场参与者受益。例如，只允许一种类型的机构从事特定活动，不监管某些行为者，或施加与风险不成比例的要求（Vives，2019）。有鉴于此，有必要仔细研究法规并使其尽可能有利于竞争。然而，这不应以牺牲核心监督和监督任务的履行为代价。事实上，一些增加竞争的监管政策（如开放银行业）可能会将注意力从一组实体转移到另一组实体，例如，从老牌金融公司转移到大型科技公司，这对稳定性有潜在影响。正如 Restoy（2021）所说："帮助实现金融部门的公平竞争环境是监管框架的理想结果……只有当更优先的政策目标得到确保时。"

大型科技公司向金融服务业的扩张有望给该行业的结构带来根本性的变化，特别是在新兴市场和发展中经济体，这种扩张特别迅速和广泛。作为金融服务提供商，大型科技公司在金融体系中发挥着越来越重要的作用，他们可以利用其庞大的现有客户群迅速实现规模化。他们已经在支付、贷款、保险和投资管理等一系列金融服务领域，以及多个国家享有主导地位。移动支付平台，包括集成到社交网络中的平台，已经被许多地区的数亿用户迅速采用。大型科技公司提供的金融服务范围也比发达经济体大。在亚洲的一些地区尤其如此——孟加拉国（bKash）、中国（阿里巴巴、腾讯和百度）和印度尼西亚（GO-JEK）——一些大型科技公司提供一整套金融服务。大型科技公司的信贷供应在中国和印度尼西亚等国家显示出加速增长，给监管机构和监管者带来了一系列新的挑战（FSB，2019a；IMF and WB，2019；Crisanto、Ehrentraud，2021）。

虽然活动本位途径通常可以很好地保持完整性和保护消费者，但在大型科技公司中，实体本位途径可能最好实现稳定目标。大型科技公司必须持有许可证才能提供支付、财富管理或信贷承销等金融服务，因此，它们受 AML 或 CFT 和消费者保护规则的约束。在审慎方面，现在有一场关于大型科技公司是否应该成为受监管机构的争论。国际清算银行（BIS）认为，大型科技公司的进入带来了"金融稳定、竞争和数据保护之间的新的复杂权衡"，需要解决这些问题。在最近的一份简报中，FSI 指出，大型科技金融活动的发展所产生的风险"可能无法完全被监管方法所涵盖"，该方法针对的是单个实体或特定活动，而不是大型科技集团内部的实质性相互联系及其作为金融机构关键服务提供商的角色所产生的风险。因此，支持将大型科技公司纳入监管范围主要论点有二：一是在大型科技公司运营达到系统重要性的情况下解决运营稳健问题，二是降低大型科技公司将达到主导地位的风险，它们获得主导地位后可以采取反竞争做法并迫使其他大多数竞争对手出局，然后长期实施垄断定价。虽然大型科技公司可能会在短期内刺激急需的竞争，但从长远来看，它们也可能增加金融不稳定，并导致信贷市场更加集中。重要的是，传统银行可能被迫转型为"狭义银行"，仅限于为大型科技公司发起和分配的贷款提供资金。

四、我国数字化金融监管应对措施

我国近年来的要求则是防范、化解金融风险和服务实体经济高质量发展。2023 年，我国在金融监管领域进行了重磅改革。3 月，中共中央、国务院印发的《党和国家机构改革方案》中多项涉及金融监管：组建中央金融委员会、组建中央金融工作委员会、组建国家金融监督管理总局、深化地方金融监管体制改革、将中国证券监督管理委员会调整为国务院直属机构、统筹推进中国人民银行分支机构改革。随后，相关改革深入推进，5 月 18 日，国家金融监督管理总局正式挂牌；7 月 20 日，31 家省级监管局和 5 家计划单列市监管局，以及 306 家地市监管分局统一挂牌；8 月 18 日，中国人民银行 31 个省（自治区、直辖市）分行、5 个计划单列市分行和 317 个地（市）分行统一挂牌；11 月 10 日，金融监管总局、证监会的"三定"方案分别出台。通过机构设置调整和职责优化，"一行一局一会"的金融监管新格局加快形成，依法将各类金融活动纳入监管，实现金融监管全覆盖。在监管框架不断完善的基础上，还需要在强化行为监管体系建设、加强宏观审慎与微观审慎协调、提升监管专业能力等方面持续发力，为提高金融监管效率，促进金融业平稳运行，更好服务实体经济奠定坚实基础。

（一）推动监管科技应用

监管科技（RegTech）指应用新技术来提高金融监管的效率和效果的一系列工具和解决方案。随着金融科技（FinTech）的快速发展，监管科技的应用变得越来越重要，它可以帮助监管机构更有效地监管金融市场，同时降低金融机构的合规成本和风险。监管科技的应用对于提高金融监管的效率和效果至关重要。通过利用大数据、人工智能、区块链等先进技术，监管科技可以帮助监管机构更好地管理金融市场风险，促进金融市场的稳定和发展。同时，监管科技也面临着技术更新迅速、数据安全和隐私保护等挑战，需要监管机构、金融机构和技术提供商共同努力，不断优化和完善监管科技的应用。

监管科技在企业层面的应用，可以通过识别监管条文对业务模式、产品和服务、职能活动、政策、操作程序和控制的影响，帮助财务管理部门管理监管要求和合规要求；帮助企业实现合规的业务系统和数据；协助企业控制和管理监管、财务和非财务风险以及执行监管合规报告。

监管科技基于信息技术，具有多方面优势。在提高效率方面，监管科技可以自动化许多监管和合规过程，减少人工操作，提高工作效率。在降低成本方面，通过减少手动监管和合规工作，监管科技可以帮助金融机构降低合规成本。在提高监管透明度方面，监管科技可以提供更准确和全面的数据，增加金融市场的透明度，有助于监管机构更好地理解市场动态。在提高监管质量方面，监管科技可以提供更精确的分析和预测，帮助监管机构做出更明智的决策。

监管科技既然具有上述优势，那么，在以下领域也可以有着无可比拟的应用。一是数据管理和分析。监管科技可以提高金融机构的数据管理能力，确保数据的准确性和完整性。通过大数据分析和机器学习技术，监管科技能够对大量数据进行分析，帮助监管机构发现潜在的风险和违规行为。二是生成监管报告。监管科技可以自动化监管报告生成，减少手动报告的错误和遗漏。通过实时数据收集和分析，快速生成准确的监管报告，提高合规效率。三是风险管理。监管科技可以帮助金融机构更好地识别和管理风险。例如，通过使用人工智能和预测分析工具，监管科技可以预测市场趋势和潜在风险，帮助金融机构采取预防措施。四是合规监控。监管科技可以提供实时的合规监控解决方案，帮助金融机构确保其业务活动符合监管要求。通过自动化监控系统，金融机构可以及时发现并纠正违规行为。五是身份验证和反洗钱。监管科技在身份验证和反洗钱领域发挥着重要作用。通过使用生物识别技术和自动化的 CDD 工具，提高金融机构识别和防治非法活动的能力。

2021 年 11 月，中国人民银行、发展改革委、科技部、工业和信息化部、财政部、银保监会、证监会、外汇局八部委印发《山东省济南市建设科创金融改革试验区总体方案》，提出坚持创新发展与防范风险相结合，创新监管模式和手段。2022 年 1 月，中国人民银行印发《金融科技发展规划（2022—2025 年）》，提出以加快金融机构数字化转型、强化金融科技审慎监管为主线，表明我国对金融科技发展态度是在金融创新与监管方面保持平衡，既要促进金融科技创新，从而加快金融数字化转型，又要同步加强数字监管，防范重大金融风险，保持金融稳定。就是要践行安全发展观，运用数字化手段不断增强风险识别监测、分析预警能力，切实防范算法、数据、网络安全风险，共建数字安全生态。八个重点任务之七就是加快监管科技的全方位应用，强化数字化监管能力建设，对金融科技创新实施穿透式监管，筑牢金融与科技的风险防火墙。2022 年 11 月，中国人民银行等八部委印发《上海市、南京市、杭州市、合肥市、嘉兴市建设科创金融改革试验区总体方案》提出提升金融监管科技水平。2023 年 5 月，中国人民银行、发展改革委、科技部等八部委印发《北京市中关村国家自主创新示范区建设科创金融改革试验区总体方案》，提出推动科技创新型企业参与金融科技创新监管工具测试和加强金融科技监管应用。

虽然监管科技在金融领域应用有着光明的前景，但是监管科技面临的挑战也不少。一是技术更新迅速带来的挑战。监管科技需要不断更新以跟上金融科技的发展，这对监管机构和金融机构都是一大挑战。二是数据安全和隐私保护的挑战。监管科技的应用需要处理大量敏感数据，如何确保数据安全和用户隐私是一个重要问题。三是监管适应性挑战。监管机构需要适应新技术，更新监管框架和方法，以确保监管科技的有效应用。四是跨机构合作挑战。监管科技的有效应用需要监管机构、金融机构和其他相关方的紧密合作，建立有效的沟通和协作机制。

（二）健全监管沙盒机制

监管沙盒是一种监管创新机制，旨在为金融科技（FinTech）企业提供一个受控的环境，使其能够在真实市场中测试新产品、服务或商业模式，同时受到监管机构的临时、有限度的监管。这一概念源自计算机安全领域的沙盒技术，后来被金融监管领域借鉴，以促进金融创新并有效管理风险。

监管沙盒的概念最早由英国金融行为监管局（FCA）在 2014 年提出，

监管沙盒的提出和发展，与数字经济的兴起、金融科技的快速发展以及金融创新对现有监管体系的挑战密切相关。监管沙箱指公司在真实消费者身上测试其创新主张的受控环境。英国 FCA 于 2016 年 6 月推出了第一个监管沙盒，此后，全球多个国家和地区开始探索和实施各自的监管沙盒模式，全球已经推出或正在准备超过 95 个监管沙盒。大多数监管沙盒都位于新兴市场和发展中经济体中，一些国家或地区有多个监管沙盒。这些沙盒中的大多数都允许公司在主管的密切监督下，在实时环境中测试创新产品或服务。通常，其目的是促进创新、管理风险，并使当局能够在全面发布之前更好地了解新技术和商业模式。沙盒还为当局提供了收集见解和信息的机会，为政策制定提供信息。

监管沙盒虽然很多，但大体上分为三类。一是产品测试沙盒，允许公司在受控环境中与真实的消费者一起测试其产品或服务。二是政策沙盒，使监管机构能够更好地理解和评估新规则和法规对公司的实际影响。三是数字沙盒，允许公司通过插件访问 API 市场和真实 / 匿名或合成数据，将概念验证扩展到价值证明。建立在以上分类之上，还有三类沙盒，一是主题沙盒，允许当局专注于特别关注的领域（如气候、技术领域的女性、分布式系统）。二是跨部门沙盒，可以是跨多个部门运行的产品、政策、主题或数字沙盒，无论是在金融服务（即支付、保险、证券），还是更广泛的行业（如金融服务、能源、公用事业、电信）中。三是跨境沙盒，可以链接多个沙盒，也可以为一组监管机构提供通用测试平台。

虽然没有两个监管沙盒是相同的，但大多数监管沙盒都旨在为创新产品和服务提供测试平台。监管沙盒的共同特征包括有机会在真实的消费者身上实施测试产品或服务。大多数监管沙盒在整个测试期间都受到严密监督，通常由专门的主管，确保比公司直接进入市场时进行更大的监督。测试通常是有时间限制的，但并非所有沙盒都要求有限的测试期。主管倾向于对大多数沙盒测试施加限制，以降低可能会出现的风险。最后，公司在整个测试阶段进行汇报，并在最后提供全面的最终报告。

监管沙盒的出现和发展，对于数字金融发展具有重大价值。一是促进金融创新。监管沙盒为金融科技企业提供了一个安全的环境，使其能够测试和验证新想法，而不必担心立即面临全面的监管约束。二是降低金融风险的不确定性。监管沙盒有助于降低金融创新带来的风险不确定性，为监管机构提供了更好地理解和评估新兴技术及其潜在影响的机会。三是平衡创新与监管。监管沙盒试图在推动金融创新效率、应对数字化带来的多元竞争与金融稳定、金融消费者保护之间实现更好的平衡。四是增强金融包容性。监管沙盒通过提供灵活的监管机制，增强金融服务的普及性和可及性，特别是对弱势群体和贫困人口。

各国在促进监管沙盒的发展中，形成了符合本国国情的模式。英国作为监管沙盒的先行者，其沙盒模式以测试机构为主导，未对申请者的业务类型和规模作出限制。新加坡的监管沙盒具有创新性，涵盖了测试机构和测试项目的双重维度。美国的监管部门相对审慎，只有联邦金融消费者保护局（CFPB）研究和尝试过监管沙盒，但也遇到了许多反对意见。我国也在积极探索和实施监管沙盒机制。2021年，中国版"监管沙盒"在机制构建上跑完了"最后一公里"，形成了完整的工作机制。这标志着我国在金融科技创新监管方面迈出了重要一步，有助于推动金融科技的健康有序发展，同时确保金融风险的有效管理。

监管沙盒的发展也面临着一些挑战和问题。一是监管专业性问题。监管部门可能缺乏对金融科技创新领域的专业性，难以准确把握风险特征。二是技术迭代速度问题。技术的快速迭代使得监管者通过沙盒学习新技术的期望难以实现。三是评估标准差异问题。各国或地区对沙盒测试的评估标准差异较大，缺乏统一的评价体系。四是模拟环境与实际环境的差异问题。沙盒环境与实际市场环境的差异可能导致测试结果的准确度受限。尽管存在上述挑战和问题，监管沙盒作为一种新兴的监管工具，为金融科技创新提供了一个有效的测试平台，有助于监管机构更好地理解和适应新兴技术，同时也为金融科技企业提供了成长和发展的机会。因此，监管沙盒的实践和探索对于推动金融行业的创新和稳定具有重要意义。

五、健全我国数字金融监管的建议

随着金融科技的发展，数字技术日益渗透金融机构和金融市场之中，快速增长的金融科技生态系统有可能为市场和消费者带来重大利益，但也可能给金融稳定、消费者、金融诚信和市场诚信带来风险。这对金融监管提出了新的挑战和要求，为了减轻这些风险，当局需要监测新的发展，并在它们形成之前加以识别。这在金融科技因其增长和多样化的速度以及金融服务中受监管和不受监管的实体的使用而造成相当大的破坏的领域尤为重要。需要通过及时和相称的政策和监管方法来管理与数字金融相关的金融风险，以保持系统的稳定性、安全性和完整性，同时避免在相关和可行的情况下对发展、创新和竞争施加不必要的障碍。

（一）构建包容性监管框架

我国需探索构建具有包容性的金融科技创新监管框架，充分考虑政府、市场、金融科技企业和金融消费者四个主体间的良性互动，探索多维合作治理路径，打造政府监管、行业自律、企业自治、公众监督"四位一体"的金融科技治理新体系。评估金融科技格局、潜在发展效益以及金融稳定、诚信和安全的隐含风险，识别监管差距并及时制定合理政策；明确定义监管范围和相关要求来提供法律确定性，应该清楚何时以及如何适用监管，以及每个参与者要履行的义务和要求是什么（即使在监管以活动为基础的情况下，最终必须满足监管的始终是作为法人实体的提供者）；监管应侧重于提供者的系统相关性和所提供活动或服务的功能，而不是提供这种服务的机构类型本身，监管要求应与金融科技活动的风险状况和提供实体的系统相关性（如适用）相称。

（二）创新监管原则和工作思路，健全监管沙盒机制

金融监管机构应按照"划定刚性底线—设置柔性边界—预留创新空间"的路径逐步推进。合理借鉴域外金融科技创新监管实践，通过创新服务机制，开展金融科技创新辅导，构建创新试错容错空间。健全监管机制，允许金融科技企业在真实市场环境中测试新产品、服务或商业模式，同时受到监管机构的临时、有限度的监管。这有助于监管机构更好地理解金融科技创新，同时也为金融科技企业提供了实验和迭代的机会。制定有效的程序来限制监管沙盒测试的风险，如果当局有相关权力提供政策豁免或不执行行动函，则此类工具应仅限于对金融稳定、市场诚信和消费者保护几乎没有风险的测试。监管机构要分享定期评估或经验教训，为更广泛的市场提供信息，支持有效的监管议程，改善监管框架，并消除不公平竞争环境带来的风险。

（三）健全全生命周期安全管理机制，强化金融消费者保护

建立"事前审慎把关""事中动态监控""事后综合评价"的全生命周期安全管理机制，重点保障金融消费者的知情权与自主选择权、信息安全权、财产安全与依法求偿权等权利。金融科技创新监管应特别关注金融消费者保护，确保金融消费者的权益不受侵害。这包括确保金融消费者能够获取充分的信息，自主选择金融产品和服务，以及在遇到问题时能够得到有效的解决和赔偿。在监管沙盒测试中，确保客户资产与具有明确法律主张的实体资产分开，保护消费者数据，适当的资本要求可以弥补测试失败造成的损失，强化测试计划的透明度，降低金融消费者风险。此外，应限制可以测试的消费者的数量或类型，规定最低资本要求，确保强有力的应

急和清算计划，以及限制可用于沙盒测试的资金量。

（四）推广监管科技的应用，加强跨境合作

监管科技是金融科技监管的重要组成部分，它利用技术手段提高监管效率和有效性。例如，运用大数据分析、人工智能等技术进行风险评估和监测，提升监管的穿透性和实时性。一是关注可能发生风险的新领域。监管科技通过大数据、API 和人工智能等技术降低了一些传统的风险，但同时网络安全风险和技术风险可能增加。监管机构在推进新技术应用的同时，需要加强对处理数据模块和监管流程的审查，最大程度上避免新风险发生。二是要推动提高监管数据质量和加强信息共享。监管科技具有数据驱动的特征，其实际应用涉及大量的金融数据、系统和业务规则，因此应用和推广监管科技的首要前提应是提高监管数据质量和加强信息共享。三是妥善开展与第三方科技公司的合作，实现效益最大化。综合评估监管事项的重要性、涉及敏感数据程度等，对于技术开发难度较小、重要性较高且较为敏感的业务，可主要依托内部资源研发；对于开发难度大但相对重要性及敏感度均较低的业务，可通过加大监管当局与成熟科技企业之间的合作，提高监管机构的监管水平。此外，随着金融科技的全球性特征日益明显，跨境监管合作变得尤为重要。我国监管机构需要与其他国家的监管机构加强沟通和协作，共同应对跨境金融科技活动带来的挑战。

参考文献

［1］Pazarbasioglu C., Garcia Mora A., Uttamchandani M., Natarajan H., Feyen E.; Saal M.: "Digital Financial Services", World Bank., 2020.

［2］Financial Stability Board. 2020b. "BigTech Firms in EMDEs: Market Developments and Potential Financial StabilityImplications".

［3］Financial Stability Board. 2020d. "Regulatory and Supervisory Issues Relating to Outsourcing and Third-Party Relationships:Discussion Paper".

［ 4 ］Regulation and Supervision of Fintech: Considerations for EMDE Policymakers. World Bank.

［ 5 ］Frost, J. 2020. "The Economic Forces Driving Fintech Adoption across Countries", BIS Working Paper, No. 838.

［ 6 ］World Bank. 2020a. "How Regulators Respond To Fintech: Evaluating the Different Approaches—Sandboxes and Beyond", Fintech Note No. 4.

［ 7 ］World Bank. 2019. "Prudential Regulatory and Supervisory Practices for Fintech: Payments, Credit, and Deposits".

［ 8 ］Financial Stability Board. 2019a. "BigTech in Finance: Market Developments and Potential Financial Stability Implications".

［ 9 ］Financial Stability Board. 2019c. "Fintech and Market Structure in Financial Services: Market Developments and Potential Financial Stability Implications".

［10］Parma Bains and Caroline Wu. 2023. "Institutional Arrangements for Fintech Regulation: Supervisory Monitoring", International Monetary Fund.

［11］Pereira da Silva, L. 2018. "Fintech in EMEs: Blessing or Curse?" Bank for International Settlements.

［12］Carletti, E., S. Claessens, A. Fatas, and X. Vives. 2020. "The Bank Business Model in the post-Covid-19 World", *The Future of Banking*, CEPR Press.

［13］Vives, X. 2019. "Digital Disruption in Banking." *Annual Review of Financial Economics*, Vol. 11, pp. 243−272.

［14］Restoy, F. 2021. "Financial Regulation: How to Achieve a Level Playing Field." Financial Stability Institute Occasional Paper, Bank of International Settlements.

［15］Crisanto, J. C., Ehrentraud, J. 2021. "The Big Tech Risk in Finance", IMF blogs.

［16］International Monetary Fund and the World Bank Group. 2019. "Fintech: the Experience So Far".

数字金融的区域实践

党的二十大报告提出了积极促进经济高质量发展的目标，而数字金融作为新兴科技的产物，能够为经济的高质量发展提供坚实的后盾。江苏数字金融发展加快推进，产业体系初具规模，数字人民币试点日益增多，但也存在数字金融法律法规体系不完善、数字金融活动主体专业素养亟待提高、征信系统仍有待进一步完善等短板。为做好数字金融大文章，需要从加快金融业数字化转型，优化数字金融发展的市场环境，完善多层次数字金融服务体系等多方面入手，提高数字金融对促进江苏经济高质量发展的支撑作用。

一、数字金融发展的政策变迁及对经济高质量发展的机制效应

（一）数字金融的内涵和经济效应

1. 数字金融的内涵

数字金融作为金融领域的技术革命，是以大数据、人工智能、云计算、区块链等现代信息技术为驱动，实现金融业数字化转型的全新形态。它突破了传统金融服务的界限，通过技术的力量，使得金融活动更加高效、便捷和安全。数字金融以其高度的信息化和智能化特征，不仅优化了金融服务的流程，而且极大地提升了金融服务的触达能力和用户体验。它的崛起不仅是金融业的创新之举，更是对未来金融发展模式的深刻塑造。数字金融为用户提供了更加精准的风险评估、决策支持，也使得金融服务

更高效和便利，但随着数字金融的迅猛发展，风险与安全问题也变得越来越明显。所以，强化数据保护与风险控制，保障用户的资金与信息安全，成为数字金融发展中不可忽视的重要任务。

2. 数字金融促进经济高质量发展的机制与路径

数字金融作为经济高质量发展的重要驱动力，以其便捷、低成本、低门槛等特点，深刻影响着经济发展的方方面面。它通过优化资源配置、促进产业结构转型和加速普惠金融发展等多条路径，为经济的高质量发展注入了强劲动力。首先，在优化资源配置方面，数字金融通过运用信息技术和互联网平台，打破了传统金融服务的壁垒，使得金融资源能够更加高效地流动和配置。通过大数据分析和人工智能应用，数字金融能够准确评估企业的信用风险和市场需求，实现资源的精准化配置，为经济的高质量发展提供有力支撑。其次，在促进产业结构转型方面，数字金融推动了传统产业与新兴产业的融合发展。促进传统产业进行线上线下融合，增强企业的竞争能力；同时，新兴产业亦获得资金援助、融资创新及金融科技解决方案等服务。另外，数字金融能够为企业量身打造金融产品和服务，满足各行业、各发展阶段的特定需求，进而促进产业结构的优化与提升。最后，在加速普惠金融发展方面，数字金融通过降低金融服务门槛，让更多的居民能够享受到金融服务的快捷和便利。特别是对于广大中低收入人群和农村地区来说，数字金融打破了传统金融机构的局限，使得他们能够享受到便捷、高效的金融服务。这不仅提升了金融服务的普惠性和可及性，更为经济的高质量发展提供了坚实的基础。

（二）数字金融政策措施的梳理及与发达沿海省市的比较

1. 数字金融法律法规体系逐步完善

在国家层面上，国家连续出台了《推动数字金融高质量发展行动方案》等多个文件，强化了数字金融发展的顶层设计。具体来看：《金融科技发展规划（2022—2025 年)》由人民银行发布，为金融行业的数字化转型提供了制度上的保障，涵盖了总体思路、发展目标和关键任务。银保监会也颁布了《银行业保险业数字化转型指导意见》，旨在为银行业的数字化转型指引方向。此外，人民银行联合其他三个部委共同发布了《金融标准化"十四五"发展规划》，为金融行业的数字化进程确立了技术标准。《推动数字金融高质量发展行动方案》发布于 2024 年 11 月，由中国人民银行、国家发展改革委、工业和信息化部、金融监管总局、中国证监会、国家数据局、国家外汇局等七部门联合印发。该方案提出应推进金融机构数字化转型，夯实数字金融发展基础，完善数字金融治理体系等诸多任务举措，强化数字金融对重大战略、重点领域、薄弱环节的适配度和普惠性，加快形成数字金融和科技金融、绿色金融、普惠金融、养老金融协同发展的良好局面，为数字经济发展提供有力支撑。

在省级层面上，为推动数字金融发展水平，强化其对经济高质量发展的促进作用，江苏出台了数字金融发展的一系列文件。近年来更是密集出台了针对农业发展、科技创新、金融产品创新等方面的数字金融发展政策。相关政策更加注重以数字技术提升金融"五篇大文章"服务质效。例如，《江苏省"十四五"金融发展规划》提到了要推动金融与科技深度融合发展，为江苏省的数字金融发展提供了指导；《省政府关于全面推进农村金融创新发展的意见》《省政府关于金融支持制造业发展的若干意见》等文件，分别就数字普惠金融支持乡村全面振兴、金融支持"数实融合第一省"建设作出部署；《省政府办公厅关于加强和优化科创金融供给服务科技自立自强的意见》则明确提出，支持金融机构运用科技手段提升金融服务数字化水平，为科技型企业提供精细化、定制化金融产品。支持有条件的地区打造数字金融产业集聚示范区，充分发挥数据集聚效应，提升金融服务科技创新的时效性与便捷性。

在市级层面上，较有代表性的是苏州市。《苏州市数字金融产业发展三年行动计划（2023—2025年）》是为了全面贯彻苏州市数字经济时代产业创新集群发展大会的精神，进一步推进数字金融产业发展，加快建设数字金融创新标杆城市而制定的。行动计划中明确了数字金融产业的发展现状、发展目标、重点任务和保障措施等，为苏州市的数字金融产业发展提供了指导。苏州高新区和相城区也分别发布了针对数字金融业发展的优惠政策。苏州高新区推出了针对金融机构、投资基金、股权投资企业等的落户奖励和开办补贴政策；相城区发布了《关于支持数字金融产业创新集群发展的若干扶持政策的实施细则》，以支持相城区数字金融产业集群的高质量发展。这些政策文件从省到市再到具体区域，形成了一个政策体系，为江苏的数字金融发展提供了有力的政策保障和支持。

2. 经济发达地区应大力推进数字金融发展

自2018年起，包括北京、上海、深圳、广州、重庆、成都和武汉等主要一、二线城市纷纷推出了支持金融科技产业的政策。这些政策旨在通过各种优惠措施推动金融科技的成长。上海致力于打造全球领先的金融科技中心，浙江计划建立全国一流的新兴金融中心，北京设定了多个金融科技发展的示范项目，重庆计划建设国家级的金融科技认证中心。数字金融应用场景不断丰富，商业模式持续创新，组织生态圈不断完善。

（1）北京。北京在云计算、大数据、人工智能、区块链等关键技术领域占据领先地位，其工业互联网平台数量和资源接入量均居全国之首，为数字金融的发展提供了坚实的基础。北京市政府出台了《北京市促进金融科技发展规划（2018—2020年）》，明确提出以金融科技为依托，大力发展数字金融。作为数字人民币试点城市，北京成功举办了多轮红包试点活动，并在2022年冬奥会期间提供了便捷的数字人民币支付体验。此外，北京还建立了金融科技与专业服务创新示范区，吸引了众多金融科技公司，推动了产业的集聚发展。中国人民银行在北京开展了金融科技创新监管试点，即"监管沙盒"，旨在支持企业的创新尝试；推动数字金融在智能投顾、风险管理、普惠金融等领域的应用，提高金融服务的效率和质量；推动跨境金融区块链应用，例如，中国人民银行数字货币研究所在北京开展的区块链交易等。

（2）上海。上海凭借其传统金融业的雄厚基础和数字金融基础设施的国内领先地位，致力于建设具有全球竞争力的金融科技中心。上海以人工智能、云计算、区块链、大数据为代表的新技术在金融领域加速运用。上海在数据和信息化硬件、技术设施、城市管理运营等方面表现突出，为数字金融产业的发展提供了良好的基础。上海正全面推进城市数字化转型，出台了《上海国际金融中心建设"十四五"规划》《上海市数字经济发展"十四五"规划》《上海市浦东新区绿色金融发展若干规定》等文件，明确了若干数字金融的应用场景，各级政府和市场主体同心协力为上海数字金融健康发展提供了保障。上海利用其国际金融中心的优势，以及庞大的市场基础和普惠金融需求，努力实现数字金融的跨越式发展。

（3）深圳。根据央行政策导向，深圳依托通信技术与分布式技术的先发优势，结合区位特征及制度创新环境，着力构建数字金融创新试验区。2018年，货币当局直属数字货币研究机构在深圳设立金融科技法人实体，同步落地贸易金融分布式系统。该市产业集聚效应显著，汇聚腾讯、华为等科技领军企业，培育超3 000家分布式技术企业，形成覆盖工业软件云端载体、跨行业数据交互中枢、国家级工业物联中枢的数字化基础设施体系。依托云端运算架构与绿色节能技术搭建的数据中枢，叠加科技成果产业化能力突出、人口年龄结构优势显著等特征，为金融科技创新实践提供多维支撑。深圳创新资源丰富，科技成果转化能力强大，城市人口结构年轻化，为数字金融的创新应用创造了有利条件。

（4）杭州。杭州是国内金融科技发源地，作为中国数字经济发展高地，杭州通过培育具有国际影响力的数字金融主体与完善创新生态体系，持续引领产业数字化转型进程。孕育了蚂蚁集团这一全球数字金融标杆企业，其技术溢出效应显著促进了移动结算应用、智能风险管理系统、分布式技术及机器学习算法等前沿领域的突破性发展。区域数字经济生态呈现"基础技术持续革新、产业架构提质增效、新兴业态跨越发展"的良性演进格局。2022 年度数据显示，该市数字经济核心产业营收规模突破 1.64 万亿元，创造增加值 5 057 亿元，对地区生产总值的贡献度达 27.1%，确立其作为经济转型升级核心动力的战略地位。在实施"全国数字经济示范城市"建设规划过程中，杭州着力构建"三化协同"发展模式，重点突破传统金融服务的数字化改造。针对中小微企业融资困境，迭代升级"杭州金融数智平台"，通过智能撮合机制实现供需精准匹配。截至 2023 年 7 月末，该平台已整合 24.5 万个市场主体资源，汇集逾 400 款融资服务方案，累计实现资金对接 3 036 亿元，形成具有示范效应的普惠金融解决方案。

二、江苏数字金融促进经济高质量发展的现状及问题

（一）数字金融发展取得了重要成效

江苏金融总量持续位于全国前列，金融业转型已取得长足进步，积累了雄厚的技术和资源优势。总体来看，江苏数字金融加速发展，形成了一定规模的产业体系，数字人民币试点铺开，部分地市数字金融发展成效显著。

1. 数字金融产业体系建设初具规模

一是数字金融平台数量不断增多、功能日益复杂。作为省级数字化金融基础设施的典范工程，江苏省普惠金融综合服务系统自 2018 年投入运行以来，依托云计算与大数据技术架构，创新实现了政府扶持机制、企业征信数据库、融资服务需求与金融机构产品库的智能耦合。该系统通过构

建"金融电商"生态模式，打造供需精准匹配的线上交易场景，已成为区域中小微企业获取多元化金融服务的关键通道。运营数据显示，截至 2022 年 2 月末，平台注册市场主体突破 94.6 万个，金融工具供给量逾 2 700 项，累计撮合融资规模达 2.02 万亿元，对应融资需求申报总量 2.29 万亿元，展现出显著的资源配置效率。在区域实践层面，各市积极探索差异化服务路径：南京市依托"宁融通"服务平台，组建包含商业银行、创投机构及第三方服务组织的协同创新联盟，形成全链条服务闭环；苏州市通过"三平台一中心"架构构建金融生态，辅以政策组合工具实现服务能级提升；南通海安市则聚焦产业链金融创新，开发区域性供应链融资解决方案，有效缓解中小微企业经营主体的成本压力。其他城市同样在金融业态整合方面进行了积极的探索。

二是社会信用体系和金融增信平台建设稳步提高。在全国范围内，江苏省的公共信用数据库和网络信息平台建设处于领先地位。为促进区域信用信息的共享，江苏省积极响应国家的"长三角一体化"战略，构建起"长三角征信链"应用平台。该平台利用区块链和大数据技术，实现了长三角地区征信机构间的数据共享和互通。目前，该平台已经与上海、南京、杭州、合肥、苏州、常州、宿迁、台州等 8 个城市的征信系统相连，共计 11 个节点实现了企业征信数据的链上共享。

江苏企业征信服务平台建设标准较高，省内持牌征信机构加快征信产品开发和市场化应用进程。一是推进省、市两级征信平台全覆盖，提升平台应用价值。政府指导江苏省联合征信公司建立省级征信服务平台，推动 13 家地市建成地方征信平台，归集应用省发改委、市场监管等多家政府部门涉企信用信息，依托征信平台打造"替代数据归集 + 综合金融服务 + 政策风险补偿"的工作机制，提升中小微企业融资体验。二是指导省内 6 家备案征信机构加快市场化征信产品的研发和应用，发挥征信机构人员、技术优势，运用大数据、云计算、人工智能等技术深度挖掘数据价值，研发推出"苏企查""优企贷""容易贷""常农贷"等征信产品，2022年对外提供服务2729万次。三是联合省发改委等政府部门，推动省政府印发《江苏省加强信用信息共享应用促进中小微企业融资若干措施》，将地方征信平台建设纳入整体工作部署，进一步完善征信平台建设的顶层设计。截至2022年末，江苏全省建成14家地方征信平台，实现省、市全覆盖，当年累计帮助16.6万户企业获得贷款1.1万亿元。三是金融科技领域特色发展有一定优势，支撑数字金融发展。江苏在大数据风控行业汇聚了超过300家大数据企业，其中，江苏银行等机构已经开发出完善的数据风控模型。在区块链技术方面，江苏成功打造了拥有自主知识产权的区块链（BaaS）技术平台，并在资产证券化、国内信用证传递、福费廷交易以及风险防控等多个领域建立了区块链应用平台。在物联网金融领域，江苏已经构建了较为全面的核心技术产业链，并且多家金融机构已经开始将物联网技术与金融技术相结合。在机器人流程自动化（RPA）领域，南京银行等机构已经掌握了RPA机器人的开发、部署、调度、监控和管理等全方位能力，并且广泛应用于金融业务的前台、中台和后台。

2. 数字人民币试点取得较大进展

2016年，苏州成为全国首批数字人民币试点城市之一，在推广普及与应用数字人民币等方面做出诸多探索并取得显著成效。具体来看：一是核心指标保持全国试点地区前列。截至2024年10月末，苏州全市累计开立个人钱包2989万个、对公钱包96万个；累计落地场景124万个，受理商户超80万个；试点以来累计交易金额超6万亿元，在全国数币试点城市中遥遥领先。二是数字人民币应用场景不断创新。数字人民币受理商户门店涉及24个行业大类，数量超48万个，涵盖交通出行、教育医疗、民生服务、智慧政务、旅游零售等各领域。农村普惠金融服务站受理数字人民币支付全覆盖。苏州市综合生活服务平台"苏周到"成为首个接入央行共建 App"子钱包"的城市级综合生活服务 App。基层政务服务应用亮点纷呈，实现在工资代发、缴税退税、公积金贷款、农村集体三资监管、土拍保证金缴纳、购房资金支付、发放人才补贴、公安罚款等方面的应用。三是在银行、保险、跨境支付端创新突破，赋能传统金融转型。全国首创开展数字人民币发放小微企业贷款试点。参与全国首批多边央行货币桥项目测试。实现数字人民币在保险理赔、股权投资、私募基金出资、融资租赁、小贷、保理、转贷等金融领域应用。成功上线 SIM 卡硬钱包、双离线可视支付卡、纸质门票硬钱包、养老领域智能支付凭证等产品应用。四是长三角一体化跨区域试点出实效。长三角一体化示范区 13 个跨区域试点应用项目全部完成；推动物流业数字人民币跨区域支付，落地跨区域缴纳交通罚款、缴纳省道高速过路费、跨区域金融保险转账、跨区域信用就医、定向人才购房补贴发放等多项应用新场景，吴江至青浦的跨区域公交车实现互联互通数字人民币结算全覆盖。

为进一步提升数字人民币试点成效，2023 年江苏开始在全省稳妥有序开展数字人民币试点，印发了《江苏省数字人民币试点工作方案》以推动数字人民币应用增量扩面。该方案指出，到 2025 年底，基本实现数字人民币应用场景特定区域全覆盖，初步形成较为完善的数字人民币生态体系。公开数据显示，截至 2023 年 10 月末，江苏全省数字人民币交易业务（转账、消费）累计 2.3 万亿元、5 856 万笔，其中，消费金额位居全国第一。新增数字人民币受理商户 136 万个，其中，线下商户数量位居全国第二。

3. 部分经济发达地方持续推动金融体系数字化转型

一是苏州推动数字金融促进实体经济发展成效明显。第一，重要平台发挥关键作用。长三角数字货币研究院、长三角金融科技有限公司、长三角数字金融数据中心等三大机构不断为苏州的试点项目提供领导和指导。中国人民银行数字货币研究所的贸易金融区块链平台和加密资产大数据监测平台已在苏州落地。苏州市长三角数字金融产业研究中心也得到了省委编办的批准成立，产业发展的动力不断增强。第二，推出专门政策。苏州市已经发布了《苏州市深入推进数字人民币试点行动方案》《关于推进苏州市数字金融产业发展的意见》《苏州市数字金融产业发展三年行动计划（2023—2025 年）》等政策文件，成为全国首个推出数字金融产业专门政策的城市。这些政策明确以数字人民币试点工作为先导，推动数字金融产业的发展。2022 年，数字金融奖励政策已兑现超过 700 万元。第三，产业生态的集聚。金融机构正积极争取各类总行、总部的数字金融机构和资源在苏州落地，加速数字化转型。目前已有 39 家数字金融实验室、数字金融创新中心、金融科技子公司或软件开发测试中心，如江苏银行智数研究院、中国银行数字人民币场景建设中心（苏州）、民生银行数字人民币应用创新实验室等在苏州落地。数字金融生态圈的企业加速集聚，截至 2023 年 3 月，苏州共有 427 家数字金融生态圈企业。第四，推进数字人民币试点。2022 年，苏州数字人民币的累计交易金额超过 3 400 亿元，个人钱包超过 3 054 万个，试点场景超过 93 万个，数字人民币商户超过 48 万户。全市企业在对公结算场景中广泛使用数字人民币，1.2 万家规模以上企业对公钱包开通率达到 100%，企业开立对公钱包超过 185 万个。第五，建设苏州小微企业数字征信实验区。苏州制定了《苏州市综合金融服务体系建设方案》和《苏州综合金融服务平台建设运行机制（试行）》等制度文件。截至 2022 年，征信平台已累计征集企业授权 76.98 万户，占苏州法人企业的 80% 以上，覆盖了所有有贷款的企业以及近年来新设立的企业。第六，金融机构参与构建物联网平台，通过物联网终端实时采集企业的机器设备能耗、开工时长、地理位置等连续性数据，并通过企业手机银行 App

向客户提供物联网数据查询和分析服务，为企业提供数字化转型工具，推动实体经济发展。2023 年，邮储银行苏州市分行荣获地方"2022 年数字人民币试点工作先进银行机构"和"数字金融工作"第一等次等荣誉。

二是无锡加快数字金融推动经济高质量发展。积极探索物联网金融创新发展，结合物联网技术探索将金融服务有效嵌入企业生产经营场景，重点聚焦动产质押、生产监管和防灾减损三大场景，即对质押动产进行监管，有效控制质物的物权，确保质物真实有效，银行机构借助设备感知卡、电能监测仪等物联网感应技术，准确监测企业生产经营情况。保险公司为投保财产险的中小企业配备消防监测，水淹报警，运输车辆监控等设备防灾减损。为不锈钢加工或贸易企业提供"物联网＋"动产融资等供应链综合金融服务方案，引入区块链技术，通过物联网对货物从订单、运输在途、出入库实施全流程管理，提升了贷后管理的有效性和精准性。出台了《无锡市供应链金融工作推进方案》，持续完善供应链金融服务体系，突出支持无锡 10 个重点产业集群，综合运用订单融资、仓单存货质押贷款、保理等金融产品，推动供应链金融增量拓面，组织银行机构对 56 家集群龙头企业提供重点金融服务保障。

三是常州推动数字金融促进实体经济发展取得成效。一是以大数据为支撑，通过整合运用涵盖管理部门的涉企信用信息，构建不同市场主体信用评分模型，推出"常系列"信用融资产品，增强银行机构"敢贷""能贷""会贷"的能力，有效缓解中小企业融资难题。截至 2023 年 3 月，"常信贷"累计为 8 093 户企业提供贷款 10 402 笔、金额 130 亿元；"常农贷"支持 269 户涉农企业获得贷款余额 53.22 亿元；"常个贷"完成首批授信 7 户，金额 248.30 万元，发放贷款 90.5 万元。相关做法作为全省唯一金融案例入选 2022 年全国营商环境创新发展典型宣传推广案例。三是以综合金融服务平台为主阵地，推动常州企业征信平台、常州创新创业平台融合发展，实现融资平台统一注册、用户互认、产品共享，融资成效统一显现，金融基础设施数字化集成。综合金融服务平台常州子平台注册企业58 939 家，发布金融产品 519 个，累计解决融资需求 1 531.63 亿元，在线融资成功率达 82.35%。

（二）数字金融在促进经济高质量发展中存在的主要问题

1. 数字金融法律法规体系不健全

数字金融领域正经历迅猛增长，然而相关法律法规的建设却未能同步。一方面，数字金融活动的法律约束不够严格，在一定程度上制约了其效率，例如，P2P 平台严重冲击了资金流动性管理，最终导致这些平台被取缔。另一方面，数字金融技术的持续创新和快速发展，使得现行法律制度未能及时更新以适应最新趋势，不仅阻碍了数字金融的有序发展，也制约了经济的高质量增长。尽管江苏在"十四五"金融发展规划中明确提出了发展数字金融的目标，并要求在关键领域和地区先行先试，但在金融基础设施的互联互通、行业标准体系建设等方面，尚未形成全面的发展规划，相关政策支持体系亟须进一步完善。

2. 数字金融活动主体专业素养亟待提高

从需求和供给两个角度来看，数字金融活动参与者的专业素养需要提升。第一，在金融数字化转型的进程中，不均衡现象很明显。江苏的全国性金融机构分支机构以及大型本地法人金融机构的数字化转型步伐相对迅速；地方性小型金融机构在转型道路上仍在摸索，面临目标不明确、规划缺乏、盲目跟风等问题。第二，金融、科技和产业之间的良性互动还需进一步提升。目前，围绕金融数字化转型尚未形成明显的产业集群，与国内外先进地区相比，头部企业的数量和质量存在较大差距。金融与工业、农业以及科创产业的数字化融合程度有待提高，清晰的产业生态链尚未形成。第三，金融机构在数字技术人才和数字金融复合型人才的储备上存在不足，加之数字金融领域专业知识更新迅速，从业者对新知识和技术的掌握不够及时，这限制了数字金融的推广和效能的发挥。第四，数字金融服务对象的金融素养普遍不高。大多数居民缺乏金融专业知识，对数字金融的理解不足，这导致其接受数字金融服务的效果并不理想，从而影响数字金融的发展进程。

3. 征信系统建设有待进一步完善

当前信用信息系统建设虽取得阶段性进展，但数据治理能力与新型经济形态要求仍存在差距。尽管信用信息采集规模持续扩容，但数据质量管控体系亟待优化，具体表现为更新时效性不足、采集成本高企、覆盖维度受限及准确性验证机制缺失等结构性矛盾。从服务对象维度分析，特殊群体信用画像存在显著空白，特别是农户、低收入人群及小微经营主体因资产抵质押物匮乏，导致征信评估参数可信度存疑，形成信用档案的完整性缺口。系统间协同机制方面，跨机构信息交互存在明显壁垒，信用惩戒信号的传导时滞导致失信行为难以及时形成联防联控，削弱了信用约束机制的有效性。更需关注的是现行失信惩戒机制威慑效能不足，违规成本与风险收益失衡制约了经济高质量发展所需的信用基础建设。

4. 金融数据要素流转体系的建设滞后，数据安全受到威胁

在金融数据资产化进程中，传统金融机构沉淀的海量客户行为数据尚未形成价值转化合力。主要症结在于：第一，跨业态数据共享机制存在制度性障碍，数据确权规则与流通标准体系的缺位导致"数据堰塞湖"现象突出，亟须构建开放型数据要素市场基础设施。在技术自主性层面，核心算法研发能力与场景适配标准制定权仍有提升空间，知识产权保护体系需与技术创新节奏保持动态适配。第二，数据安全防护体系存在多维风险敞口，突出表现为采集环节的合规性失控、存储阶段的加密技术缺陷以及应用场景的权限管理漏洞。这种数据生命周期管理失范不仅威胁个体隐私权

益，更可能引发系统性金融风险，动摇数字金融生态的信任根基。

5. 数字金融风险增加，金融监管机制有待进一步提升

新型金融业态的风险传导呈现跨域化、隐蔽化特征，对监管范式提出革新要求。网络安全维度，分布式攻击、APT渗透等新型技术风险对用户资产与隐私形成双重威胁，成为金融稳定的重大隐患。市场行为监管方面，因为市场参与主体（含个人投资者与中小微企业）金融素养参差不齐，非理性投资行为易诱发信用风险共振。制度供给层面，现行监管架构存在三大短板：跨部门监管协同机制缺位导致的权责模糊、差异化监管标准引发的合规成本攀升以及监管科技应用滞后形成的监测盲区。技术运营风险则体现为分布式系统容错能力不足与应急响应机制缺失，特定场景下的技术故障可能触发连锁性市场波动。

6. 数字金融产业的领军企业缺乏，产品和服务发展滞后

区域数字金融产业格局存在显著发展失衡：首先，头部机构布局呈现地域集中特征，央行数字货币研究所、阿里系数字金融集团、腾讯金融科技等标杆机构均未在江苏设立区域性总部，致使江苏省在长三角数字金融协同发展中处于战略从属地位。虽然苏州在数字人民币试点中取得阶段性成果，但相较于沪杭两地的生态聚合效应仍显单薄。其次，产品创新能级亟待突破，现有数字金融服务多停留在信贷产品线上化迁移阶段，缺乏基于智能合约的衍生工具、供应链金融区块链解决方案等深度创新。以农村金融为例，服务模式仍以传统贷款为主，风险缓释工具、个性化保险产品及直接融资渠道建设明显滞后于新型农业经营主体的发展需求。

三、提高数字金融水平促进经济高质量发展的对策

（一）加快金融业数字化转型和优化数字金融发展的市场环境

在产融协同创新与智能技术迭代的交互作用下，各类金融机构亟须

以技术赋能为抓手，前瞻部署创新应用场景，重塑金融服务价值链，持续巩固服务实体经济的核心定位。通过构建"创新驱动—产业协同—资本融通"三位联动机制，打造"技术突破—应用转化—价值实现"的螺旋上升体系，为经济高质量发展注入智能化引擎。

1. 以金融基础设施为依托，构筑数字化转型的坚实基础

在服务国家重大战略布局的框架下，江苏地区金融机构应统筹规划新型数字化基础设施建设；充分发挥金融基础设施的跨区域协同效应，积极参与全国统一数据要素市场构建；重点推进智能互联技术（如 5G 通信、产业物联网）的基础网络覆盖，夯实场景化金融创新的技术底座；建立政企联动的分布式云服务平台集群，提升算力资源的动态调配效能，全面支撑监管科技与创新业务的技术需求；同步建设金融标准化创新示范区，健全"标准制定—实践验证—普及应用"的闭环管理体系，为行业数字化转型提供制度保障。

2. 以技术突破为动力，推动数字金融赋能增效

机构应建立多元化数据整合分析系统，研发适配多场景的智能决策引擎，实现数据处理效率与准确性的同步提升。在风险管控层面，强化非结构化数据的深度挖掘与实时预警机制；在精准营销领域，创新客户全生命周期管理算法。云端计算技术领域重点培育自主可控的云原生技术体系，在供应链金融场景中深化智能合约与分布式账本的融合应用，构建多维动态企业评估模型。人工智能研发应突破自然语言理解与深度神经网络核心技术，升级智能财富管理、监管合规等核心系统。物联网技术创新需整合产业链数据接口，通过边缘计算与雾计算的协同应用，建立全流程金融服务的实时风控体系。

3. 以数据要素治理为核心，提升数字金融生产力

金融行业需强化数据管理，优化数据治理架构，并推广行业内的数据管理标准，以便为金融数据的商业应用创造有利的政策条件。必须消除部门壁垒，加速数据共享进程，利用区块链技术促进政务信息的分布式共享，从而提升数据共享的效率。此外，应积极研究信用增进和积极激励的体系，增强信用意识，推动软信息向硬信息的转变，建立有效的监督体系。整合区域金融监管的基础设施，利用"区块链＋大数据"技术，探索穿透式监管方法，加强资金流和数据流的监控，引导资金流向实体经济，增强政策的传导效果，提升金融风险的预防和解决能力。

4. 以数字金融与产业的深度融合，促进"金融、科技、产业"的协同创新

构建金融数字化生态，是金融、科技与产业实现良性循环的核心。首先，应聚焦于核心技术、基础设施和关键产业，创建金融数字化的发展环境，促进产学研的深度结合，并扩大金融的应用场景。其次，要重新塑造金融业态，将天使投资、风险投资、基金、银行、担保、保险等各类金融资源进行整合，构建一个服务于企业各个成长阶段的金融服务生态系统。此外，要形成一个良性的发展格局，让大型金融机构发挥示范作用，同时利用中小金融机构的地缘优势，构建一个差异化、有序且和谐的金融发展新环境。最后，建立统一的信息平台和数据仓库，以支持地方性金融机构的数字化转型。

5. 以创新理念为引领，实现金融数字化转型的示范效应

新发展理念是金融数字化转型的指导方针。首先，服务一体化发展，通过构建共享基础设施和数据应用平台，推进金融服务的智能化、移动化和普惠化。其次，服务绿色发展，以环境、社会和公司治理（ESG）分析及绿色评级等为重点，推动数字技术在绿色金融业务中的应用，提升监管流程，防范违约风险。再次，服务民生改善，引导金融机构从产品为中心向客户为中心的模式转型，提供无界泛在、智慧互联的金融服务。最后，

弥合数字化鸿沟，强化城乡一体化金融服务，推广普惠金融数字化示范工程，让金融创新成果惠及更广泛的群体。

6. 以制度创新为基石，构建金融数字化发展的良性生态

坚实的制度环境构成了金融数字化转型的重要基础。首先，需加强系统规划与部门间的协作，建立从省到县的三级联动机制，并制定金融数字化转型的发展规划与指标体系。其次，强化金融业数字化转型的智力支持，利用江苏在科技人才和软件通信产业方面的优势，推动产学研的结合，培育具有国际视野、复合能力与创新精神的人才。再次，重视金融消费者权益的保护，鼓励金融机构增强信息透明度，优化消费纠纷的解决途径。最后，打造一个既包容又审慎的"监管沙盒"，引导金融机构在遵守法规的基础上进行创新，研究金融数字化转型的绩效评估方法，培养一个协调、包容且可持续的金融数字化发展新环境。构建一个"政府引导、市场主导、专业化运作"的数字金融产业生态系统，推动江苏持续完善具有中国特色的数字金融生态环境。

（二）完善多层次数字金融服务体系

1. 鼓励大型银行充分利用技术优势发展数字金融业务

一是围绕核心技术、基础设施和重点产业构建金融数字化发展生态圈。通过产学研的深度融合，拓展金融应用场景，以产业为核心、企业为载体，构建协同创新生态。拓展大数据在征信、风控等领域的应用，加快云计算技术在金融服务中的创新应用。围绕区块链技术，在供应链金融、贸易金融、征信等领域开展技术应用，提升融资可得性和贷后管理效率。深耕人工智能，优化业务流程、提升风控能力。依托物联网技术，挖掘企业经营活动的多维数据，为全产业链数字金融服务提供技术支撑。二是构建、推广不同领域的数字金融领域应用场景。服务一体化发展，构建共享基础设施，建立行业优质企业名录库，搭建数据应用平台，推进金融

服务的智能化、移动化。服务民生改善，打破金融机构的物理边界，从以产品为中心向以客户为中心的模式转型，提供个性化、服务化的智慧金融服务，拓展升级银行业的零售业务。弥合数字化鸿沟，强化城乡一体化金融服务，推广普惠金融数字化示范工程，让金融创新成果惠及更广泛的群体。服务绿色发展，围绕绿色经济活动需求，推动数字技术在绿色金融业务中的应用。重塑金融业态，打通产业链、畅通资金链，形成服务于各成长阶段创新创业企业的金融服务生态。整合天使、创投、基金、银行、担保、保险等各类金融资源，发挥孵化器、加速器、创业园等载体和平台的作用。通过这些措施，大型银行不仅能够充分利用自身的技术优势，还能在数字金融领域发挥更大的影响力，推动整个金融行业的数字化转型。同时，这也有助于提升金融服务的质量和效率，更好地服务于经济高质量发展。

2. 支持城商行和农商行结合属地优势开发有特色的数字金融业务

一是城商行和农商行应设立专业团队，深入研究本地经济特色、产业发展趋势和客户需求。通过市场调研，收集数据，分析消费者行为，为定制数字金融产品提供依据。二是基于属地经济特点，开发特色金融产品。例如，为地方特色农业提供季节性贷款服务，为地方旅游业设计专项理财产品，为地方中小企业提供灵活的融资方案。加大对金融科技的投入，加快发展数字金融，利用大数据分析客户信用，运用云计算提供弹性金融服务，通过区块链技术提高交易透明度和安全性。三是加强与当地产业链的龙头企业、行业"小巨人"企业建立合作，提供定制化的金融解决方案，促进产业链上下游的资金融通和风险管理。四是全力拓展农村数字金融服务，针对当地农村，开发适合农民使用的移动支付工具和简易理财产品，提供便捷的线上贷款服务，支持农产品的线上销售和物流配送。

3. 推动保险公司加快数字化转型，完善数字金融产品体系

江苏拥有强大的经济基础和先进的科技实力，为保险公司的数字化转

型提供了良好的条件。推动江苏保险公司加快数字化转型，完善数字保险产品体系的措施有以下几点：一是加强顶层设计与政策引导，加快推进保险行业数字化转型。加快出台相关政策，不断完善保险业数字化转型政策体系，提供税收优惠、资金扶持等激励措施，鼓励保险公司加快数字化转型。在江苏选择有条件的地区或保险公司，建立数字化转型示范区，形成可复制、可推广的经验。二是构建保险业的数字化基础设施。投资建设先进的 IT 基础设施，包括云计算平台、大数据中心和网络安全系统。为保险公司提供稳定、安全、高效的数据处理和存储能力，支撑数字化产品和服务的开发。三是推动保险科技创新。鼓励与高等院校合作，设立保险科技专业或课程，培养数字化人才。引入具有数字化经验的高级管理人才和技术专家，提升保险公司的数字化能力。鼓励保险公司与科技公司合作，引入人工智能、区块链、物联网等前沿技术，开发新型保险产品和服务。例如，利用人工智能、物联网技术监测保险标的，实现精准定价和风险控制。四是完善数字金融产品体系，提升客户体验和服务效率。基于客户需求和市场变化，开发多样化的数字金融产品，例如，在线保险顾问、定制化保险方案、移动支付保费等。鼓励保险公司探索保险科技新模式，例如，基于使用量而定保费（UBI）车险、健康管理系统、智能家居保险等，满足新兴市场需求。同时，利用大数据分析客户需求，提供个性化的保险产品和服务。通过数字化手段优化客户服务流程，提供在线投保、快速理赔、智能客服等服务，提高服务效率和客户满意度。通过媒体宣传、客户教育等方式，提升公众对保险数字化转型的认知，增强客户对数字保险产品的信任和接受度。

4. 持续扩大数字人民币的使用范围

一是加强政策支持与引导。明确数字人民币推广的目标、路径和时间表。提供政策支持，包括税收优惠、资金补贴等，鼓励企业和个人使用数字人民币。由政府牵头，联合金融机构、支付平台、商家和消费者，建立数字人民币推广联盟，共同推动数字人民币的普及应用。二是扩大、完善数字人民币应用场景，提升数字人民币的认知度。推动数字人民币在各类生活场景中的应用，包括零售、餐饮、交通、医疗、教育等，增加使用便利性。推动数字人民币与现有支付系统的融合，促进数字人民币与现有的银行卡、移动支付等支付系统的互联互通，实现无缝对接，提升用户体验。通过媒体宣传、社区活动、在线教育等多种渠道，提高公众对数字人民币的认知度，增强其接受度和使用意愿。三是鼓励金融机构创新数字人民币产品，扩大在更多领域中的使用量。鼓励银行和其他金融机构开发与数字人民币相关的创新金融产品，例如，数字钱包、投资理财产品等。支持数字人民币在电子商务中的应用，支持电商平台接受数字人民币支付，鼓励线上商家开通数字人民币支付渠道，促进线上消费。推进数字人民币在公共服务领域的应用，推动政府部门在公共服务缴费、社会保障、税收征管等领域接受数字人民币，提高公共服务效率。加强数字人民币的跨境支付能力，利用江苏的地理优势和开放的经济环境，探索数字人民币在跨境贸易和投资中的应用，促进国际贸易便利化。推动数字人民币在智能城市中的应用，结合江苏智慧城市建设，推动数字人民币在智能交通、智能停车、智能社区等场景中的应用。推动数字人民币在农业和农村地区的应用，针对江苏是农业大省的特点，鼓励数字人民币在农产品销售、农业补贴发放等场景中的应用，促进农村经济发展。四是加强数字人民币的监管和风险防控，建立健全数字人民币监管体系，加强对数字人民币交易的监控，防范金融风险。支持科研机构和企业加强数字人民币相关技术的研发，提升系统的安全性、稳定性和便捷性。

（三）不断提高数字金融促进产业结构调高调优的能力

实现经济高质量发展的重要战略途径之一就是要依靠支柱行业、产业集群、发达的城市群等构成的经济体系。数字金融能够吸引产业聚集，从而驱使产业集群的形成，产业聚集效应的出现能够带来资本、人才等各种资源，能够直接为经济增长做出贡献，稳步推进经济高质量发展。数字金融能够降低投资成本、缓解融资约束等，提高产业资金流动性，理论上能够吸引产业聚集发展，增加当地资本收入，推动当地经济发展。数字金融能够优化资本配置以及降低融资成本以实现创新投资的增加，从而促进科技创新，促使技术创新溢出形成产业集群，推动产业聚集。促进江苏数字金融与产业的深度融合有以下对策。

1. 数字金融有助于提高产业集聚水平、加快产业结构高级化

一是构建数字金融与产业融合的创新平台。集聚金融科技企业、产业企业、科研机构和高校等多方资源，形成数字金融与产业融合的创新平台，推动产学研用深度融合，促进数字金融创新成果的转化应用。促进数字金融与产业融合的国际合作，加强与国际金融组织、跨国公司、国外研究机构等的交流合作，引进国外先进的数字金融理念和技术，提升江苏数字金融与产业融合的国际竞争力。促进数字金融与产业数据共享，建立健全数据共享机制，推动金融数据与产业数据的互联互通，实现数据资源的有效整合和利用，为数字金融产品和服务创新提供数据支持。二是推动数字金融产品和服务创新。鼓励金融机构和金融科技企业开发适应产业需求的数字金融产品和服务，如供应链金融、产业链金融、智能投顾等，提升金融服务的针对性和有效性。三是推动成立数字金融与产业融合的金融科技发展基金及园区建设。支持设立数字金融科技发展基金，支持数字金融科技创新项目和初创企业，促进数字金融科技产业的发展。在江苏重点城市建立金融科技产业园区，集中资源进行先行先试，探索数字金融与产业融合的有效模式和成功经验，吸引金融科技企业和产业企业集聚，形成产业集群效应，推动金融科技与产业的互动发展。四是推动数字金融与产业

融合的知识产权保护，加强数字金融领域的知识产权保护，鼓励金融科技创新，保护创新成果。五是推动数字金融与产业融合的金融监管创新。建立健全数字金融风险管理和监管体系，利用大数据、人工智能等技术手段，提高风险识别、预警和处置能力，确保数字金融与产业融合的稳健发展。推动数字金融与产业融合的金融科技监管沙盒，为金融科技创新提供试验平台，鼓励金融机构和科技企业在监管沙盒内进行创新尝试，探索数字金融与产业融合的新路径。

2. 加大数字金融对资本和技术密集型产业的支持力度

数字金融赋能江苏以电动载人汽车、锂电池、太阳能电池三大产业为代表的资本和技术密集型产业发展具有重要作用。一是创新信贷产品和服务，大力发展供应链金融。开发针对外贸"新三样"产业的信贷产品，例如，基于订单的融资、知识产权质押融资等，满足企业在研发、生产、销售各环节的融资需求。利用数字金融平台，为核心企业及其上下游供应商提供供应链金融服务，优化资金流和物流，降低全产业链的融资成本。二是支持绿色金融发展，推动跨境金融服务。推出绿色信贷、绿色债券等金融产品，支持电动载人汽车、锂电池、太阳能电池等优势产业的发展。建立在线融资平台，为三大产业的配套企业、中小企业提供便捷的融资渠道。针对电动载人汽车等产业的国际化需求，提供跨境结算、外汇管理、国际融资等金融服务，支持企业拓展海外市场。三是建立信用评价体系，探索资产证券化、融资多元化。建立针对三大产业的企业信用评价体系，提高企业融资的可获得性。探索将企业的应收账款、知识产权、数据等资产进行证券化，为企业提供更多元化的融资方式。针对不同企业的特点和需求，提供定制化的金融解决方案，例如，为电动载人汽车企业提供车辆融资租赁服务。四是开发更多的数字金融产品，促进更多资本投入新能源产业。支持产业基金和风险投资加快数字化转型，为产业创新和技术研发提供资金支持。利用政策性银行和其他金融机构提供的政策性贷款、出口信贷、出口信用保险等，降低企业的经营风险。帮助符合条件的企业通过股票市场、债券市场等资本市场进行直接融资，拓宽融资渠道。五是提供风险管理工具。为企业提供汇率避险、利率避险、商品价格保险等金融衍生品，帮助企业有效管理市场风险。

参考文献

［1］田茂红：《数字普惠金融对经济高质量发展的影响研究》，北方民族大学硕士学位论文，2022 年。

［2］黄佳微：《数字经济对高质量发展的影响——基于我国 265 个地级市的经验证据》，山东大学硕士学位论文，2022 年。

［3］张忠宇：《金融业数字化转型：江苏案例》，《地方财政研究》2022 年第 5 期。

［4］刘金杭：《数字金融对区域经济高质量发展的影响及对策研究》，《全国流通经济》2023 年第 20 期。

［5］周锐铖：《数字金融对区域经济高质量发展的影响研究》，《金融文坛》2024年第 10 期。

［6］吴楠楠、刘桁亦、徐心怡：《数字金融对长三角区域经济高质量发展的影响——基于空间杜宾模型的实证分析》，《决策咨询》2024 年第 1 期。

［7］张恒龙、田聪莹：《上海数字金融跨越式发展的突破口与制度创新》，《科学发展》2023 年第 7 期。

［8］唐寒冰：《数字金融对我国区域经济高质量发展的影响及其对策——评〈高质量发展下的区域增长极研究〉》，《广东财经大学学报》2023 年第 2 期。

［9］王敏、张誉文：《陕西省数字金融、高技术产业聚集与经济高质量增长——基于中介效应模型》，《延安大学学报（社会科学版）》2023 年第 7 期。

［10］苏雁、武鹭帅：《2022 年苏州数字人民币交易额超 3400 亿元》，《光明日报》2023 年 2 月 10 日。

第二部分
数字金融与产业融合

数字金融与产业数字化转型
——以江苏省为例

一、引言

数字经济是推动中国经济高质量发展的重要引擎。据中国信息通信研究院发布的《中国数字经济发展研究报告（2023 年）》测算，2012—2022年，中国数字经济全要素生产率从 1.66 提升至 1.75。2022 年，中国数字经济规模达 50.2 万亿元，总量稳居世界第二，占 GDP 比重提升至 41.5%。产业数字化转型是数字经济背景下，数字化技术在传统产业领域应用示范的总称，本质是在大数据、移动互联网、云计算、物联网、区块链等新一代信息技术驱动下，推动企业商业模式、组织模式和管理模式转型，是产业转型升级的重要体现。2021 年底，《江苏省制造业智能化改造和数字化转型三年行动计划（2022—2024 年）》颁布实施，到 2024 年底，要在全省规模以上企业全面实施智能化改造和数字化转型。产业数字化转型已成为推动江苏打造制造业高质量发展示范区的必由之路，是企业发展的"必选项"。

江苏产业数字化转型水平处于全国前列。2021 年以来，江苏制造业高质量发展指数连续两年位居全国第一；制造业增加值占地区生产总值比重达 37.3%，稳居全国首位；两化融合发展水平达 66.4，连续 8 年居全国第一。截至 2022 年底，江苏陆续培育 16 个先进制造业集群和 50 条重点产业链，规模超万亿元行业达 5 个，6 个先进制造业集群入选"国家队"、数量居全国首位（毕朝国，2023）。金融是实体经济的血液，要扎实推动金融与实体经济"共生共荣"。企业数字化转型是基于企业中长期发展战略和绩效业务能力提升的技术改造升级，核心在于通过数字化技术对企业研发、生产、销售等全产业链环节进行流程再造，结合云计算、人工智能等技术手段，提升企业决策和管理水平，最终实现利润提升的过程。产业数字化转型涉及企业发展的诸多方面，大量底座硬件设备和系统软件的前期投入均需要大量资金，这就为金融支持产业数字化转型提供了机遇，也引发金融支持产业数字化转型的诸多挑战。江苏作为沿海经济大省和制造业强省，制造业对数字化转型需求巨大，理应在金融支持产业数字化转型领域保持"争先"，走在"前列"。加大财政金融支持产业数字化转型力度已成为江苏省推动产业高质量发展的必然要求和应有之义。

二、产业数字化转型的目标内涵与发展趋势

产业数字化是企业长远发展的"必答题"。产业数字化是利用数字技术实现企业研发、生产、销售全流程数智化管理的全新运营管理模式。数字化技术应用、企业资源系统模式改造以及数智化治理是产业数字化转型的未来趋势。

（一）产业数字化转型的目标和内涵

产业数字化转型是企业管理模式从"工业化"到"数字化"的重要变革（刘淑春 等，2021；王宏鸣 等，2022）。企业通过引入数字技术重塑企业的生产流程、组织架构和商业模式，改变固有管理思维逻辑（陈剑 等，2020），驱动企业展开全方位、颠覆式创新。数字化转型是在大数据、移动互联网、云计算、物联网、区块链等新一代信息技术驱动下，企业运营管理模式的深刻变革。从技术层面来看，数字化转型具体指在利用终端传感器和数字搜集设备搭建产供销各环节数字资源的基础上，企业结合互联网、物联

网等现代信息技术手段，通过建立企业内外部广泛的在线连接，获得大量实时数据，利用云计算的算法和算力，提升企业决策的时效性、准确性，从而提升企业运营和管理效率，甚至孕育全新商业模式和管理模式的过程。

（二）产业数字化转型的发展趋势

1. 数字技术的推广应用

第一，数字技术装备是产业数字化转型的基础。大量物联网终端设备在生产前端铺设，采集生产数据，通过中端数字化平台计算获得实时数据情报，利用智能化软件开展运营决策已成为国际产业数字化转型的典型模式。自德国提出工业 4.0 计划以来，"无人工厂"已成为超越传统工业自动化生产线的新兴数字化模式。第二，产业数字化转型要求的数字技术既要符合云原生架构，又能有效打破模块化"数据烟囱"边界，有效实现能力复用、数据联通（祝合良和王春娟，2021）。第三，建立在线联结能力是企业数字化转型的前提。要实现企业数字化转型，必须能实现全产业链体系，从研发设计、供应链生产到销售推广全链条"线上"运营。企业全产业链"上线"是数字化转型的基础。

2. 资源计划系统的再造

第一，就企业运营管理而言，传统基于套装软件的封闭式架构会导致企业人、财、物管理机制的"条线化""分割化"。各细分企业部门之间数据交互不通，实时信息采集渠道不畅，会导致企业数据与外部系统的"割裂"。因此，产业数字化转型还要全面推进 ERP 系统升级，通过强化企业流程和数据集成，提升大数据实时处理能力（中国信通院，2023）。第二，中台智能化管理是产业数字化转型的必然趋势。本质而言，定量与定性是企业管理的两大核心问题。事实上，定量管理问题完全可以交由计算机来完成，计算机的计算能力远远超过了人脑。而定性问题，最终都可以归结为因果关系分析和逻辑判断问题（张金昌，2020；袁淳 等，2021）。数字技术完全可以实现重复定量计算操作。在定性判断方面，2023 年以来人工智能技术快速发展，辅助决策的人工智能技术迅速崛起，也必然会对传统企业资源管理模式产生冲击。

3. 数智治理能力的提升

一是企业数字化治理。数字化智能管理系统能够帮助企业实时探查生产过程中隐藏的问题，通过匹配相应的运用策略和规则，有效提升生产和管理自动化、智能化水平，促进企业商业模式转型。二是"数字孪生"背景下企业的"虚拟化"治理。AI 技术中台化应用提升企业智能化水平。2022 年以来，国内外较多行业逐步开始将 AI 应用至企业治理的中台化领域。部分企业运用 AI 提供无代码、低代码的训练模型，形成了企业层面的治理数据，用于企业的分析和决策。

三、江苏产业数字化转型的基础条件与转型现状

近年来，江苏三次产业结构转型日趋合理，产业协调与产业高级化程度逐年提升。江苏在全面推进产业结构转型升级的同时，制造业数字化转型水平逐年提升，产业结构持续优化、区域产业协调均衡、高新技术产业驱动奠定了江苏省产业数字化转型的基础优势。在各项政策保障支持下，江苏省制造业产业数字化转型的成效显著。但是，江苏省内区域间制造业数字化转型仍存差距，不同行业之间数字化转型不同步，产业数字化转型依然有较大提升空间。

（一）产业结构转型升级步伐加快

1. 产业发展协调均衡

经济发展理论认为，三次产业结构转型以及产业增长动力调整是建构现代经济增长动力的关键（张培刚，2002；黄群慧，2020）。地区产业发展协调程度则由产业结构合理化反映。当经济处于均衡状态时，各产业间

劳动生产率应相等。基于这一思想，干春晖等（2011）提出了基于泰尔指数的改进产业结构偏离度指数计算方法，衡量区域协调发展水平，具体公式如下：

$$TL = \sum_{i=1}^{N} \left(\frac{Y_i}{Y} \right) \cdot \ln \left(\frac{Y_i}{L_i} \middle/ \frac{Y}{L} \right) \tag{1}$$

其中，TL 表示产业结构偏离度泰尔指数，i 为产业，N 表示产业部门数，Y 和 Y_i 分别表示总产值和分产业产值，以年度 GDP 和三次产业增加值表示。L 和 L_i 分别表示从业人数和三次产业的就业人数，分别用全社会就业人员总数和三次产业年末从业人员数表示。泰尔指数不为 0，表明产业结构偏离了均衡状态。因此，TL 越大，说明产业结构越不合理。表 1 是主要年份江苏各区域及国内主要都市圈产业结构偏离度指数的测算结果。从表中可以看出，苏南、苏中和苏北产业结构偏离度指数略有上升，分别从 2006 年的 0.034、0.130 和 0.193 上升至 2021 年的 0.070、0.271 和 0.249。但京津冀、长株潭和成渝地区产业结构偏离度指数值显著高于苏南、苏中和苏北。国内其他都市圈产业结构偏离度高于江苏各区域，说明江苏区域产业结构较为合理，区域间产业发展协调均衡。

表 1　产业结构偏离度指数（TL）的国内都市圈对比

年份（年）	苏南	苏北	苏中	珠三角	京津冀	长株潭	成渝
2006	0.034	0.193	0.130	0.176	0.257	0.421	0.452
2010	0.052	0.180	0.125	0.128	0.221	0.481	0.532
2015	0.061	0.241	0.325	0.194	0.244	0.384	0.446
2021	0.070	0.249	0.271	0.164	0.236	0.326	0.528

注：国内都市圈的各个地级市三次产业增加值及三次产业就业人数的原始数据来自《CNKI 中国经济社会大数据研究平台》，利用公式（1）计算后，依据各都市圈包括的地级市计算均值表示国内各区域产业结构合理化指数。

2. 产业结构呈高级化

产业结构高级化是地区产业结构相应地发生规律性变化的过程，是经济增长的动力源泉，体现为三次产业比重沿着第一二三产业的顺序不断上升（刘志彪和安同良，2002）。参考付凌晖（2010）和黄亮雄等（2013）的测度方法，对江苏三大区域及国内都市圈产业结构高级化水平进行测度。根据三次产业划分将地级市三次产业增加值占 GDP 的比重 y_{i0} 组建三维空间向量 $Y_0 = (y_{1,0}, y_{2,0}, y_{3,0})$。分别计算 Y_0 与产业由低到高层次排列的向量 $Y_1 = (1, 0, 0)$，$Y_2 = (0, 1, 0)$，的 $Y_3 = (0, 0, 1)$ 夹角 θ_1，θ_2，θ_3 及产业结构高级化水平 Q：

$$\theta_j = \arccos\left(\sum_{i=1}^{N} \left(y_{ij} \cdot y_{i0} \right) \middle/ \sqrt{\sum_{i}^{N} y_{ij}^2} \cdot \sqrt{\sum_{i}^{N} y_{i0}^2} \right) \qquad (2)$$

$$Q = \sum_{k=1}^{3} \sum_{j=1}^{N} \theta_j \qquad (3)$$

其中，i 表示地区。$j = 1$，2，3 表示三次产业。Q 值越大，表明地级市产业结构高级化水平越高。使用公式（2）和（3），结合 2006—2021 年各地级市三次产业比重数据，可计算国内各区域产业结构高级化指数。各地级市三次产业比重原始数据均来自各省市统计年鉴。具体测算结果见表 2。分析如下：各时期，苏南产业结构高级化水平均处于国内主要都市圈首位。苏南产业结构转型升级加速，逐步形成创新驱动的现代化高质量发展模式。同时期，苏中和苏北产业结构高级化指数则略低于珠三角和京津冀，但同样高于长株潭和成渝都市圈。表明苏中和苏北地区产业结构也呈现高级化趋势。

苏南、苏中、苏北的产业发展历程符合三次产业结构逐步高级化变迁的普遍规律。2010 年以来，江苏各区域一产占比持续下降，二产占比持续下降。随着三产占比的持续提升，三大区域二产占比逐年下降。农业增

表 2　江苏区域产业结构高级化指数（Q）的国内都市圈对比

年份（年）	苏南	苏北	苏中	珠三角	京津冀	长株潭	成渝
2006	6.740	6.136	6.443	6.698	6.469	6.171	6.152
2010	6.846	6.354	6.570	6.793	6.573	6.236	6.223
2015	7.001	6.547	6.769	6.889	6.691	6.410	6.369
2021	7.059	6.678	6.826	6.942	6.944	6.705	6.710

注：国内都市圈的各个地级市三次产业占比的原始数据来自《CNKI 中国经济社会大数据研究平台》，利用公式（2）和（3）计算后，依据各都市圈包括的地级市计算均值表示国内各区域产业结构合理化指数。

加值逐年降低，第三产业增加值显著提升，三次产业驱动经济增长的动力机制更替转换，推动江苏区域协调发展。江苏各区域三次产业结构的变迁历程符合全国各地区产业结构的整体趋势。2010—2021 年，苏南、苏中和苏北一产占比分别下降 46.69%、31.51% 和 31.56%，三产占比分别上升 25.06%、24.82% 和 32.56%（见图 1）。

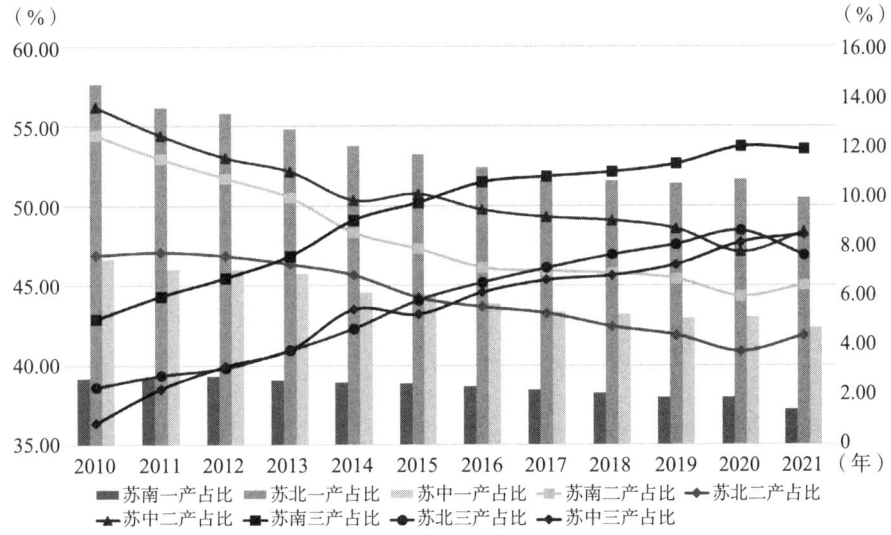

图 1　2010—2021 年江苏区域间产业结构变迁

数据来源：CNKI 中国经济社会大数据研究平台，作者计算后绘制。

3. 政策支撑日趋完善

产业数字化转型是江苏制造业高质量发展的必然趋势和应有之义。一段时期以来，江苏省委、省政府高度重视产业数字化转型升级工作，工信、发改、科技等实体经济与制造业相关职能部门陆续出台专项政策举措，有效提升制造业数字化转型水平，为全省产业数字化转型提供政策支持与制度保障。特别是 2021 年以来，江苏省推进产业数字化转型的各类政策密集实施，奠定了全省产业数字化转型的政策基础。例如，《江苏省"十四五"制造业高质量发展规划》《江苏省"十四五"数字经济发展规划》《关于全面提升江苏数字经济发展水平的指导意见》等聚焦数字产业发展、智能制造工程、制造模式与业态变革全面推进产业数字化转型。特别是，《江苏省制造业智能化改造和数字化转型三年行动计划（2022—2024 年）》还明确提出，要通过三年努力，显著提升制造业数字化、网络化、智能化水平，率先建成制造业高质量发展示范区。上述政策举措在制度层面明确将制造业数字化转型作为江苏产业数字化转型的重点，确立了江苏省产业数字化转型的主攻方向，成为"十四五"时期江苏产业数字化转型的战略指引。

（二）产业数字化转型稳步推进

1. 省域产业数字化转型比较

2021 年以来，围绕制造业数字化转型，江苏举全省之力大力开展制造业数字化转型。其中，针对产业数字化转型的专项政策包括：2021 年 8 月的《江苏省"十四五"制造业高质量发展规划》、2021 年 12 月的《江苏省制造业智能化改造和数字化转型三年行动计划》以及 2022 年 2 月的《关于全面提升江苏数字经济发展水平指导意见》。在上述政策指引下，江苏加快全面推进制造业数字化转型与智能化变革进程。目前，江苏制造业数字化转型水平处于全国前列，但与制造业数字化转型水平较高的北京、上海和广东等地相比仍存在一定差距。将《中国统计年鉴》的全国主要地区制造业数字化转型相关指标进行对比，结果显示（见表3），第一，同比2021年江苏制造业固定资产投资率为16.1%，略高于全国平均水平的15.9%，不仅远低于北京的68.3%，同样略低于浙江和广东的19.8%和18.7%。第二，发明专利授权量占专利受理比重是反映地区创新能力的关键指标。通过对比发现，江苏在发明专利授权上并不具有优势。浙江、广东、北京发明专利授权比例均高于江苏（成青青，2023）。第三，根据长城战略咨询发布的《中国独角兽企业研究报告2023》显示，2022年，江苏、上海、浙江、北京和广东"独角兽"企业数量分别为28家、63家、30家、145家和34家。此外，在研究与试验发展（R&D）经费支出占比以及移动电话普及率方面，江苏同样不具有优势。但值得一提的是，江苏制造业整体利润水平较高。2022年，江苏规模以上企业利润资产比为

表3　2022年江苏及主要省市产业数字化转型情况比较

地区	制造业固定资产投资同比增长率	发明专利占专利授权比重	移动电话普及率	R&D经费占地区生产总值比重	规模以上工企利润资产比	规模以上工企亏损利润比	独角兽企业数量（个）	每百家企业网页数（个）
上海	7.8%	35.51%	176.70%	4.21%	5.14%	19.88%	63	57
浙江	19.8%	43.75%	135.47%	2.94%	4.69%	16.88%	30	47
广东	18.7%	42.40%	128.25%	3.22%	4.89%	18.44%	34	55
北京	68.3%	47.26%	181.49%	6.53%	3.08%	14.83%	145	57
天津	13.8%	34.52%	127.10%	3.66%	6.15%	23.68%	11	39
山东	13.1%	44.06%	110.60%	2.34%	3.75%	32.85%	3	47
江苏	16.1%	36.56%	119.68%	2.95%	5.34%	16.77%	28	53
全国	15.9%	37.46%	118.36%	1.99%	5.56%	26.91%	357	44.4

注：表中"独角兽"企业数量数据来自《长城战略咨询：2023中国独角兽企业研究报告》，其余数据来自国家统计局网站，经作者整理后所得。

5.34%，高于同期的上海、浙江、广东以及北京地区，企业亏损面同样处于较低水平。在经济下行的压力下，江苏制造业整体盈利能力较强也从侧面展现出江苏制造业发展的整体实力，表明江苏制造业数字化转型具有一定优势。未来，应在保持制造业稳健发展的基础上，探索数字化转型新路径，强化数字技术突破驱动、创新数字技术应用场景，加快产业数字化转型步伐。

2. 区域产业数字化转型比较

从省内不同区域来看，苏南地区无疑是全省产业数字化转型进程较快的地区（见表 4）。无论是经济发展水平、公共预算收入，还是互联网基础设施普及率，苏南地区明显优于苏中和苏北。从产业数字化转型最具代表性的智能制造示范工厂数量看，2023 年，苏南地区以 59 个的数量占据全省智能制造示范工厂的 52.7%。值得一提的是，近年来，苏北产业数字化转型步伐较快。其中，一般公共预算收入、规模以上单位企业利润以及智能制造示范工厂数量三项指标均高于苏中地区。这表明，苏北地区在推进产业数字化转型方面正奋起直追。产业数字化转型也成为苏北地区实现"弯道超车"和跨越式发展的重要支撑。

表 4   江苏三大区域产业数字化转型情况比较

地区	规模以上企业数（个）	人均地区生产总值（元）	一般公共预算收入占地区生产总值比重	规模以上企业单位利润总额（万元）	互联网宽带接入比重	智能制造示范工厂数（个）*
江苏	56 281	137 039	8.61%	1 703.3	1.56%	112
苏南	32 139	174 604	9.69%	2 004.7	2.16%	59
苏中	12 911	141 203	6.21%	1 256.0	1.34%	26
苏北	11 231	89 333	6.84%	1 293.4	1.19%	27

注：表中数据来自《江苏统计年鉴》，经作者整理后所得。* 为 2023 年智能制造示范工厂数据，来自江苏省工信厅网站。

3. 行业数字化转型程度比较

运用 5 个维度 76 个数字化相关词频对人工智能技术、大数据技术、云计算技术、区块链技术、数字技术进行统计。采用 Python 爬取和整理沪深 A 股上市公司的年报文本，并通过 Jieba 功能提取数字化转型的关键词。在关键词选择上，借鉴吴非等（2021）及王宏鸣（2022）的研究，将企业数字化转型细分为底层技术和实践应用两个维度，综合测算了 2012—2021 年江苏分行业企业数字化转型指数，对省内不同行业数字化转型程度进行评价。关键词提取指标见表 5。

表 5　企业层面数字化转型关键词指标

维度	类别	关　键　词
数字化底座技术	人工智能技术	人工智能、商业智能、图像理解、投资决策辅助系统、智能数据分析、智能机器人、机器学习、深度学习、语义搜索、生物识别技术、人脸识别、语音识别、身份验证、自动驾驶、自然语言处理
	区块链技术	区块链、数字货币、分布式计算、差分隐私技术、智能金融合约
	云计算技术	云计算、流计算、图计算、内存计算、多方安全计算、类脑计算、绿色计算、认知计算、融合架构、亿级并发、EB 级存储、物联网、信息物理系统
	大数据技术	大数据、数据挖掘、文本挖掘、数据可视化、异构数据、征信、增强现实、混合现实、虚拟现实
数字化场景应用	实际应用场景	移动互联网、工业互联网、移动互联、互联网医疗、电子商务、移动支付、第三方支付、NFC 支付、智能能源、"商家对商家"模式（B2B）、"商家对消费者"模式（B2C）、"消费者对商家"模式（C2B）、"消费者对消费者"模式（C2C）、"线上线下相结合"模式（O2O）、网联、智能穿戴、智慧农业、智能交通、智能医疗、智能客服、智能家居、智能投顾、智能文旅、智能环保、智能电网、智能营销、数字营销、无人零售、互联网金融、数字金融、金融科技、量化金融、开放银行

以制造业细分行业为例，表 6 列示了 2012—2021 年，江苏分行业企业数字化转型程度及数字金融发展水平。分析如下：第一，2012—2021

表 6   江苏细分行业企业数字化转型比较

年份（年）	数字金融指数	专用设备制造业	仪器仪表制造业	化学原料及化学制品制造业	医药制造业	有色金属冶炼及压延加工业	计算机、通信和其他电子设备制造业	通用设备制造业	非金属矿物制品业	行业间标准差	行业均值
2012	75.185	0.418	1.750	0.107	0.124	0.564	0.787	0.275	0.084	0.557	0.514
2013	117.043	0.149	1.844	0.157	0.135	0.635	1.202	0.281	0.116	0.639	0.565
2014	158.254	0.331	1.844	0.199	0.139	0.891	1.197	0.252	0.139	0.629	0.624
2015	174.132	0.656	1.936	0.299	0.220	0.980	1.453	0.799	0.263	0.614	0.826
2016	202.797	0.841	2.165	0.863	0.914	1.049	2.175	1.284	0.416	0.638	1.214
2017	229.540	0.735	2.059	0.572	0.904	1.237	2.185	1.356	0.462	0.652	1.189
2018	258.867	1.141	2.576	0.639	0.748	1.289	2.314	1.534	0.597	0.751	1.355
2019	276.483	1.079	2.210	0.816	0.335	1.316	2.357	1.281	0.512	0.732	1.238
2020	290.722	1.215	2.401	0.590	0.929	1.322	2.063	1.487	0.611	0.649	1.327
2021	302.886	2.088	2.369	0.639	0.836	1.368	2.148	1.591	0.575	0.714	1.452

注：利用 2012—2021 年江苏沪深 A 股上市公司，采用表 5 的关键词提取指标，借鉴吴非等（2021）的研究，计算企业层面数字化指数，列示主要行业企业数字化转型水平。数字金融指数来自第四期《北京大学数字普惠金融指数》。

年，江苏数字金融水平快速提升。随着数字金融发展水平的提升，制造业上市公司企业数字化转型程度稳步提升。第二，制造业内部不同行业之间数字化转型程度同样存在明显差异。其中，仪器仪表制造业、计算机与电子设备制造业及通用设备制造业等行业中的数字化转型程度较高。相较而言，传统制造业中的化工、医药、金属制品等行业数字化转型程度较低。江苏制造业企业数字化转型程度逐年提升，但行业之间存在较大差异，不同行业之间数字化转型程度标准差逐年扩大。一方面，表明江苏制造业企业数字化转型程度呈快速提升态势，另一方面，不同行业受行业自身特点、生产经营方式及要素投入密集差异的影响，数字化转型步伐存在显著差异且呈逐年扩大趋势。

四、金融支持产业数字化转型的重点领域与关键环节

"是否能转""如何转"及"转型资金从哪里来"是摆在企业数字化转型进程中的现实难题。准确分析金融支持江苏产业数字化转型的重点领域和关键环节是影响金融服务产业数字化转型的核心议题。应明确数字化转型主导方向，科学规划产业数字化进程，开展产业数字化转型金融创新，优化金融服务模式，加大金融支持江苏产业数字化转型力度。

（一）明确智转数改导向、科学规划数字化进程

1. 诊断产业数字化转型关键环节

一方面，仍需加大对制造业和实体经济融资支持。国民经济各行业中，制造业人民币本外币融资占比在江苏金融机构年末贷款中始终处于较高水平。同时，也应当看到，江苏制造业金融机构融资比重由 2012 年的 28.3%，逐步下降至 2021 年的 12.5%（见图 2）。相反，水利环境与公共设施领域金融机构贷款余额占比上涨较快。另一方面，应从产业数字化转型的角度，明确数字化转型的重点行业、领域或环节，开展金融支持。尽管

图 2   江苏按行业分金融机构贷款年末余额占比

资料来源：江苏省统计局

江苏陆续开展"产业发展基金""银企合作"等扶持省内制造业企业发展的金融扶持计划，但应关注江苏制造业数字化转型中存在的难点，扩大金融支持力度。要进一步深化金融改革创新，创新支持制造业和实体经济发展的金融政策体系，从细分行业层面，针对性开展制造业融资扶持。

2. 科学推进金融支持数字化转型

工业 4.0 时代，企业数字化转型本身也是动态概念，资源密集度极高，需要持续资本投资和人力资源配置。企业自身发展特征对数字化转型程度存在显著影响。埃森哲的《2021 年中国企业数字转型指数研究》显示，国内大多数企业仍处在数字化转型的探索期，仅有 16% 的企业转型成效卓著。另据 2023 年针对 2 217 家制造业企业调查，超过 60% 的企业尚无数字化转型打算。进行数字化投资的企业由于难以逾越"阵痛期"而对继续转型产生疑虑，部分企业则因数字化转型陷入"不转型等死、转型找死"的困局（刘飞，2020；戚聿东和蔡呈伟，2020）。因此，一方面，要加大金融对产业数字化转型的支持力度。另一方面，也要结合企业自身发展需求，合理、科学、稳步推进数字化转型进程，不能为了"数字化"而"数字化"。应当认识到，现代金融发展既不能偏离约定期限内资金回流与有偿使用的金融本质，又要坚持提供可负担的金融服务，以发挥在社会各阶层中广泛分配财富、促进经济发展的"好金融"职能（李扬，2017）。

（二）开展金融服务创新、全面支持数字化转型

1. 鼓励"智转数改"金融产品创新

持续开展针对产业数字化转型的专项金融产品创新。首先，要畅通存在较强产业数字化转型需求企业的银企融资对接渠道，加大政策宣传，有效提升企业对"智转数改"金融服务创新产品的知晓度。其次，利用金融的资源配置功能，提升企业对数字化转型的现实需求、转型内在动力和融资需求。目前，常州、扬州、泰州等地开展的专项金融支持、"虞城智造贷"等针对企业数字化转型的专项风险补偿基金在推进企业"智转数改"领域取得扎实成效。目前，常州的《金融智变·数化未来》专项金融产品手册已收录了 19 家银行的 26 款智能制造贷产品信息，各市场主体如有信贷需求可直接向相关银行机构咨询办理。截至 2022 年 8 月底，智能制造合同项目数量已经达 114 个，覆盖了 13 个经济板块，总授信额度 28.13 亿元。

2. 创新产业数字化金融服务模式

支持金融在江苏制造业产业转型升级进程中发挥更大作用。有针对性开展产业数字化转型金融需求分析，针对不同规模、不同技术阶段、不同业务能力的企业开展差异化金融产品设计和金融服务模式创新，扩大金融服务在企业数字化转型过程中的"适应性"和"可选性"。从金融服务角度，重点强化产业数字化转型的金融产品创新与融资服务方式创新。一是重点围绕产业数字化转型中物联网、云计算平台等数字化硬件软件装备系统采购开展融资服务，着力解决企业在数字化转型过程中的实际困难和短

期资金困境。二是推动化工、纺织、医药、化石能源及金属冶炼等传统制造业数字化转型。积极采取"融资租赁"等创新金融服务模式，提升传统制造业企业数字化转型装备应用水平。例如，南通组织开展融资租赁金融服务对接活动，已为全市制造业企业解决设备融资超 3 亿元，同时帮助制造业企业拓宽市场，为其解决客户融资 5 645 万元。三是基于省域层面行业大数据平台，打通不同部门之间数据壁垒，畅通金融机构与制造业企业信息渠道，开展"智改数转"诊断名录、"智改数转专项贷"等数字化转型专属融资模式试点推广。四是充分发挥泰州"投贷联动"模式，深化企业数字化转型项目投资审批制度改革，提升依托企业数字化转型的投融资便利化创新，解决企业数字化转型项目报建审批程序烦琐、周期长、项目落地慢等问题。

（三）发挥数字金融功能、拓宽企业投融资渠道

1. 发挥数字金融服务功能

金融业是数字化转型较快、数字化程度较高的行业。数字金融正以其特有的普惠共享特质服务中小企业和实体经济发展。2012—2021 年，江苏数字金融发展水平年均增长 30.46%，是国民经济各行业中数字化程度较高的产业。数字金融同样能够成为助力江苏产业数字化转型的重要力量。据江苏省工信厅统计，2023 年初，工信部公布了第一批 100 个中小企业特色产业集群名单。其中，江苏、上海、广东同为 5 个，占比 20%。江苏的常熟、溧阳、无锡、徐州以及南京各有 1 家入选，均为新材料、智能零部件、动力装备等战略性新兴制造业企业。此外，2023 年江苏的 86 个智能制造示范工厂均具有技术水平先进、技术资本密集度高、资源能源消耗低的特点。因此，银行、保险机构要推进数字金融重点支持上述企业开展数字化转型。利用智能支付、智慧网点、智能投顾、数字化融资等数字经济新业态在金融业应用契机，拓展数字金融新业态、新应用、新模式，扩大

数字金融助力江苏省产业数字化转型的覆盖面和受益面。同时，积极创建数字化产业金融服务平台，围绕重大项目、重点企业和重要产业链，加强场景聚合、生态对接，实现"一站式"金融服务。

2. 拓展数字转型融资渠道

目前，省内科技金融产品众多。例如，"科贷通""科技之星""创业一站通"等。与此同时，"供应链金融""区块链融资"等区域性科技金融产品创新模式也层出不穷。然而，上述金融服务多针对的是"天生数字化企业"，对于传统制造业开展数字化转型的专项直接融资服务较少。一是要大力开展针对产业数字化转型的直接融资项目。打通中小企业股份转让系统建立双向"转板"机制，探索到沪、深证券交易所延伸挂牌的路径。积极鼓励省内已有的直接融资平台开展有针对性的"智转数改"项目。二是充分发挥创业投资基金、"天使基金"、风险投资基金等直接融资模式对江苏产业数字化转型的支持力度。鼓励符合条件的智能制造企业公开发行企业债券，与银行等金融机构合作，探索债贷组合增信路径。三是，通过政府科技金融政策的扶持，大力支持科创型企业的发展，解决科创型企业的融资难题。

五、提升金融支持产业数字化转型效能的政策建议

当前，江苏经济发展面临增长动能转换、有效需求不足、制造业利润率尤其是中小企业利润下滑等实际困难。江苏产业数字化转型是江苏产业高质量发展的必然要求，但也不能"一蹴而就"。要保持稳步推进产业数字化转型的战略定力，实施金融服务"智转数改"专项工程，完善数字金融服务产业数字化转型的功能，有效整合"智转数改"金融资源，打造产业金融数字化转型创新生态，切实提升金融支持江苏产业数字化转型的效能。

（一）实施产业数字化金融创新工程

1. 常态化开展融资需求评估

疫情以来，江苏企业现金流受到较大冲击。企业数字化转型投资意愿出现"分化"。数字化转型是决定企业中长期发展的重要战略问题，其涉及技术装备应用、系统流程数字化重塑以及企业治理水平等多个环节。在企业整体利润下降的条件下，盲目开展数字化转型必然影响企业长远发展，这一点在资金规模小、市场竞争优势弱的中小企业之中尤为明显（Ghobakhloo 和 Iranmanesh，2021）。目前，江苏企业数字化转型困难主要集中表现为：供应链运营弹性脆弱、现金流冲击下投资风险难以规避、行业内部数字化转型投资意愿差异大，企业数字化转型"隐性缺陷"随之暴露（腾讯研究院，2023）。因此，建议省级金融监管部门、人民银行等管理部门联合省内金融机构，成立企业数字化转型融资专项评估小组，结合省内工信部门正在广泛推进的企业智改数转诊断工作，嵌入企业融资需求现状评估，常态化开展省域范围内产业数字化转型融资需求现状分析，准确把握制造业企业，尤其是中小制造业企业数字化转型的现实困难与融资需求，合理制定基于数字化转型服务的差异化融资服务策略，避免出现企业主体间"数字素养鸿沟""数字技能鸿沟"与"数字应用鸿沟"。

2. 积极开展多渠道资金融通

与传统技术进步类似，产业数字化转型对于不同类型、不同规模、不同资源密集度企业而言都存在显著的差异化影响。企业数字化转型需求也存在明显差异。因此，要有效发挥金融资源在鼓励引导企业数字化转型过程中的作用。积极开展数字化转型金融产品创新、融资模式创新，利用金融资源的"杠杆效应"，"撬动"企业数字化转型积极性与内生动力。一是降低传统银行信贷融资成本。对开展"智转数改"的企业按照融资需求，适当降低贷款融资利率，扩大金融资源向数字化转型制造业和生产性服务业的融资配备。二是建立省级产业数字化转型融资平台。围绕中小企业数字化转型进程中的融资困难"堵点"，联合工信、发改等部门积极探索建立省内"专精特新""独角兽""瞪羚"企业融资信息平台。打通科技型企业数字化转型发展的融资渠道。三是探索拓展企业数字化转型融资渠道的创新模式。借鉴国内外经验，设立企业"数字基础设施投资贷款""银团贷款"及"灰点资助计划"，多途径、多方式金融支持传统制造业企业数字化基础设施改造。在数字经济融资计划中设立产业数字化转型专项资金，针对超高速网络通信、5G设备应用等领域开展融资支持。同时，积极探索多渠道、多途径、多方式金融支持传统制造业企业数字化转型的创新融资模式。结合拓展支持产业数字化转型的供应链融资模式，开展产业链下游的融资租赁模式，支持开展租赁资产证券化信托、售后回租、应付债券回购等创新融资模式，拓展产业数字化转型融资渠道。

（二）优化数字金融融资服务体系

1. 提升数字金融服务功能

就转型企业而言，面对普遍较高的数字化转型成本，传统金融在一定程度上为企业数字化转型给予资金支持，但也暴露出"属性错配""领域错配""阶段错配"等结构性问题，极大地制约了企业创新活动的开展。随着金融改革创新的持续深入，科技与金融服务实现有机结合，数字金融、科技金融等新金融模式应运而生，弥补了传统金融体系的缺陷，减少金融市场中存在的信息不对称和资源错配行为（田杰 等，2021），为企业数字化转型遭遇的高风险、高成本的"双高"问题提供有效的解决方案。因此，一是加大数字金融普及宣传力度。增加对小企业主、小微企业、个体经营者等数字金融的政策宣传和技术应用培训，提升中小企业数字金融主体受众的现代金融素养。二是鼓励结合数字金融渠道开展数字化转型融资。在省内已有"苏科贷""苏农贷""苏信贷""苏服贷"等各类科技型中小微融资信息化平台中嵌入企业数字化转型模块，鼓励企业结合行业所属特征、发展实际需求有针对性开展企业数字化转型融资。

2. 完善数字金融服务体系

聚焦降低信息不对称和融资成本两大关键环节，探索数字金融助力产业数字化转型创新模式。实践中，数字金融供给侧仍存在制度性的"痛点"和"堵点"。首先，针对大规模用户受众的普惠金融数据难以获得。众所周知，不论是传统信贷业务，还是线上普惠金融业务，针对客户群体的基础数据信息是保障普惠金融授信顺利完成的基础。银行发展小微企业信贷业务，特别是当前发展线上业务，要对企业进行立体画像，对企业"大数据"的需求越发迫切。因此，一是要建立产业数字化转型征信体系。应在防范系统性金融风险的前提下，利用金融行业数字化程度较高的优势，给予产业数字化转型更多金融支持。例如，制定科学的征信数据标准、健全数字金融征信体系和征信数据资源的共享机制，为数字金融服务产业数字化转型打造优质的社会信用环境。二是开展产业数字化转型普惠性融资扶持。着力完善数字金融服务产业数字化转型的顶层设计，优化江苏数字金融标准化、制度化、规范化体系建设。在建立省级数字金融综合服务平台的基础上，设立产业数字化转型融资专项，合理规范企业"智转数改"操作规则、申请流程、审批制度与风险监管制度，更好地发挥数字金融助力产业数字化转型的平台与技术优势。

（三）有效整合"智转数改"金融资源

1. 搭建"智转数改"融资服务平台

金融支持产业数字化转型无疑是一项全局性和系统性工程，需要省内多个职能部门的通力配合。目前，江苏省内逐步形成以中国人民银行江苏省分行牵头、省工信厅、省地方金融监管局等多方配合的金融支持产业数字化转型的政策支持体系。"苏科贷""苏农贷""苏服贷"等小微普惠金融服务平台众多，同时"首台套"保险稳步推进。2023 年 5 月，省内又出台《加强和优化科创金融供给服务科技自立自强的意见》，提出在"苏科贷"基础上，增设"苏知贷"子产品，加强金融支持科创、小微、涉农等行业的资源整合系统性平台。遗憾的是，上述平台中尚未出台专门针对产业数字化转型的融资产品。其原因在于，产业数字化转型涉及技术、融资、企业管理等多个领域，企业数字化转型意愿差异性较大，短期内很难有效整合资源，支持企业"智转数改"。此外，从已有数字化转型成功的企业案例看，省内能够开展数字化转型的企业多为智能制造、重大装备等新兴产业，上述企业本身依托先进的技术水平和行业内领先的竞争优势，不乏融资途径与渠道。现实中，大量传统行业企业在省内众多金融服务平台中未能"对号入座"，往往造成传统行业融资困境，难以开展数字化转型融资。未来，应发挥省内金融资源整合的平台优势，加大对农村金融、普惠金融、科技金融等重点领域传统行业数字化转型的金融资源支持力度，建设高质量的产业数字化金融综合服务体系。一是探索设立产业数字化转型综合金融服务平台。通过完善江苏综合金融服务平台架构，适时引入产业数字化转型专项融资服务推介，持续推出"苏转贷""苏数贷"等与产业数字化转型结合度较高的平台，发挥产业数字化转型专项金融服务平台接入省内多家商业银行、农村商业银行、村镇银行的平台综合服务优势，重点从授信、抵押、期限等多个层面满足产业数字化转型的多元化、一站式金融服务。二是加快推进产业数字化转型股权融资模式。因企制宜、因业制宜，积极开展股权融资、融资租赁等针对产业数字化转型底座硬件基础设施的融资模式创新，同时，财政政策积极发力，要按照"利益共享、风险共担"原则，优化政府产业数字化转型基金运作模式。提升各类地方法人金融机构政策传导有效性，持续加大有效信贷投放，落实利率优惠政策，降低企业融资成本。三是释放产业数字化转型基金效能。鼓励多元社会资本参与省内产业数字化转型,依托城市更新、产业引导母基金等方式,增补产业数字化转型基金子专项,扩大社会资本参与产业数字化转型规模,基于有限合伙等方式提升产业数字化转型项目直投比例。创新金融服务理念,聚焦省内"十四五"规划特色优势产业链条企业,鼓励传统行业企业采用"增链""补链"的供应链融资,促进各类金融机构集聚。

2. 释放数字金融活水润泽能力

充分释放金融业数字化转型优势,扩大数字金融助力产业数字化转型规模。整体而言,由于行业属性、管理模式、运营机制及产品服务供给等特征,金融业数字化转型程度、数字化服务能力均处于行业领先地位(殷兴山,2021)。金融资源天然具有跨区域、跨行业属性。因此,要充分发挥金融业本身数字化程度较高的优势,一方面,积极开展数字金融服务产业数字化转型示范,鼓励省内银行业、小额信贷、保险业、信托机构等各类金融机构开展产业数字化转型专项融资。既要配合大型制造业企业"智转数改"行动开展行业数字化转型。另一方面,也要就传统行业数字化转型开展针对性"托底"服务。充分释放数字金融助力产业数字化转型效能。具体而言,一是发挥金融资源配置功能,提升大中型制造业企业"智转数改"信贷融资能力。江苏金融支持产业数字化转型要符合产业数字化转型的基本规律,尊重市场选择和企业数字化转型意愿。重点实施金融服务大型制造业企业"智转数改"工程、拓展金融资源向大中型企业数字化转型流通渠道。在服务产业数字化转型进程中,创新信贷融资模式,持续加大制造业中先进制造业、高端装备制造、通用设备制造等符合江苏省战略性新兴产业方向的主导产业融资。二是实施传统产业数字化转型融资配套工程。利用数字金融对接传统产业,特别是传统制造业中小企业服务信息化平台系统,建立针对传统制造业企业数字化转型的融资"托底"服务，利用金融资源配置优势，鼓励在纺织、石化、能源、金属制品等传统制造业领域开展数字化转型，设立数字化转型"首贷"专项，在小规模、局部环节、企业管理等领域适时开展数字化转型融资配套。三是建立以政府为主导的小微企业征信制度。结合数字金融征信系统覆盖面和信用信息采集途径，为小微企业、个人信用评级提供依据。加大对物流、仓储、旅游、餐饮等传统服务业数字化转型的融资力度，鼓励中小微生产性、生活性服务业企业结合信息化平台开展中短期小额融资，例如，"股权＋债权""应收账款"抵押等融资模式（钱仁汉 等，2016）。推进服务业结合数字化转型技术现实需求，开展融资，全面提升数字金融服务产业数字化转型能力（毕朝国，2023）。

（四）打造产业金融数字化转型生态

1. 推进"数实融合"金融服务创新

产业金融数字化是数字技术在产融结合领域的新突破，是基于产业数字化转型基础上的产融新形态。要利用产业金融数字化发展契机，打造产业金融数字化转型的创新生态，打通产业数字化转型与产业金融发展的贯通渠道，提升产业数字化转型积极性，切实推动金融服务产业数字化转型的"互促互动"。当前，产业金融已进入 3.0 时代，生态的构建和连接，通过技术、制度、供应链等实现信息数据的打通，主体信用得到充分释放，价值连接变得更容易实现。然而，数字化技术规范应用和数据安全标准尚未建立，价值数据产权归属和隐私问题依然存在，价值数据开放市场规则仍未建立，国内产业金融数字化水平仍处于初步发展阶段（王鹏，2023）。因此，首先，要畅通数据资产转化渠道，打破传统科技金融融资模式。建立产业数字金融发展的前提是数据能够等同资产，创设企业间交易信用，进而形成数字担保，提升产业数字化转型后的融资能力。其次，探索建立全国首个产业金融数字化平台和标准体系。建议省级部门联合出台统一规范的监管制度，完善产业信息化平台和行业互联网标准体系建设，特别是针对当前企业数据"上线"后的网络安全、数据权属、数据应用等出台指导意见和规范标准。最后，强化企业数据要素贴现融资功能。结合企业专属技术权益、营销渠道资源、数字化转型技术装备等软硬件资源，建立产业金融价值评价机制，定期公布企业数据要素资产信息，对接金融机构，扩大产业数字化转型后大量数据要素的融资属性和再融资价值。

2. 构建产业金融数字化转型格局

当前，尽管省内有较多科技金融产品、平台与政策支持，但科创企业往往以企业初设时的知识产权、无形资产或发明专利等进行授信。一方面，在科技型企业发展的过程中，科创型企业受到科技创新自身规律的影响，科技成果具有更大的不确定性和风险系数。传统制造业企业通过科技金融融资的渠道较少。另一方面，新型交易信用和运用虚拟担保品的数字担保能力对传统观念的冲击，造成对新业态、新模式的不信任，其根本原因在于信息不对称（Chen 等，2021）。因此，首先，要畅通产融结合的部门间数据渠道。借助信息处理、大数据分析、数据通信以及云计算等金融技术手段对用户进行授信管理和量化风控，有效降低交易成本，营造适合发展产业数字金融开放包容的外部生态环境。其次，推进产业金融数字化发展破新局。强化产融结合涉及的政府、科技公司、实体经济集团和金融机构深度合作。增进区域间交流，切实了解产业金融数字化转型先发地区在整合龙头企业数字化资源资产、挖掘数据价值的新举措与新经验。完善产业互联网基础设施，构建产业金融数字化转型省级平台。利用产业数字化转型前期，提供专项融资贴息、财政补助及政府购买等方式助力扶持中小微企业开展数字化转型。此外，鼓励金融机构探索产业金融数字化转型应用场景，解决产业痛点，推进产融结合金融产品的全生命周期数字化管理。

参考文献

［1］中国信息通信研究院：《中国数字经济发展研究报告》2023 年 4 月。

［2］苏政办发〔2021〕109 号《江苏省制造业智能化改造和数字化转型三年行动计划（2022—2024 年)》。

［3］江苏广电总台·融媒体新闻中心：《江苏两化融合水平连续八年全国第一》2023 年 2 月。

［4］毕朝国：《江苏省实施生产性服务业十年倍增计划》,《新华日报》2023 年 1 月 19 日。

［5］刘淑春、闫津臣、张思雪、林汉川：《企业管理数字化变革能提升投入产出效率吗?》,《管理世界》2021 年第 5 期。

［6］王宏鸣、孙鹏博、郭慧芳：《数字金融如何赋能企业数字化转型? ——来自中国上市公司的经验证据》,《财经论丛》2022 年第 10 期。

［7］陈剑、黄朔、刘运辉：《从赋能到使能——数字化环境下的企业运营管理》,《管理世界》2020 年第 2 期。

［8］祝合良、王春娟：《"双循环"新发展格局战略背景下产业数字化转型：理论与对策》,《财贸经济》2021 年第 3 期。

［9］张金昌：《管理智能化：理论创新与技术发展》,《福建论坛（人文社会科学版)》2020 年第 10 期。

［10］袁淳、肖土盛、耿春晓、盛誉：《数字化转型与企业分工：专业化还是纵向一体化》,《中国工业经济》2021 年第 9 期。

［11］张培刚：《农业与工业化》上卷，华中科技大学出版社 2002 年版，第 70 页。

［12］黄群慧：《"十四五"时期深化中国工业化进程的重大挑战与战略选择》,《中共中央党校（国家行政学院）学报》2020 年第 2 期。

［13］干春晖、郑若谷、余典范：《中国产业结构变迁对经济增长和波动的影响》,《经济研究》2011 年第 5 期。

［14］刘志彪、安同良：《中国产业结构演变与经济增长》,《南京社会科学》2002 年第 1 期。

［15］付凌晖：《我国产业结构高级化与经济增长关系的实证研究》,《统计研究》2010 年第 8 期。

［16］黄亮雄、安苑、刘淑琳：《中国的产业结构调整：基于三个维度的测算》,

《中国工业经济》2013 年第 10 期。

[17] 成青青：《江苏数字化赋能制造业转型的基本特征与政策建议》，《江苏经贸职业技术学院学报》2023 年第 2 期。

[18] 吴非、胡慧芷、林慧妍等：《企业数字化转型与资本市场表现——来自股票流动性的经验证据》，《管理世界》2021 年第 7 期。

[19] 王宏鸣、孙鹏博、郭慧芳：《数字金融如何赋能企业数字化转型？——来自中国上市公司的经验证据》，《财经论丛》2022 年第 10 期。

[20] 刘飞：《数字化转型如何提升制造业生产率——基于数字化转型的三重影响机制》，《财经科学》2020 年第 10 期。

[21] 戚聿东、蔡呈伟：《数字化对制造业企业绩效的多重影响及其机理研究》，《学习与探索》2020 年第 7 期。

[22] 李扬：《"金融服务实体经济"辨》，《经济研究》2017 年第 6 期。

[23] 中华人民共和国工信部网站：关于公布 2022 年度中小企业特色产业集群名单的通告。

[24] 江苏省工业和信息化厅关于公布 2022 年江苏省智能制造示范工厂名单的通知（jiangsu.gov.cn）。

[25]《中国金融科技和数字普惠金融发展报告（2022）》。

[26] 田杰、谭秋云、靳景玉：《数字金融能否改善资源错配？》，《财经论丛》2021 年第 4 期。

[27] Ghobakhloo, M., Iranmanesh, M. Digital Transformation Success under Industry 4.0: a Strategic Guideline for Manufacturing SMEs. *Journal of Manufacturing Technology Management*, Vol.32, No.8, 2021, pp.1533−1556.

[28] 腾讯研究院：《数字化转型指数报告 2023——构建未来产业竞争力》。

[29] 殷兴山：《大力推进金融业数字化改革》，《中国金融》2021 年第 12 期。

[30] 钱仁汉、解红、田英：《P2P 网络借贷平台的发展情况调查分析——基于江苏省的典型调查》，《华北金融》2016 年第 11 期。

[31] 王鹏：《推进产业金融数字转型，全面服务实体经济发展》，《中国日报》2023 年 1 月 20 日。

[32] Chen, C., Lin, Y., Chen, W., Cheng-Fu Chao, C., Pandia, H. Role of Government to Enhance Digital Transformation in Small Service Business. *Sustainability*, Vol.13, No.3, 2021, 1028.

数字金融与产业创新体系
——以江苏省为例

　　江苏最具特色产业在制造业，产业园区作为资源最集中、最具活力的空间载体，重点产业链集中于新能源、智能化、绿色化等新赛道，呈现高景气度、高成长性的特点，且聚"链"成"群"，在空间布局上高度集聚，已建成 10 个国家级和 16 个省级先进制造业集群，战略性新兴产业和高新技术产业产值占规模以上工业总产值比重均超过 40%。金融机构提供的金融服务和风险防范举措是实体经济高质量发展的主要动力和基本保障。融合金融科技工具，赋能金融创新，可以为实体经济提供更加稳定的营商环境。数字金融就是未来金融发展的新赛道，一方面数字技术创新赋予金融服务创新能力，给其应用场景带来新业态和新模式，另一方面移动互联网技术可以使金融服务主体更公平地享受到服务功能，让数字金融更好地发挥其普惠性，从而提高金融资源的社会分配效率。总之，数字金融在江苏省产业创新体系构建过程中起到"加速器"的作用，为产业科技创新提供创新性、普惠性的金融服务。

一、新时代江苏省产业创新体系的现状

　　中国式现代化关键在科技现代化。江苏科教人才资源丰厚，产业基础雄厚，科技投入能力较强，有条件在科技创新上取得新的突破。近年来，全省自上而下地实施创新驱动发展战略，使得江苏省科技创新水平位居全

国前列。2022 年，江苏省研发科技投入额达 3 700 亿元，占全省地区生产总值（GPR）总值比重突破 3% 大关，研发人员超过 108 万人；平均每万人发明专利量达到 50.4 件，达到全国平均水平的两倍，位列全国第一；科技进步贡献率较高，区域创新能力连续位居全国前列。

（一）江苏省产业创新主体发展现状

1. 不同企业类型的科技创新情况

根据前面的分析，产业创新主体主要参与者是企业，次要参与者是高校、科研机构、中介服务机构、金融机构、用户和供应商以及政府部门。习近平总书记在考察江苏时重点强调"要强化企业科技创新主体地位，促进创新要素向企业集聚，不断提高科技成果转化和产业化水平"。创新型企业指的是具有自主知识产权的核心技术、创新投入强度高、具有较强的持续创新能力、具有较强的行业带动性、自主品牌和企业信誉较好的企业。这里的创新型企业，根据相关研究涉及科技型企业、高新技术企业和专精特新"小巨人"企业。

科技型企业指企业产品技术含量比较高，具有核心竞争力，并且不断推出具有创新性产品的企业。根据江苏省科技厅相关数据显示，2022 年全省通过科技型中小企业评价并取得入库登记编号的企业连续突破 5 万、6 万、7 万大关，达到 87 428 家，较上年增长 20.99%，成为全国首个突破 8 万家的地区，总数继续保持全国第一。近年来，江苏积极"厚植"企业创新发展的沃土，"育强"科技创新之森林，积极推动创新驱动发展战略，加速推进科技企业发展壮大，为高质量发展培育新动能。

高新技术企业方面，江苏省制定了一系列培育和支持高新技术企业的政策举措，例如，设立高新技术企业培育库，并提供三年期的培育奖励；引导银行机构对高新技术企业等科技型企业发放"苏科贷"，重点支持科技型中小微企业；给予高新技术企业一定的所得税优惠福利等。2022 年，江苏省高新技术企业达到 4.4 万家，位列全国第二，产业产值达 7.8 万亿元。笔者在 2022 年采用随机抽样和现场座谈相结合的方式，抽样高新技术企业 275 家，重点考察了金融支持高新技术企业的政策有效性。笔者所提到的产业创新体系构建所涉及的重要样本企业就是具有较强研发能力的高新技术企业，通过对样本企业的调研分析，能清晰地看出江苏省在科创企业中的金融支持情况（见图 1）。样本企业主要以软件和信息服务行业为主（126 家，46.15%），智能制造装备（43 家，15.75%），生物医药（19 家，6.96%），新能源汽车（5 家，1.83%），集成电路（5 家，1.83%），人工智能（7 家，2.56%），智能电网（6 家，2.2%），其他选项包括新材料、电子制造等。样本中高新技术企业所处的发展阶段主要集中在初创期（90 家，32.97%）、成长期（139 家，50.92%）和成熟期（34 家，12.45%）。样本中上市的先进制造业企业只有 18 家。从企业营业收入看（见图 2），样本中高新技术企业营收多集中在 5 000 万元以上（84 家，30.77%），总体上看，高新技术企业的营业收入较高。从研发投入看，占比 2%—5% 的有 39 家，占比 14.29%，5%—10% 的有 90 家，占比 32.97%，基本集中在 2%—15%，比重不高。

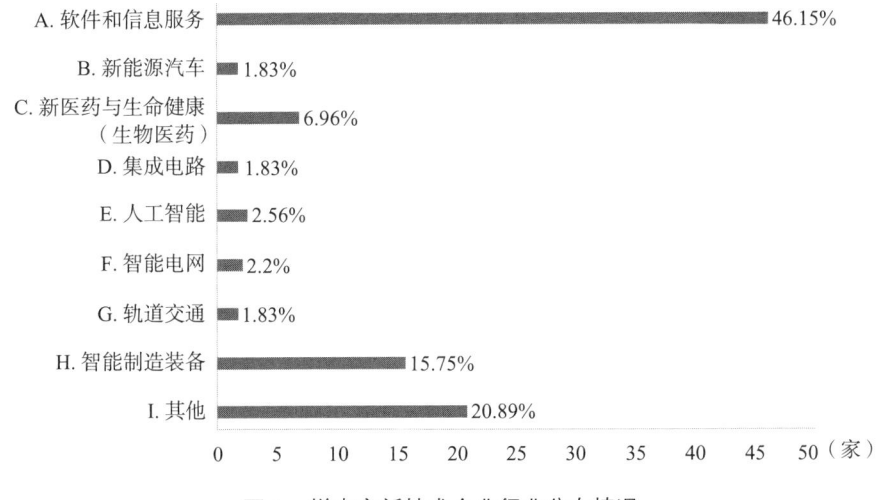

图 1　样本高新技术企业行业分布情况

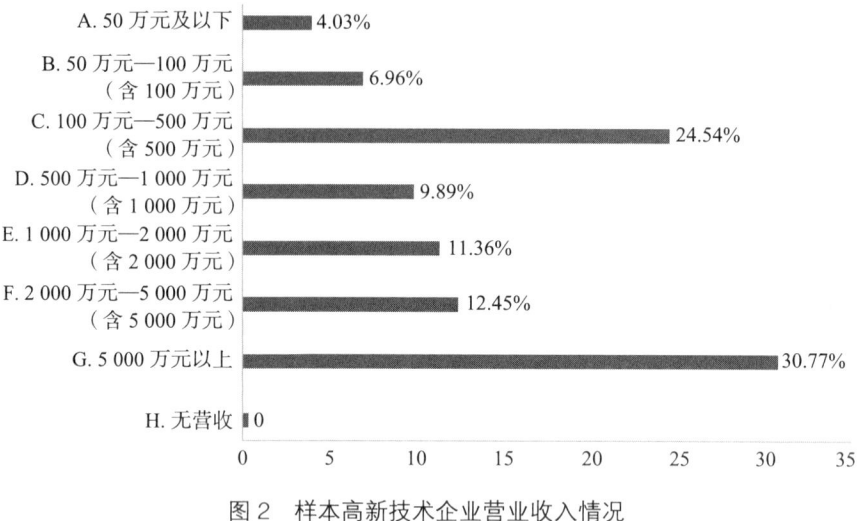

图 2　样本高新技术企业营业收入情况

　　专精特新"小巨人"企业方面，江苏省专精特新企业长期专注细分领域、创新能力强、质量效益好、发展潜力大，是推动江苏省产业高质量发展的重要骨干力量。自 2012 年开始，江苏启动专精特新"小巨人"企业培育计划，截至 2022 年底，已累计培育国家级专精特新企业 285 家，省级专精特新企业近 2 000 家，市、县培育专精特新企业近 2 万家。2023 年 2 月，江苏省政府办公厅印发实施《江苏省专精特新企业培育三年行动计划（2023—2025 年）》，从更深、更细层面进一步培育专精特新企业，为现代化产业体系强化基础。专精特新中"新"的内涵是在变化的，由开始的"新颖性"逐步深化到现在的"创新性"，专精特新中小企业始终将"自主创新"放在最核心的位置，是继中国企业经历"引进吸收—引进消化后再创新—自主创新"阶段后的创新定位。专精特新中小企业的自主创新难度较高，需要进一步制定精准培育方案，从而使专精特新企业在强链补链中发挥作用，为构建产业创新体系提供新的创新动力。从专精特新企业上市情况看，截至 2021 年 8 月，国家级专精特新"小巨人"企业中有 296 家已经在国内 A 股上市，其中，江苏 62 家，排名全国第一。

2. 产业科技创新中心

产业与科技协同创新是构建产业创新体系的必然选择。重点实验室是科技创新的重要平台，着重解决我国产业技术"卡脖子"难题。江苏省第一家国家级制造业创新中心是由盛虹控股集团牵头组建的，是一家先进功能纤维创新中心，该创新中心积极发挥其中心平台效应，集聚产业创新资源，加快纤维领域的研发创新，目前已经搭建起重点实验室、中试基地以及国家级检测中心的一体化技术创新供给体系，大大提高了我国在先进功能纤维产业领域的话语权。

集成电路产业是江苏省具有较强竞争力的优势产业之一。继先进功能纤维创新中心后，江苏省第二家制造业创新中心即为集成电路特色工艺及封装测试创新中心。该创新中心落户在无锡市，是全国第 16 家国家级制造业创新中心，引领着江苏省制造业创新发展，推动江苏制造业产业链升级。中心主要采用"运营公司＋产业联盟"的商业合作模式，即由一家技术研发中心有限公司牵头，依托集成电路产业创新战略联盟共同运行的模式，汇聚产业链所有的创新资源，引进近 300 位科研人员，孵化出 7 家企业，大大提升了科研成果转化率和技术转移率。

除此以外，紫金山实验室、生物育种钟山实验室、南京航空航天大学国际创新港、南京邮电大学有机电子与信息显示国家重点实验室、中国科学院苏州纳米研究所等都是江苏省重要的产业创新中心。科技创新平台在基础研究、核心技术突破以及产业创新发展方面均提供了强劲支撑。

（二）江苏省产业创新类型

产业创新体系是直接影响产业培育和发展的知识、技术、制度、人才等多种要素的复杂集合的系统。笔者根据各要素来划分产业创新类型，主要分为技术创新、知识创新、制度创新、人才政策创新。

1. 技术创新

近年来，江苏省紧扣科技强省总目标，坚定不移推进科技自立自强，各项科技工作均取得了重大进展。从研发创新投入水平看，2021 年江苏省研发投入为 3 300 亿元，占 GPR 总值的 2.95%，到了 2022 年研发投入增加至 3 700 亿元，占 GPR 总值突破 3%，已经达到创新型国家和地区中等水平。从创新产出视角看，2021 年全省高新技术产业产值占规模以上工业产值的 47.5%，比上年增加 1 个百分点，2022 年江苏省高新技术企业总数达到 4.4 万家，高新技术产业产值占规模以上工业企业产值的 48.5%。从技术创新平台看，江苏以服务国家重大战略需求为使命，着力推进科技创新重要平台建设。紫金山实验室是习近平总书记考察调研的重点实验室，该实验室紧扣"实"字，不断突破关键核心技术，创造出太赫兹无线通信等重大科研成果。为国家信息通信产业实现高水平自立自强做出巨大贡献。苏州实验室是目前江苏规模较大、产业影响力较广泛的综合研究基地。太湖实验室完成科技创新"2030—深海空间站"实施方案论证，目前已经初步建成了世界级集成规模最大的船舶与海洋装备总体性能试验设施群。以紫金山实验室为代表的战略科技力量集聚江苏，省产业技术研究院改革发展在国内外产生广泛影响，重点领域改革相关经验做法在全国推广。

2. 知识创新

江苏省科教资源丰富，知识产权体系积极服务社会，通过加大专利培育、加快建设知识产权保护示范区以及知识产权协同保护体系等，充分发挥江苏省全社会知识产权创造能力。江苏省一直以来高度重视知识产权工作的推进和完善，制定知识产权保护政策，以实现显著的成效。据相关数据统计，2021 年江苏省有效发明专利数量达到 34.9 万件，截至 2022 年底，江苏省有效发明专利数量达到 42.9 万件，比上一年度增加了 8 万件，其中，企业专利数量占比最大，占 72.1%；与 2012 年相比，专利数量提升了近 6.2 倍,可见十年来,江苏省知识产权的产出数量和质量都有了较大的提升。十几年来,江苏省高校院所转让专利数量逐年跃升,从 2012 年的 790 件增长到 2021 年的 9 167 件,均居全国前列。截至 2022 年底,江苏省年技术交易量高达 8.7 万项,成交金额也近 4 000 亿元,全省高校全年累计在省技术产权交易市场平台发布科技成果 3 708 项,挂牌科技成果近 200 项,公示科技成果近 300 项,拍卖成交 34 项。全年通过"揭榜挂帅"活动,促成技术交易项目近 600 项,成交金额 3 亿元,大力推进了以需求为导向、以市场为主体的成果转化模式。

3. 制度创新

优化营商环境是江苏省产业创新的一大特色。江苏省紧扣"加快促进实体经济高质量发展"的战略定位,制度性创新成果不断涌现,营商环境持续优化,正在加快成为江苏省高质量发展的重要引擎。江苏省优化营商环境工作推进会议明确提出:扛起"争当表率、争做示范、走在前列"光荣使命,谱写"强富美高"新江苏现代化建设新篇章,打造一流营商环境是应有之义和必然要求。2022 年度,江苏省经济总量高达 12.3 万亿元,位列全国第二,市场主体数量达到 1 412 万户。在疫情及全球化强势逆流的背景下,江苏省实际使用外资数量仍保持较快增长态势,显示出江苏省营商环境的优势。

以江苏省自贸区为例,企业需求是基本导向,不断突破传统模式再造新流程。在江苏自贸区,一系列制度创新正充分释放着市场活力。2021 年以来,南京片区积极聚焦转变政府职能,梳理出 80 条投资贸易便利化举措,在 22 个行业探索"一业一证"改革,简化企业开办流程;连云港片区充分发挥"一带一路"开放门户优势,首创中欧班列"保税+出口"集装箱混拼模式、国际班列"船车直取"零等待,单箱中转成本降低 60%。苏州片区开通首条直达国际的"服贸通"中新数据专线,推出长三角外国高端人才互认等举措，为汇聚人才促进产研合作提供有力支撑。围绕服务构建新发展格局，江苏自贸试验区大胆试、大胆闯、自主改，建设发展取得显著成效。新增注册企业数、外贸进出口、实际使用外资等多项指标位居全国前列。江苏省自贸区建设总体方案共 113 项试点任务，实施率超过 97%，形成了 150 多项制度性创新成果，其中，有 8 项成果案例在全国复制推广。

4. 人才政策创新

高质量发展，人才是第一资源。江苏各地各部门贯彻落实中央人才工作会议精神，加大人才发展投入，为各类人才创新创业提供强劲助力和保障，奋力推动新时代人才强省建设。据省人才大数据库数据显示，2023 年上半年江苏省全省新增专业技术人才近 31 万人，新增高技能人才 11.5 万人，人才总量位列全国领先地位，人才创新潜能得到有效发挥。高质量推进卓越博士后培养工作，并取得显著成效，新建 50 家国家级博士后工作站，位居全国榜首。依托数字经济的红利，建立卓越工程师继续教育基地，定向培训数字经济卓越工程师，目前累计全省专业技术人才培训近 31 万人次。创新人才创办的企业有六成为高新技术企业，鼓励不同人群进行创业，逐一攻破阻碍创业的体制机制，为江苏省构建产业创新体系输送大量人才，推动江苏省不断提升区域创新能力。

近年来，江苏省深化人才发展战略，从政策上提出"人才 26 条""人才 10 条"等举措，坚持用以产聚才、以才促产的方式加快产业转型升级，不断突破产业链核心技术攻关难题，通过产城融合发展持续领跑江苏省的产业创新。江苏为实现中国式现代化必须加强以人才引领驱动、人才支撑产业发展的现代化模式。据统计，过去几十年间江苏省累计培养了 460 余位两院院士。目前在苏的两院院士人数达 114 人，位居全国第一，其中，近六成的院士、四成的国家重大人才专家开展科技合作或创新创业。同时，江苏省还拓宽了对外引进人才的渠道，吸引更多地海外留学人员回国创新创业，2023年上半年，全省新增留学回国创新创业人才6 646人。"百花齐放"的人才培养工程、"百计千谋"的人才攻关工程以及"百舸争流"的人才评价工程，是江苏省人才创新的特色，为产业链技术攻关等提供了有力的保障。

（三）江苏省产业创新体系存在的问题

江苏省是制造业大省，具备充足的产业发展资源，研发能力也在不断提升。尽管如此，从长期来看，江苏产业创新仍存在一定的不足：创新能力不强、产学研结合不够紧密、科研成果转化不顺畅以及关键核心技术受制于人等。

1. 创新能力不够强

面对错综复杂的国内外形势，民营工业保持经济稳中有进的增长态势，规模以上工业企业主体较多，说明创新主体较多。2022年全年专利授权量共56.01万件，其中，发明专利授权量8.92万件，实用新型专利授权量42.72万件。截至2022年底，江苏省有效发明专利数量达到42.9万件，其中，企业专利数量占比最大（72.1%）。但与其他省市比较，江苏省企业的创新能力不强、创新质量不高的问题突出。2022年，广东省获得的国家发明专利数量11万多项，位列全国第一位，其次是江苏，近9万项，和广东相差2万项，2021年两省之间的国家发明专利数量相差3.4万项，还是存在较大差距。而且江苏省头部企业数量不及广州，其头部企业发明专利数也少于广州，可见江苏省的科创实力较广东还是有一定差距的。

2. 产学研结合不紧密

相比其他省市，江苏省科教资源丰富，是教育大省，其科研机构和高校的数量位列全国榜首。据统计，截至目前江苏省共有高校171所，位居全国第一，其中，本科层次高等院所82所，专科层次高等学校89所；科研机构近 500 家。2021 年，江苏省获得国家专利 68 824 项，位列国内第 3名，专利数量增长率为 50%，2014—2021 年的平均增长率达到了 20%。在江苏省内，南京市的专利最多，达 21 584 项；苏州市、南通市、无锡市、常州市、徐州市、镇江市也获得了大量的专利。同时，江苏高校科技创新能力现状之一是积蓄强，近五年获得科技经费 793.41 亿元，国家级、教育部认定的省部级、省级以及校级协同创新中心分别有 5 个、10 个、76 个和 270 余个。但在专利成果转化方面，存在明显不足。一是成果转化质量不高。科技成果转化不畅、利用率不高是制约创新驱动发展的突出问题。自江苏出台"科技改革 30 条"政策以来，全面放开服务社会的横向科研项目管理，加大赋权激励，减少微观干预，多管齐下解决科研人员的后顾之忧，着力打通成果转化"肠梗阻"，已取得了较好的效果。二是成果转化效率不高。截至 2018 年，全省高校院所、个人等非企业组织的专利申请累计 176.18 万件、发明专利授权量 9.39 万件，分别比广东（166.21 万件、6.44 万件）高出 6.0% 和 45.8%，但 2017—2018 年全省技术合同成交额合计 2 025.56 亿元，反而比广东的 2 336.48 亿元低了 13.3%。三是成果产业化率不高。江苏专利总体实施率和产业化率仅为 47.3% 和 33.8%。

　　3. 缺乏重大创新成果

　　从宏观上看，江苏省注重企业创新能力的培育，研发投入规模较大。2022 年江苏省研发投入达到 3 700 亿元，占 GPR 突破 3%。除此以外，江苏以培育国家核心科技为目标，加快建设科技平台。苏州实验室是江苏省规模最大、产业影响力最为广泛的大型综合研究基地，紫金山实验室已经被纳入国家战略科技力量布局中，目前已经创造出太赫兹无线通信最高传输记录的重大成果。

　　尽管如此，江苏的重大科技突破性、引领性仍不强，在全国范围内缺乏具有重要影响力的重大成果。特别是在支持产业升级、引领前沿突破的源头技术和底层技术储备方面，美国占80%、欧盟占10%、日本占5%、中国及其他国家仅占5%，而江苏储备更是少之又少，没有产出像华为的5G、阿里的云计算、科大讯飞的语音AI等在全国乃至全球具有引领性和影响力的重大科技成果。

4. 关键核心技术受制于人

关键核心技术受制于人是产业链、供应链面临的最大风险。关键技术，特别是"卡脖子"技术突破的主体力量是企业。十多年来，高起点建设一批省实验室和重点实验室，高层级建设一批重大科研设施，高标准建设一批新型研发机构，依托紫金山实验室、苏州实验室、太湖实验室等创新平台，创造出一批创新性的科研成果，例如，神威·太湖之光超级计算机等。以加强关键核心技术攻关为突破口，着力推动产业链、供应链自主可控。江苏围绕世界技术前沿、国家战略需要，并贴近自身的产业发展目标，锚定高端装备、先进材料以及集成电路等优势产业，集聚各种创新资源和优势突破关键核心技术攻关难题。以产业创新为牵引，谋划和布局发展一批世界级先进制造业，实施"531"产业链培育工程，重点培育50条重点产业链，做强30条优势产业链，促进10条产业链卓越提升，组织编制"五图六清单"，使产业链、供应链的自主可控能力得到有效提升。

（四）对标先进地区产业创新体系的经验总结

目前国内各地高度重视产业高质量发展，以北京、上海、广州、杭州等城市为引领，中心城市引领各地区产业创新发展的格局已经形成，先进城市的经验对江苏省加快构建产业创新体系有重要的意义。本部分选取浙江省、上海市等地区，分析各省市在构建产业创新体系的重要举措和特色路径，对江苏省产业高质量发展提供启示与参考。

1. 浙江：以"三位一体"为抓手，持续提高产业技术创新能力

近年来，浙江省重点关注新兴产业高质量发展，积极推进科技体制

改革，加快构建以创新企业为主体、市场为导向，深入融合产学研的产业创新体系，打造以重点企业研究院建设、重大专项技术攻关和青年科学家培养"三位一体"为抓手的新兴产业技术创新综合试点，持续提高创新能力，为建设创新型省份提供有力支撑。2021 年，浙江高新技术产业持续引领经济增长，2022 年，浙江省高新技术产业增加值达 12 607 亿元，同比增长 6.8%，高于规模以上工业 1.8 个百分点，占规模以上工业增加值比重达 63.0%，对规模以上工业增长贡献率高达 86.9%；高新技术产业投资同比增长 21.8%，比固定资产投资高 12.3 个百分点。一是突出创新主体，加快建设省级重点企业研究院。浙江省围绕科技与经济社会发展紧密结合，完善引导企业加大技术创新投入机制，健全企业主导产业技术研发创新体制，在浙江省选择较好研发基础、较强创新能力的龙头骨干企业和高新技术企业建设一批省级重点企业研究院，并从省战略性新兴产业专项资金中，安排每家重点企业研究院 1 000 万元或 500 万元补助资金，地方安排配套经费。二是创新管理体制，实施重大项目技术联合攻关。重点企业研究院重大专项由重点企业研究院主持，编制技术路线图，提出需要攻关的技术难题，省市县联合支持，实施技术联合攻关，引导企业着力突破一批关键技术、瓶颈技术。浙江省对每个技术攻关课题给予不低于 100 万元经费，市、县（区）安排专项配套资金。

2. 上海：坚持科技创新核心地位，突破关键核心技术攻关

创新是引领发展的第一动力，是建设现代化经济体系的战略支撑，同时创新是一个系统工程，需要融通各种资源、衔接各个产业、激发各方力量。上海始终坚持把科技创新摆在发展全局的核心位置，关键核心技术取得新突破，企业创新主体地位不断提升，并为创新成果转化搭建新平台。一是培育产业新动能。上海以落实国家重大战略任务为牵引，按照攻克重要领域关键核心技术，推动产业链与创新链深度融合发展的要求，激活产

业经济新动能，持续夯实创新基础，充分激发创新活力，高效转化创新成果，共同构筑未来发展新优势。二是优化营商环境，为产业创新铺路。上海市高度重视企业知识产权工作，加快推动产业创新发展。上海市经济和信息化委员会与国有银行签订了《创新型企业专项金融服务支持方案》，深化上海市"一网通办"改革和优化营商环境，新增4 000亿元专项资金用于支持企业创新发展，制定更加多元的专项金融支持方案，保障产业链、供应链安全。硬核科技企业代表未来产业的发展趋势，也是最具原创及关键核心技术能力的企业，上海市在项目攻关、创新平台建设、科技人才队伍建设、金融支持等方面做了较多工作。

二、江苏省产业创新体系构建对金融服务的需求

产业与科技的深度融合，离不开科技创新，在互联网技术快速迭代的新时代，产业科技创新的核心需求是金融服务，即只有当资金流充分的情形下，创新主体才能充分发挥其创新的价值。金融发展水平越高意味着机构提供的金融服务越能贴近企业主体的需求。

（一）资金支持的需求

首先，科创企业大胆创新的关键在于创业投资，创投市场的活跃性可以反映出该地区的科技创新活力。据统计，2023年第一季度，江苏省创投市场已经完成融资事件共153件，融资总额达到466亿元，较上年同期新增181亿元。可见，科创企业对投资资金的需求较大。

其次，调研的高新技术企业样本中，一是从贷款融资规模上（见图3），除去"与本机构无关"的共有117家企业，500万元及以内的最多，有38家，占比13.92%，500万元—2 000万元（含2 000万元）的共34家，占比12.45%，5 000万元以上的居多，有30家，占比10.99%。可以看出，高新技术企业通常融资规模不大，很多高新技术企业也是轻资产

的，但也有部分企业生产产品的过程比较复杂，需要的资金量较大，同时部分有土地等固定资产、知识产权的企业融资金额也较大。

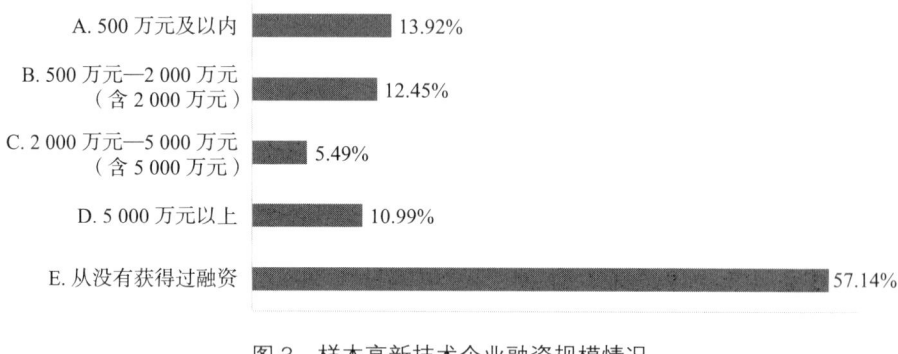

图3　样本高新技术企业融资规模情况

二是从融资渠道看（见图4），未获得过直接或间接融资的有101家，占比37%；获得银行间接融资的有101家，占比37%；除此之外，获得过政府补助或政府性基金支持的有79家。可以看出，大多数样本先进制造业以银行贷款和政府支持为主。创新主体对资金支持的需求很高。

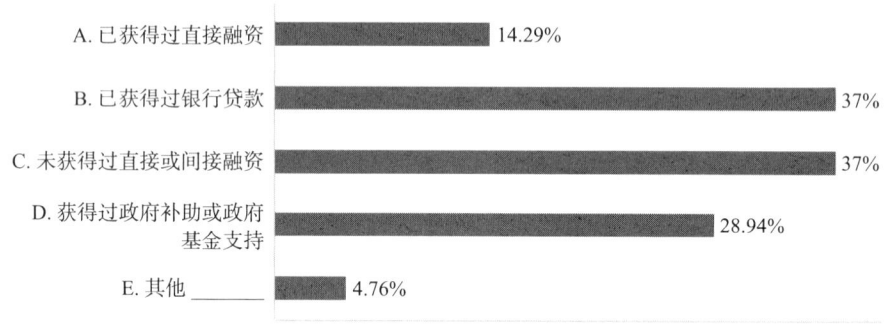

图4　样本高新技术企业融资渠道情况

综合看来，产业创新主体企业对资金的需求较大，也需要金融部门不断拓宽融资渠道、政府应配合金融机构等方式打通企业获取资金支持的路径。金融机构也应当注重产品创新，制定匹配这些轻资产的创新型企业的投资需求的金融产品。

（二）金融科技工具研发的需求

数字金融依托区块链技术、大数据、物联网等金融科技工具，实现了"数字化＋金融服务"的深度融合。这里参考李春涛等（2020）对城市金融科技水平的测算方法：基于互联网大数据搜索引擎，使用百度新闻中城市与金融科技有关的共 48 个关键词的搜索结果数目来衡量城市金融科技发展水平（具体结果见表 1）。

表 1　江苏省各市 2015—2021 年金融科技水平

城市名称	2015 年	2016 年	2017 年	2018 年	2019 年	2020 年	2021 年	年度平均值
南京市	4.317	4.605	4.990	6.118	6.415	6.759	6.928	5.733
无锡市	3.497	4.263	4.736	5.371	5.829	6.260	6.648	5.229
徐州市	3.761	4.043	4.159	4.812	5.361	5.787	6.103	4.861
常州市	3.784	3.664	4.543	5.545	5.464	5.820	6.148	4.996
苏州市	3.611	4.431	4.635	5.389	6.038	6.788	6.972	5.409
南通市	3.258	4.220	4.277	5.147	5.553	6.080	6.332	4.981
连云港市	2.890	3.091	3.738	4.331	5.069	5.347	5.438	4.272
淮安市	2.944	3.332	3.611	4.248	4.875	5.011	5.412	4.205
盐城市	2.398	3.611	3.689	4.454	4.898	5.226	5.808	4.298
扬州市	3.434	3.367	4.277	5.017	5.088	5.537	5.820	4.649
镇江市	2.996	3.664	3.850	4.394	4.844	5.159	5.389	4.328
泰州市	2.833	2.833	3.664	4.615	4.920	5.209	5.476	4.222
宿迁市	2.890	2.890	4.043	4.804	4.828	5.398	5.645	4.357
城市平均值	3.278	3.693	4.170	4.942	5.322	5.722	6.009	

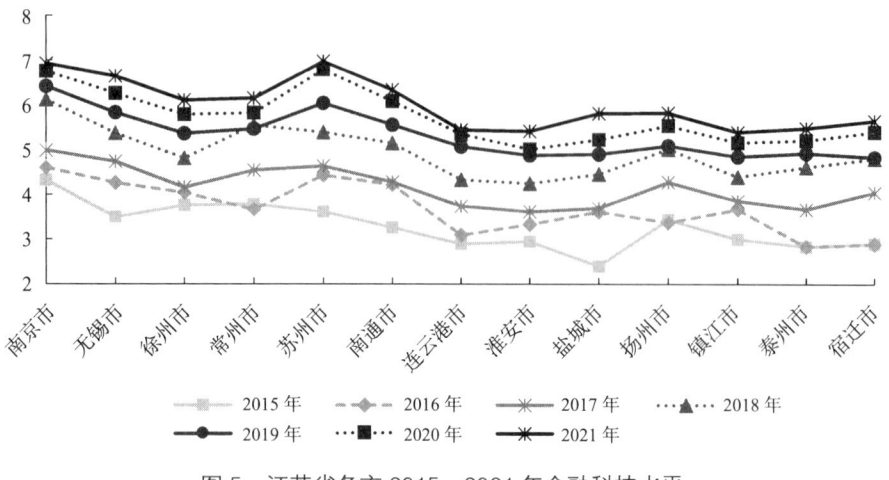

图 5   江苏省各市 2015—2021 年金融科技水平

从年度数据上可以看出，随着时间的推移，江苏省各市的金融科技发展水平也在不断提升，这归功于互联网技术的迭代更新和科技企业研发创新能力的不断提升，金融助力科技创新，江苏打出"组合拳"。"十四五"期间，江苏省高度重视金融科技对于金融服务效率的提升和普惠性，利用数据工具支持经营并完成资本转化。

从江苏省各城市的数据看（见图 5），2015—2021 年间年度平均值最高的是南京市（5.733），其次是苏州市（5.409），无锡市排名第三（5.229）。排名靠后的有连云港市（4.272）、泰州市（4.222）和淮安市（4.205），多为苏北、苏中地区。总体看来，苏南地区的金融科技发展水平要高于苏北和苏中地区，金融科技水平区域间差异较为显著。金融科技工具的不断研发对满足产业集聚、产业创新及产业结构优化都具有较大的推动作用。

（三）产业金融赋能的需求

产业金融是金融系统在日益综合化过程中所形成的相互依托并有效推动目标产业发展的金融活动的总称。与以储蓄为目的的商业金融不同，产业金融是产业与金融紧密融合的一种模式，在江苏实施中国式现代化进程中，可以为构建产业创新体系不断赋能。

以邮储银行江苏省分行为例，邮储银行以服务实体经济为己任，聚焦产业园区，多措并举履行大行责任担当，为服务构建现代化产业体系贡献力量。2022 年投放贷款 6 119 亿元中，产业园区贷款占比达 40%，2023 年 1—2 月新增实体贷款 574 亿元中，投向产业园区贷款 297 亿元。江苏最具特色的省情在制造业，产业园区作为资源最集中、最具活力的空间载体，重点产业链集中于新能源、智能化、绿色化等新赛道，呈现出高景气度、高成长性，且聚"链"成"群"，在空间布局上高度集聚，已建成 10 个国家级和 16 个省级先进制造业集群，战略性新兴产业、高新技术产业产值占规模以上工业比重分别达 40.8%、48.5%。为此，江苏省部分金融机构将产业金融和城市金融突破作为主攻方向，以服务产业空间布局为重点，立足重点产业链及园区主导产业，以 1+N 服务体系全力对接产业链、供应链及销售链，坚持全产品推进，全流程整合，线上线下一体化支持。

近几年，江苏省各大银行强化金融赋能，做到精准对接、精准投放，实现金融创新与产业体系深度相融，以转型突破，创造良好发展环境。同时，加强内外部协同联动，不断处理好与党政部门、主管单位及上下协调联动，形成整体全面推进的良性互动局面。

（四）金融风险防范的需求

结合江苏省发展现状，目前江苏省构建产业创新体系过程中面临的金融主要风险有：互联网金融风险、企业债务风险和政府债务风险等。首先，互联网金融风险主要是由互联网网贷平台引发的风险，截至 2022 年 9 月末，江苏省小额贷款公司有 586 家，在全国排名第一，排名第二、第三的分别是广东省和河北省；贷款余额为 757.78 亿元，排名第三，排名第一、第二的分别是重庆市和广东省。互联网的无地域界限及传播成本低的特点，使这类风险肆意蔓延，受害群体几乎涵盖社会各个阶层，对产业产生的影响也较大。其次，企业债务风险是企业经营过程中必然要承担的风险，江苏省工业规模连续多年位居全国第一，但是国有工业企业的资产负债率高于全部工业企业，总资产贡献率低于全部工业企业，这表明国有工业企业存在"债务高、利润低、偿债能力弱"的风险。随着债务的不断扩大，企业盈利水平已经不足以覆盖其债务利息支出，债务风险进入发散阶段。最后，虽然江苏省地方财力对政府债务的覆盖程度尚可，但长期如此大规模的政府债务存在潜在风险。

产业创新体系构建进程中的金融服务和资金支持均存在一定的金融风险，高效地防范金融风险有助于产业稳定和高质量发展。江苏省印发的《江苏省"十四五"金融发展规划》中明确落实江苏省要服务实体经济、深化金融改革、防控金融风险三大任务，推动江苏金融高质量发展。在科技金融供给不断丰富的形势下，金融生态环境发生了根本性改变，江苏省围绕实体经济不断加大制造业信贷政策倾斜、充分利用多元化融资渠道、支持各地创新产业链金融模式，在这个过程中需要重点防范因产能过剩、产业结构不合理和创新动能不足引发的金融风险。

三、数字金融支持产业创新体系构建的实践与问题

（一）实践进程

在国家创新发展驱动下，江苏省始终贯彻创新发展战略，为实现"打造具有全球影响力的产业科技创新中心"的目标，不断发挥金融创新的作用，为产业创新体系构建提供了较好的保障。总体来看，江苏省秉承"数字化＋金融"的深度融合能为江苏省产业创新体系构建提供支持的原则，不断健全金融组织体系，优化金融产品和服务，数字金融有效供给显著增加，风险防范水平也在不断提升，金融资产质量稳中有升，真正实现了"数字化—产业—金融"的深度融合和良性循环。

1. 丰富数字金融创新产品

鼓励银行机构创新开发信贷产品，探索"贷款＋外部直投"等业务新模式，大力发展知识产权质押融资。支持银行机构和保险机构探索合作新模式，同时，鼓励保险机构完善科技保险产品体系，形成覆盖科技型企业研发、生产、销售等环节的保险保障。同时，加快发展科创股权投资，持续开展创业投资企业竞争力提升行动计划及创业投资示范载体建设工程，重点支持种子期、初创期科技型企业发展壮大。鼓励各地通过设立股权投资奖励资金的方式，吸引创投机构投资本地科技创新企业。

2. 突破关键核心技术攻关

加快实现高水平科技自立自强，是推动高质量发展的必由之路。随着中国经济进入高质量发展阶段，创新作为关键"支点"，已经成为企业发展的重要"命脉"。习近平总书记对江苏提出的"四个走在前"重大任务之一，就是"在科技自立自强上走在前"。要履行好这一项任务，重点就是加快实施创新驱动发展战略，努力突破关键核心技术难题，在重点领域和关键环节实施自主可控。

目前，江苏省在软件工程、高端芯片、先进材料、高端装备等产业领域，还未掌握其核心的前沿技术，缺少自主创新成果。江苏省是产业大省，但与高质量发展要求相适应的现代化产业链仍未形成，其产业链在全球价值链上仍处于低端环节。产业创新体系构建的重难点就是突破关键核心技术，各类产业创新平台要集聚产学研优势力量，增加对前沿技术的探索路径，突破对产业发展具有全局性影响的关键共性技术。在构建新发展格局的战略部署下，产业技术上自立自强是本质要求。

面对全球日益激烈的竞争，江苏企业必须加大科技创新才能构建产业创新体系，实现高质量发展。数字金融依托大数据、物联网等先进技术大大拓宽了传统金融的服务领域，同时也催生出新的金融创新生态，使得金融服务更具有普惠性，更好地服务轻资产的中小创新企业，以激发其企业创新活力。数字金融是以信息科技为主的金融新业态，数字技术不断激发金融创新，增加金融机构提供多元化金融产品的效率，依托 AI 算法等对所掌握的企业经营数据、产业发展数据等进行深度挖掘和处理，为产业创新发展提供智能化的金融服务。综合看来，数字金融对突破产业链关键核心技术瓶颈、提升产业基础能力和产业链现代化水平均具有较强的优势。

3. 拓宽企业融资渠道

数字金融可为创新企业提供各类融资服务，降低融资成本，提高融资效率，为企业的创新活动提供更多资金支持。数字金融通过增强金融机构的资金筹集能力，为创新型企业提供充分的资金支持。

对多数产业创新核心主体创新型企业而言，完全依靠企业有限的内部资金很难承担企业研发活动的融资缺口，通过外源融资来保证研发项目的持续进行成为企业研发资金的重要来源。需要清楚认识到的是，中小企业（甚至是初创企业）在市场中的信息量较少，金融机构往往会因为掌握的有效信息较少而减少对这些企业的资金支持。当企业面临较严重的融资约束时，会倾向于削减新产品的开发投入，从而制约企业的创新活动。数字金融的核心是利用新兴的互联网信息科技改造和创新金融产品和业务模式，更强调新技术对金融服务的辅助、支持和优化作用。

数字金融对企业融资渠道的扩展主要有以下几条路径。一是扩大普惠金融覆盖面。鼓励各普惠金融服务主体降低融资成本，延伸服务半径，做好企业融资需求与金融机构服务之间的对接。完善新型银政担合作体系，进一步发挥政策性融资担保业务增信放大作用。二是提高企业融资服务效率。简化金融服务流程，通过大数据平台，加大银行对企业融资的精准把握。同时为全市民营企业提供"产业政策、投资基金、资本运作"等全周期服务，激发民营经济的创新活力。三是充分利用数字政府平台，推动"信用＋融资""银行＋政务"等领域的融合应用场景。

4. 保障产业链、供应链安全稳定

产业链、供应链是经济运行的重要基础，数字作为现阶段较为重要的生产要素，有效保障产业链、供应链的安全稳定。通过数字经济，推进与工业、农业、服务业的融合发展，为工业现代化、农业现代化、服务业现代化、新型城镇化等注入发展活力，为保持国民经济平稳运行注入发展动力。一是数字金融提升产业链质量。数字金融是数字经济的重要体现，是数字要素在金融服务领域内的充分表现。数字金融可通过物联网、云计算、大数据等技术手段，优化生产、运营、销售等环节的流程，提高产业链的效率和质量。二是数字金融助力产业链、供应链深度融合。通过数字经济，推进智慧物流建设，支持企业开展产业链上下游协同合作，加强物流基础设施建设，保障供应链有效运转。通过数字经济，使产业链、供应链两者组合、交织更加紧密和精准，形成包含不同产业领域、不同环节、不同企业主体及其关联关系的复杂网络结构，加大关键领域创新向价值链高端迈进，加强在关键领域、薄弱环节着力，提升产业链、供应链整体实力和现代化水平，为全省经济高质量发展提供坚实支撑。三是数字金融助力供应链金融创新。供应链金融创新对于供应链稳定、产业链组织结构稳定等均发挥极大的优势。供应链金融主要是运用金融科技工具，并汇集产业链上的动态信息，全面评估企业的金融还款能力，从而缓解金融机构与企业之间的信息不对称，同时供应链金融可以对货物等回款进行监控和运作，从而实现最有效的风险控制，大大提升了金融机构对企业经营所产生的信用风险的管控。

5. 推动产业结构升级

数字金融是产业转型升级的重要驱动力量。随着移动互联网、人工智能、5G、云计算、大数据等的深度应用与普及，传统金融正被数字化、智能化重塑。从互联网金融到金融科技，再到数字金融，金融数字化转型加快，金融科技全面赋能金融业务。数字金融已经成为数字经济的重要组成部分，既是最大的数字化应用场景之一，也是数字经济的新型基础设施，成为产业转型的重要驱动力和关键支撑力。

在中央银行制定的《金融科技发展规划（2019—2021年）》指引下，数字金融由消费金融逐步转向产业金融，对企业数字化转型和产业结构升级的支持能力逐步增强。一是发挥数字金融降低融资成本的作用，更好地匹配产业升级的资金需求。数字金融新业态的形成既拓宽了金融服务的广度，同时还提高了其服务的深度，使得"长尾"中小微企业能够通过互联网平台获得更广泛的融资渠道。数字金融发挥其普惠性，大大降低了企业的融资成本，更好地为产业转型升级提供匹配的资金支持。二是金融科技创新加速金融服务的场景渗透，赋能产业转型升级。金融科技创新强化了金融与实体经济的深度融合，依托产业生态协同体系，运用数字技术可以强化金融对中小微企业的服务能力。同时数字金融逐渐从消费金融转向产业金融，根本上改变了数字金融的商业模式。"数字化＋金融"的新金融模式更好地引导资金合理配置，助力产业升级。三是数字金融促进产业转型升级的"数据价值"效应释放。传统金融造成的信息不对称是导致企业融资难、融资贵的重要原因。数字金融能够通过以"云"协同方式实现数据共享，数字价值的释放可以有效打通信息壁垒，更好地完善金融服务，进而驱动产业转型升级。

（二）存在问题

在互联网技术快速迭代的新时代，产业科技创新的核心需求是金融服务。金融活，经济才能活，金融发展水平越高意味着机构提供的金融服务越能贴近企业主体的需求。

1. 在融资需求上匹配度不高

数字金融是传统金融与数字技术的深度结合，其基本职能仍是资金融通。一是创投市场活跃性与融资市场不匹配。2023 年第一季度，江苏省创投市场已经完成融资事件共 153 件，融资总额为 466 亿元。然而创投机构仍然集中关注头部新兴产业，其中，不乏超亿元的融资案例，使得融资市场出现资源不平衡的情况，很多轻资产、无抵押的中小企业很难满足融资条件。二是高新技术企业融资门槛较高。从已调研的高企样本看出，除去"与本机构无关"的共有 117 家企业，500 万元及以内的最多，占比 13.92%，500 万元—2 000 万元（含 2 000 万元）占比 12.45%，5 000 万元以上的占比 10.99%，从融资规模看有土地等固定资产的高企融资金额较大。同时，从融资成本上看，2021 年融资成本相比 2020 年共有 86 家是不变或上升的，融资成本增加的态势也是高新技术企业进一步融资的障碍。

2. 在金融科技工具上研发力度不强

产业创新发展亟须金融创新产品，数字金融产品的创新核心在其技术。一是金融科技水平区域差异显著。随着时间的推移，江苏省各市的金融科技水平不断提升，这得益于金融助力科技创新，江苏打出"组合拳"。但苏南地区的金融科技发展水平要高于苏北和苏中，金融科技水平区域间差异较为显著。二是缺乏金融科技龙头企业引领。江苏虽然金融科技企业数量众多，但难以和全球知名金融科技龙头企业（如恒银科技、京东金融、蚂蚁金服）这类企业相媲美。

3. 在满足产业端金融需求上不均衡

以场景、数据、技术为关键支柱的产业金融，已经成为促进产业链上企业获得普惠金融服务的必然选择，但仍存在不均衡。一是供应链渗透不足。金融机构发展产业金融，较少渗透到供应链运营全过程，去评判或分析运营流程的安全、稳定和效率，以强化供应链的韧性。二是在服务主体上存在局限性。数字普惠金融主要服务的还是"大 C 小 B"类的客群，以个体经营者及小微企业居多，同时对工业制造业的覆盖面较小，在服务主体上不能满足产业互联网时代的需求。三是数字金融难以匹配产业场景的复杂性。产业场景的复杂性制约着产业金融的跨链条、跨生态和跨行业延伸发展，以致数字金融难以形成标准化的金融服务解决方案。

四、加快数字金融支持产业创新体系构建的对策

党的十八大以来，习近平总书记四次来江苏考察调研，2023 年两会期间，在参加江苏代表团审议时，总书记也对江苏提出"在高质量发展上继续走在前列"的美好愿景。面对日益激烈的国际竞争，开辟发展新领域新赛道、塑造发展新动能新优势，根本上还是要依靠科技创新。构建江苏产业创新体系的关键也在于推动高水平科技自立自强。但加快构建江苏省产业创新体系的金融支持政策还存在不足，亟须从省级层面就金融创新、金融数据共享、优化营商环境、加大金融科技核心技术研究及加强数字金融监管等方面出台相关政策，推动江苏争当产业创新强省，推动江苏科技自立自强。

（一）加强数字金融创新，深化金融供给侧结构性改革

江苏省地理位置优越，拥有雄厚的产业创新资源，习近平总书记对江苏提出了"加快实现高水平科技自立自强"的使命任务。创新主体所处的优越的营商环境是关键因素，金融资源集聚的江苏，可以很好地结合数字技术以发挥金融的功能，着力为打造具有全球影响力的产业科技创新中心。

1. 聚焦科技创新领域，加大对创新项目的融资力度

聚焦不同产业的科技创新，提升金融服务农业、制造业、生态环保等不同领域的科技创新。集中金融资源支持战略性新兴产业集群发展，为科创企业、高新技术企业和专精特新"小巨人"企业提供充足的资金保障，强化金融要素对建设现代化产业体系的保障。集中区域和产业资源积极探

索综合金融服务创新，更好地支持科技创新。同时构建财政支持、政策性金融长期支持、社会各类金融资本为一体的多元化金融投入机制。

2. 完善科创金融组织体系，丰富科技金融产品

金融机构加大科技金融产品与企业及产业需求的匹配度。在人工智能、大数据技术、区块链技术的不断推进中，构建产业创新体系亟须创新型科技金融产品来满足其需求。江苏省应大力鼓励银行机构在科技投资集聚区设立科技金融专营机构或科技支行，适当下放授信审批和产品创新权限。鼓励保险机构设立科技金融事业部或专营部门，探索构建科技保险共保体制机制。同时，促进地方金融组织规范发展，支持有需要的区域设立专业化、特色化的地方金融组织。

3. 拓展创新主体利用知识产权融资服务

产业创新的主体多为知识密集型企业及科研机构，知识产权是企业的重要隐性资产，在融资过程中银行往往更看中土地、厂房、设备等固定资产作为抵押物，不愿意将资金贷给轻资产型的企业和科研机构。因此，应加大对知识产权融资服务的支持。提升江苏国际知识产权运营交易中心、江苏省技术产权交易市场服务功能，探索开展知识产权收储交易，拓宽知识产权质物处置渠道，加快出质知识产权的流转变现。支持金融机构与高校院所深入合作，共同推进技术与知识产权贸易创新发展试点平台、长三角知识产权金融数字化创新实验室建设，培育知识产权金融专业化服务机构。完善知识产权价值评估评价机制，优化知识产权押品动态管理，增强专利分割确权、价值转化、二次开发的便利度。

（二）建立资产信息数据资源库，推进金融数据共享

数据是经济高质量发展的新型生产要素。搭建资产（包括但不限于金融资产）信息数据资源库或综合性基础数据资源库，引导社会微观行为主体各类资产信息"上网""上云""上链"。企业、个人与政府联手探索数

据定价机制和交易机制。

1. 完善数据开放政策，建立数据开放机制

引导公共服务机构开放数据，为金融科技发展提供数据和应用场景。推动政务数据、社会数据、商业数据与金融数据开放共享和互联互通，加快金融信息共享、数据统计、支付清算、征信体系等基础设施建设。

2. 完善科技金融资源信息共享平台

继续在江苏省范围内鼓励科技型企业、科技项目、高新技术产品、金融机构及金融产品加入"科技金融信息服务平台"，同时考虑将现行的"科技金融信息服务平台"与"人行中小企业信用信息辅助管理系统""中小企业信用体系实验区"等进行协调整合，增强科技金融资源的信息共享度。金融资源信息共享平台的建设使得银企之间的对接更加通畅，减少企业在融资过程中遇到的道德风险与逆向选择的问题。

（三）加快金融平台建设，优化营商环境

江苏省优化营商环境工作推进会议明确提出：要扛起"争当表率、争做示范、走在前列"光荣使命，谱写"强富美高"新江苏现代化建设新篇章，打造一流营商环境是应有之义和必然要求。

1. 构建区块链金融平台

推进政府、企业、社会组织、个人等各类行为主体上链，实现交易单据电子化上链，建立行为主体的区块链账号，实现各类资产数字化，快速高效地将资金配置到具备生产性投资机会的行为主体。对照世界银行营商环境标准的每一个环节，尽量电子化、数字化、智能化，推广电子证件、电子印章、电子发票、区块链确权等。

2. 构建金融大数据平台

基于产业、企业大数据，围绕产业园区特色产业，从企业及产业发展需求出发，利用 AI 技术开发的一站式、全周期企业创新综合平台。这能

够帮助企业在经营方面解决融资贷款、政策申报、市场拓展等实际问题，以大数据平台为背景，以数字化手段为企业发展纾困解难，赋能企业高质量发展。

3. 搭建统一数字化金融服务平台

金融机构服务"数字中国、智慧社会"建设，坚持"生态、流量、融合"理念，打造"一点接入，全景响应"的开放金融服务新模式。江苏省应当通过建设统一的数字金融服务平台，构建线上化、智能化金融服务场景，打破行业部门间或条线区块间的壁垒，发挥政务数据及金融数据价值，解决信息不对称和供需不适配等问题，构建起安全高效且合作共赢的金融服务生态。建立数字金融改革创新领导小组，推动全省数字经济观念转变、网络互联互通、数据共享开放、信用共建共管、风险联防联治，打造全省统一的综合性一体化数字金融服务平台。

（四）加大金融科技核心技术研究，推动科技金融发展

尽管江苏省科技金融的应用场景逐步丰富，数字信贷、移动支付等金融科技创新的应用在全国处于领先地位。但是金融科技核心技术难点突破在于芯片、操作系统、数据库等基础薄弱，这不仅影响数字金融服务产业创新的效果，同时还会带来金融安全问题。

1. 提高科技研发投入

江苏下一步应聚焦省内金融科技应用前沿问题和主要瓶颈，通过行业组织、孵化平台、专项合作等方式加大投入，促进关键软硬件技术金融应用的前瞻性与战略性研究攻关，以应用场景为牵引推动关键核心技术持续迭代完善，打造具有竞争力、可商业化运营的科技产品，增强金融科技可持续发展的核心动力。

2. 加大金融科技人才引进力度

金融科技企业应采取更多的措施吸引人才，重视高科技人才的培养和相互交流。在人才培养方面，需要调整和创新传统的人才培养方案，可通过专业调整和课程设置完善高校金融科技人才培养方案，确保金融科技人才的数量和质量得到提升。此外，可通过加强校企之间的交流合作，共同培育适应当今金融新业态需要的高素质金融科技人才。在全球新一轮科技革命和产业变革浪潮中，着力用好开放这个最大优势，释放创新这个最大潜能，强化产业创新集群吸引力，拓展全球招才引智新格局。

（五）加强数字金融监管，防范金融风险

数字金融是智能化、数字化与金融的结合，是科技与金融的深度融合，会使市场面临双重风险，即金融市场风险和科技风险。党的二十大报告明确指出，加强和完善现代金融监管，强化金融稳定保障体系，依法将各类金融活动全部纳入监管，守住不发生系统性风险底线。江苏省在党的领导下，着力加强并完善监管体系，保障产业创新体系构建过程中防范金融风险。

1. 推动数字化金融监管机制，保障金融科技规范化运行

科学高效的金融监管和保障体系离不开技术的推动。随着科学技术的发展和进步，先进技术逐步在金融生态场景下得到应用。数字金融助力实体经济过程中，平台企业违规使用数据信息引发的金融资产脱实向虚，市场风险、信用风险及数据风险等对金融监管提出了一系列挑战。在数字化、信息化的时代，要积极推进金融监管大数据平台建设，通过智慧监管系统和金融信息系统互联互通，整合数据资源，实现金融全过程的数字化、智慧化监管；同时要完善数据治理，打通信息孤岛，充分利用人工智能和大数据等技术手段，通过科技赋能，引领金融机构在合法合规的基础上开展业务，提升数字化监管质量、水平和效能。

2. 构建多层次管理体系，采用差异化监管模式来实现公平监管

依赖信息化等手段，在市场监管系统全面推行企业信用风险分类管

理，按照未涉及安全不主动检查的原则，高效推动包容审慎监管，统筹差别化监管模式，建立优化信用导向的营商环境。一是科学实施风险分类。运用大数据、机器学习、人工智能等手段，结合传统监管方式，科学研判企业违法失信的风险高低，再根据其企业的产业属性，对其面临的风险进行动态分类。二是合理开展差别化监管。持续推进"双随机、一公开"监管，实施差异化精准监管。对低风险市场主体的登记事项、年报公示信息、商标使用情况等，根据实际情况可实现无事不扰；对高风险市场主体，加强横向和纵向衔接，强化检查结果共享运用，实施部门联合"综合查一次"。

3. 银保监会应与金融机构进行合作，共同推进混合型的监管模式

加大银保监会与金融机构的合作，可以提高金融机构的风险管理水平，提升金融机构服务实体经济的质量。随着金融科技的不断进化迭代，新金融业态层出不穷，金融风险跨行业、跨市场的趋势也在不断增强。制定统一监管规则，推进金融混业监管，实现银保监会与金融机构的协调配合，进而达到监管全覆盖，更好地包容金融业的自主创新。同时，混业监管模式能保障金融科技机构有效缓解中小微企业的融资约束。

参考文献

［1］《奋力在推进中国式现代化中走在前、做示范》，《新华日报》2023 年 7 月 8 日。
［2］《习近平在江苏考察时强调在推进中国式现代化中走在前做示范　谱写强富美高新江苏现代化建设新篇章》，《新华日报》2023 年 7 月 8 日。
［3］蔡竞、董艳：《银行业竞争与企业创新——来自中国工业企业的经验证据》，《金融研究》2016 年第 11 期，第 96—111 页。

数字金融与专精特新企业融资

中小企业是国民经济和社会发展的生力军，是我国经济韧性的重要保障。专精特新中小企业长期专注细分市场、创新实力较强、配套能力突出，对提升产业链、供应链现代化水平具有重要支撑作用。专精特新中小企业更是中小企业群体的领头羊，代表着中小企业发展壮大的方向。专精特新企业是推动科技创新、实现高质量就业、改善民生的重要力量，是推动我国经济高质量发展的生力军，也是加快实现中国式现代化的加速器。习近平总书记多次强调，"加快培育一批'专精特新'企业和制造业单项冠军企业"。党的二十大报告中也提出，"支持专精特新企业发展"。这为加快推动专精特新企业发展指明了努力方向。

一、数字金融赋能专精特新企业融资纾困的理论逻辑

根据工信部统计数据显示，我国已培育 14.1 万家专精特新中小企业，其中，专精特新"小巨人"企业达到 1.46 万家，在强链、补链、延链中发挥了重要作用。专精特新中小企业和专精特新"小巨人"企业是推动高质量发展的生力军，是促进高质量充分就业的加速器。各级党委和政府落实党中央决策部署，出台系列支持政策，引导支持专精特新企业提升创新能力、加快数字化转型和质量品牌建设，成效显著。但长期以来，专精特新企业具有规模小、轻资本、缺乏传统抵质押物等特点，加上前期研发投入大、资金需求大，"融资"成为制约企业发展的关键问题。

当前，我国金融体系中银行业占据主体地位，传统金融服务长期的供给不足严重制约了经济结构的转型和高质量发展，这也在一定程度上为数字金融跨越式发展提供了发挥的空间。数字金融借助大数据、云计算、区块链和人工智能等信息技术，改善传统金融中由于信息不对称而产生的高风险溢价和高运营成本问题。相对于前期"互联网金融"研究热点，数字金融更具有广度和深度，无论是数字支付、网络借贷还是其他的具体业态，都极大地降低了金融市场的搜寻成本和风险识别成本，改变了商业模式中价值交付的环节，释放了大量的新商业空间，也为企业技术创新、专精特新化发展提供了机遇。

随着数字金融不断发展，以数字形式传播的数据成为新型生产要素，依托数字金融本身所具有的低边际成本特点，倒逼生产设备、运输方式等不断优化升级，利用扩散效应提升整个行业的技术水平，促进物质生产力的创新。数字金融赋能专精特新企业发展的有效路径：

一是数字金融可以帮助企业有效地整合和处理分散的信息，从而提高企业的效率，实现人力资本的有效积累。专精特新中小企业旨在推动中小企业的创新发展，通过利用现代科技手段进行科学技术、产品和网络创新，为市场提供更多创新产品和服务，以满足消费者的需求。在科技发展迅速的时代下，中小企业的创新技术水平都能够得到快速发展，为了适应新的技术环境，企业对高技术人才的需求上涨，以加快对新兴技术的吸收，提高企业全要素生产率。

二是数字金融创新金融服务专精特新企业信贷模式。近年来，以微众银行、网商银行为代表的互联网金融机构充分利用大数据、人工智能等技术，在降低融资门槛、提高融资效率、创新经营模式、提供个性化服务、有效防控风险方面进行了积极探索，降低了银行的经营成本、提高了盈利能力、扩大了"长尾客群"、扩展了普惠金融的覆盖面。数字金融实现中小微企业各供应链环节的信息集成共享，提高数字单据认可度，提升产业链的资金使用效率，构建起中小微企业融通发展的良性生态。面对互联网银行带来的新金融模式，其他金融机构也亟须通过数字化转型寻求差异化发展路线。

三是数字金融为企业信贷风险管控提供了新手段。随着金融科技的发展，金融机构对风险控制的需求不断提升，由以"产品为中心"转变为以"用户为中心"，由"流程化"风控转变为"智能化"风控，由侧重"贷前风控"转向"全流程风控"。大数据的广泛应用使得金融机构能够实时监控和评估中小微企业的各类风险，从而实现更精准高效的风险管理。随着互联网技术不断发展，生产生活大力提速，行业竞争越来越激烈，传统的风控方式已经逐渐不能支撑金融机构赋能中小微企业信贷业务的扩展。因此，加快金融机构数字化转型，利用数字技术做好风控，能够面对多维度、大量数据的智能处理，批量标准化的执行流程，更能贴合数据时代风控业务的发展要求。

四是数字金融为企业信用建构提供了新技术。金融机构利用大数据分析与挖掘技术、可视化分析方法等，可以构建线上化、智能化、便捷化的数字信用评价模型，依托客户多维数据提炼涉及中小微企业经营的关键数据、计算其信用评分，并从经营能力、经营规模、偿债能力、信用记录等方面为中小微企业构建动态化、可视化的"信用画像"。人工智能技术能更加精准地评估中小企业的信用水平，有助于识别潜在的信用风险，从而降低金融体系的总体风险。数字技术为金融机构和中小微企业创造了更加透明高效的信用环境。

总体而言，从数字金融缓解专精特新企业融资纾困的作用效果和路径来看，主要体现在"增量补充"和"存量优化"两个方面。

"增量补充"，指数字金融有效地吸纳了市场中的金融资源并转化为有效供给。具体来看，原有金融市场中大量的投资者具有"多、小、散"特征，传统金融市场想要吸收这类投资者需要支付高昂的成本。而数字金融在人工智能、大数据技术、互联网技术、分布式技术、区块链等的支撑下，能够在低成本、低风险的基础上处理海量数据（Gomber 等，2018），使得长尾群体突破金融服务的各种"卷帘门""玻璃门"成为可能。数字金融的发展，能够为企业的信息技术分析提供优质的技术工具，帮助企业更好地识别出技术创新演替的最优路径，助力企业做出合理有效的生产、技术创新决策。

"存量优化"指数字金融针对传统金融机构和业务进行深度优化提升质效。数字金融作为一种金融溢出，在一定程度上能够驱动传统金融体系重塑。其通过信用的透明化和信息化，创新性地颠覆了传统的信用定价模式，逐步构建硬化企业软信息的算法和大数据仓库（谢平、邹传伟，2012），倒逼金融部门转型升级，提升金融资源配置效率（唐松 等，2019）和风险管理能力，这有助于打破传统金融的边界约束（张勋 等，2019），改善信贷资源错配，释放创新企业融资约束（Laeven 等，2015）。在此基础上，数字金融能够对海量标准化和非标准化数据进行挖掘，降低"金融部门—企业主体"的信息不对称程度，从而能够更好地将资源与企业创新项目的风险特征相互匹配，并规避金融市场中的逆向选择和道德风险问题（Demertzis 等，2018），为改善企业技术创新提供了必要条件。

综上所述，数字金融作为传统金融和科技手段高度融合的产物，能够破除传统金融服务壁垒和金融服务的区位限制，具备低成本和低门槛的优势，可以更大范围地提供货币、基金、信贷、保险、投资等多元化业务，有效缓解专精特新企业"频、小、急"的融资需求。

二、江苏金融支持专精特新企业发展现状

党的十八大以来，我国高度重视专精特新企业发展，将专精特新企业

发展与解决"补链强链""卡脖子"问题联系起来，特别是针对专精特新企业的培育，出台了一系列政策文件，以促进这些企业的成长与创新。促进中小企业专精特新发展，培育是关键，要从"量"上引导更多中小企业走专精特新发展之路。

（一）政策支持体系不断完善

专精特新中小企业要想实现专业化、精细化、特色化发展，创新能力强、质量效益好，是优质中小企业的中坚力量。引导中小企业向专精特新发展，能有效提升产业链、供应链的韧性和安全水平，进一步增强创新活力和经济内生动力。

1. 战略布局阶段

2011年7月，《中国产业发展和产业政策报告（2011）》中首次提出"十二五"时期将大力推动中小企业向"专精特新"方向发展。同年9月，工信部发布《"十二五"中小企业成长规划》，明确提出要推动中小企业坚持"专精特新"发展。2012年，国务院出台《关于进一步支持小型微型企业健康发展的意见》，提出鼓励小型微型企业走"专精特新"和与大企业协作配套发展的道路，加快从要素驱动向创新企业驱动的转变。2013年，工业和信息化部正式出台《关于促进中小企业"专精特新"发展的指导意见》，明确了促进中小企业"专精特新"发展的总体思路、重点任务及培育措施，标志着国家级专项政策文件的正式形成。财政支持、税收优惠、融资便利等一系列政策措施的出台，为中小企业的发展注入了强大动力。

2. 细化实施阶段

2016年，《工业强基工程实施指南（2016—2020年）》的颁布，标志着中小企业向"专精特新"方向转型的序幕拉开。政府通过构建产业技术基础平台、孵化专精特新"小巨人"企业，助推中小企业在基础工业领域取得突破，全面提升技术水平。2018年，《关于促进中小企业"专精特新"发展的指导意见》明确指引了专精特新企业发展的方向，政府加大对中小企业的财政扶持、税收优惠及融资支持，为中小企业稳健发展筑牢政策基石。

3. 加速推进阶段

随着《关于支持"专精特新"中小企业高质量发展的通知》《"十四五"促进中小企业发展规划》《关于健全支持中小企业发展制度的若干意见》《关于高质量建设区域性股权市场"专精特新"专板的指导意见》等政策的出台，从制度层面为中小企业的梯度发展提供了保障。通过健全梯度培育体系和评价机制，引导中小企业走"专精特新"之路，有助于促进中小企业的有序成长和分类施策，推动中小企业实现差异化、特色化发展。

2022年政府工作报告中，首次提出"着力培育专精特新企业，在资金、人才、孵化平台搭建等方面给予大力支持"。2023年政府工作报告中，对"推动产业向中高端迈进"的工作回顾中再次提到"专精特新"，具体为"（我国）专精特新中小企业达7万多家"。2024年政府工作报告再次强调，要促进中小企业"专精特新"发展。"专精特新"政策的相继出台以及各级党委、政府部门的有效落实，有效地激发了市场主体的活力，专精特新企业规模发展迅速。工业和信息化部统计数据显示，截至2023年，我国已经培育了12.4万家专精特新企业，其中，专精特新"小巨人"企业达到1.2万家，在强链、补链、延链工作中发挥了重要作用。

（二）专精特新企业财税政策不断强化

江苏省出台了《江苏省专精特新企业培育三年行动计划（2023—2025年）》等系列扶持政策，以推动专精特新企业的发展，使其从数量和质量上都得到了显著提升。目前，专精特新企业已成为促进江苏省就业和民生改善的重要力量。一是持续增强对中小企业的财政支持力度。"十四五"

期间，中央财政通过中小企业发展专项资金累计安排 100 亿元以上的奖补资金，不断加强地方政府对中小企业的扶持力度，完善地方公共服务体系，重点支持专精特新企业发展，分三批支持 1 000 多家国家级专精特新"小巨人"企业，充分发挥"小巨人"企业的示范带动效应。二是加强对中小微企业的减税降费力度。延续支持中小微企业的减税降费政策，保障政策落到实处，阶段性免征小规模纳税人增值税，引导地方强化税费减免措施落地。对小微企业的留抵退税优先处理，重点支持制造业、高新技术产业、绿色环保产业等，着力解决这些产业的留抵退税问题。2023 年，江苏累计新增减税降费及退税缓费 2 185 亿元。三是加大对中小企业的政府采购力度，完善政府采购流程及机制。在政府采购中多给予专精特新中小企业订单，疏通企业发展瓶颈。按照法律法规严格规范政府采购流程，及时公开政府采购相关信息，建立公开、公平、公正的政府采购机制，消除中小企业申报流程门槛，落实评审优惠等具体措施，促进专精特新中小企业高质量发展。据统计，2023 年，江苏省共认定专精特新企业 4 007 家，复审通过 339 家，从数量上体现出良好发展态势。

（三）专精特新企业金融政策不断细化

1. 确保稳定高效的金融供给

围绕科技企业贷款余额、有贷款户数持续增长的"两增"目标，确保商业银行对小微企业的信贷支持力度，保持对科技企业、中小微企业及专精特新企业稳中有进的信贷供给总量。依据不同类型金融机构的特点和市场定位，完善综合化、差异化、竞争化的金融供给机制。扩大普惠金融范围，切实降低小微企业实际贷款利率，降低小微企业融资的相关费用，规范融资收费管理流程，提升融资便利度，降低综合融资成本。加强对中小企业、专精特新企业的贷款期限管理，保障"惠企纾困"政策的有序开展和有效衔接。

2. 全面优化金融供给结构，强化重点行业领域的金融服务力度

针对新一代信息技术、先进轨道交通装备、生物医药、节能与新能源汽车等重点产业领域，提供中长期信贷支持，优化对战略性新兴产业和先进制造业的金融供给结构。加强金融服务创新力度，利用金融科技手段，为科创企业和专精特新企业搭建产业链金融平台，完善"线上＋线下"金融服务体系。对掌握产业专精特新技术的小微企业，量身定做金融服务方案，及时给予资金支持。

（四）专精特新企业金融产品不断创新

专精特新企业活跃在"链"上各个环节，是产业链上攻克关键技术的"主攻手"和供应链上的"配套专家"。近年来，江苏全省银行保险机构科技金融服务机制明显完善、融资余额明显增长、融资结构持续优化、保险保障明显增强。2023 年，江苏辖内银行保险机构已成立科创金融服务中心、科技特色支行、科技金融专班等 247 个，形成了"专门部门＋特色支行＋专业团队"多层次服务体系，通过主动走访，共对接科技型中小企业约 10.38 万户，完成了全省范围内的大摸底。针对科技企业不同成长阶段和行业特点，银行机构一共推出了 126 款针对性强、适配度高的特色融资产品，且科技企业扫码即可一站式查阅、咨询和办理。例如，针对成长期科创企业，深化投贷联动，以投定贷、以贷引投；针对成熟期科创企业，支持发行债券融资，助力开展并购做大做强，提供全方位综合金融服务等。同时，考虑到科技企业"固定资产不足"的特点，金融机构则聚焦知识产权服务，开展知识产权质押融资对接，推动知识产权质押融资全流程线上化。到 2023 年末，江苏全省高新技术企业、科技型中小企业、专精特新企业等科技企业贷款余额达 1.65 万亿元，比年初增长 27.94%，高于各项贷款增速 13.76 个百分点。其中，中长期贷款和信用贷款占比为 32.12% 和 36.11%，分别较年初提升 2.52 和 4.79 个百分点。江苏全省知识

产权质押融资贷款余额 180.7 亿元，较年初增长 91.62%。将除此之外，推动银行保险机构主动上门走访入库科技企业，常态化开展金融服务对接。通过多家银行的"合力"，成立投贷联动合作联盟，创新"小股权＋大债权""政银园投"等服务模式，探索"贷款＋外部直投"业务新模式，到 2023 年底全省外部投贷联动存量贷款已达 600 多户。

（五）专精特新企业上市势头迅猛

2021 年 11 月 15 日，北京证券交易所正式开市，进一步明确服务创新型中小企业的市场定位，加大资本市场对专精特新中小企业的支持力度，让金融更好地服务实体经济。一是构建包容、精准的发行上市制度。北京证券交易所为专精特新中小企业提供简洁、包容、精准的发行条件，构建符合专精特新中小企业发展特点的承销机制，积极推动企业科技创新。二是实行灵活、多元的持续融资制度。坚持"小额、快速、灵活、多元"的再融资制度，通过提供多元的融资方式实现专精特新中小企业直接融资的便捷性，建立的灵活发行机制能够在一定程度上降低企业融资成本。三是建立宽严适度的持续监管制度。借鉴新三板精选层的监督管理经验，充分发挥市场化的引导作用，减少行政干预，促进投资者的充分竞争，进一步优化对北京证券交易所上市企业的监管。据统计，2023 年江苏新增北京证券交易所上市企业 16 家，数量居全国第一。截至 2024 年 4 月 30 日，江苏共有上市公司 696 家，包括上海证券交易所主板 218 家、科创板 110 家，深圳证券交易所主板 129 家（含纯 B 股 1 家）、创业板 195 家，北京证券交易所 44 家。

三、专精特新企业融资难的主要因素

（一）信用评价体系尚不健全，企业难以获得金融机构信用贷款支持

对于金融机构来说，考察企业的信用等级，是对企业进行融资支持的

首要一步。从金融机构的信用评级标准看，影响企业信用等级的主要因素包括资产规模、营业收入、利润情况和现金流情况等。专精特新中小企业由于专注于"小而美"的发展路线，普遍资产规模偏小，营业收入和经营性现金流偏低，并且由于将大量资金投入研发，每年可以留存的经营利润也相对较少，在现有的评级体系下，难以获得较高的信用评级。而较低的信用等级，一是使得专精特新中小企业无法在金融机构获取信用贷款，必须提供抵质押等增信措施进行担保，进一步提高了专精特新中小企业的融资准入门槛；二是会导致金融机构从平衡风险与收益的角度出发，提高对专精特新中小企业融资的利息水平，导致专精特新中小企业需要负担更高的融资成本；三是为了保证融资的风险可控，金融机构会更加倾向于向专精特新中小企业提供短期融资而非中长期融资，这虽然可以解决专精特新中小企业的短期流动性问题，但当专精特新中小企业试图扩大投资规模时，就缺乏与投资期限相匹配的中长期资金支持，或者被迫进行"短贷长用"，大幅提升了企业经营的流动性风险，不利于专精特新中小企业的长期可持续发展。

（二）企业普遍缺少有效抵质押物，难以满足金融机构授信要求

对于信用等级不高的专精特新中小企业，金融机构在测算可以为企业提供的融资额度时，为了有效控制风险，一般不会从企业的实际融资需求出发，而是按照企业可以提供的抵质押物情况，根据抵质押率来测算可以提供的最大融资限额。而专精特新中小企业本身企业规模不大，很难提供足值的合格抵质押物，特别是很多科创型企业采用的是"轻资产"的运营模式，能够抵押的实物资产就更为匮乏，无法满足金融机构的抵质押要求。虽然近年来我国在推动知识产权质押融资等方面做了比较多的工作，但受制于专利权、设计权等知识产权估值难、处置难、变现难等因素影响，金融机构还是倾向于将知识产权作为抵质押物的组成部分或有效补充，较难接受单纯将知识产权作为融资的唯一信用结构。对于专精特新中小企业来说，在难以获得金融机构信用贷款支持的情况下，由于无法提供有效的抵质押物，也很难通过担保从金融机构获取足额的其他融资支持。对于金融机构来说，对于专精特新中小企业的授信会相对谨慎，也很难在未取得足值抵质押物的情况下向专精特新中小企业提供融资支持。

（三）企业融资需求多样化，缺乏与之匹配的金融产品

现阶段我国金融机构能够向专精特新中小企业提供的融资以流动资金贷款、固定资产贷款等形式为主。对于流动资金贷款，资金主要用于企业的日常生产经营所需，包括发放人员工资、购买生产原材料等，金融机构一般通过测算企业最近几年的经营性资金使用情况，扣除企业账面可动用的库存现金、银行存款等，匡算企业所需的流动资金贷款额度。对于固定资产贷款，金融机构一般通过审查企业的固定资产投资计划，在确定投资具有经济可行性的基础上，给予企业总投资额一定比例的贷款资金支持，并通常要求企业以在建工程、建成后固定资产等提供抵押担保。对于专精特新中小企业来说，由于企业在研发方面的投入巨大，因此也存在较大的资金需求。但按照金融机构传统的流动资金贷款、固定资产贷款的评审模式，无法准确判定专精特新中小企业研发资金的实际需求，对于研发的可能前景、新技术和新产品对于产业发展的实际意义也难以准确把握，出于控制风险的现实考虑，难以给予企业相应的资金支持。而现行的"科创贷""知识产权贷"等在具体执行过程中，往往需要企业提供固定资产担保，这也就必然导致专精特新中小企业可用于研发资金的供给匮乏，阻碍企业的创新发展，并对整个产业链的转型升级产生一定的不利影响。对于金融机构来说，有必要针对专精特新中小企业的研发需求，创新金融产品和金融服务，提升对企业的服务能力和支持力度。

四、国外支持专精特新企业发展政策经验借鉴

"专精特新"是我国针对专注于细分市场且具有专业化发展战略的企业或产品的特定称呼。国外针对从事特定细分市场、差异化经营的企业称谓有所不同，比如，美国和日本的"利基（Niche）企业"、德国的"隐形冠军"、韩国的"中坚企业"等，此类企业和国内专精特新企业具有相似特征。对比分析国外支持专精特新企业发展的举措，总结政策实施经验和有益做法，为加快推动企业"专精特新"化发展提供有效的经验借鉴。

（一）美国支持培育利基企业的政策措施

美国利基企业是针对特定目标市场或细分市场，创造具有差异化优势的产品和服务的企业，是构成美国创新活力企业的主力军。美国政府对利基企业的支持政策主要包括以下三个方面：

一是构建专业化的服务体系。由美国小企业管理局组建专业服务公司和企业发展中心，为小企业提供成长全周期、发展全方位的咨询服务。

二是构建完善的社会专业组织咨询服务制度。由美国联邦政府主要出资，并支持美国各类商会、联合会等专业协会组织各行业专家为当地中小企业提供咨询服务、经营诊断及技术指导，帮助中小企业解决发展问题。

三是制定支持中小企业发展的专项计划及法案。1982 年，美国政府通过《小企业创新发展法案》，正式启动全美最大的一项研究项目计划——小企业创新研究计划（Small Business Innovation Research Program，简称 SBIR 计划），旨在通过美国政府资金推进中小企业技术创新，促进科技成果转化。具体而言，在美国的联邦政府机构中，凡是年度研发经费超过 1 亿美元的政府机构，需要从年度研发经费预算中划拨 3.2% 的款项用于支持 SBIR 计划中的小企业（沈梓鑫、贾根良，2018）。

（二）日本支持培育利基企业的政策措施

日本利基企业分为潜力型高利基企业、高利基型企业（Niche Top，NT）、全球高利基企业（Global Niche Top，GNT）三种类型（赵奉杰，2014）。20世纪90年代末日本开始实施对利基企业的支持培育政策，具体政策措施如下：

一是加大宣传力度，强化评选及跟踪调研体制建设。在2006—2009年，日本政府实施了"朝气蓬勃的300家产品制造中小企业"评选项目，为每年评选上的300家企业给予贷款担保、人才引进等优惠政策支持，并为利基企业进行全球宣传，提高本土利基企业的国际影响力，从而进一步激发日本中小企业向利基企业转型发展。日本政府结合利基企业评选及跟踪调研情况，深入了解利基企业在全球化发展过程中遇到的经营管理、海外市场拓展、技术研发等方面问题，为各级政府机构及社会服务组织、金融服务机构制定培育利基企业政策提供参考，进一步加大利基企业在全球价值链中的竞争优势。

二是增加培育利基企业的经费预算，完善政策与法律配套体系建设。日本政府在研发投入、知识产权保护、人才培育和海外竞争等方面为利基企业提供了强有力的资金支持。在研发投入方面，2020年日本政府提供约3 600亿日元的补助，激励中小企业加大新产品研发、服务创新和改善生产流程。在知识产权保护方面，日本政府一方面减免50%的中小企业专利费和国际申请费等，另一方面为中小企业提供海外知识产权被侵权的支援服务，2020年，日本政府划拨7.4亿日元经费预算，旨在帮助中小企业进行海外侵权警告、诉讼等知识产权保护举措。在人才培育方面，日本政府划拨34.1亿日元预算经费，通过建立"人才确保对策推进事业"的全国网络，帮助中小企业解决人才不足的问题。在海外竞争方面，为增强利基企业海外发展动力，提高日本企业竞争力，日本政府制定了"新出口大国共同体计划"，在2020年划拨253.9亿日元预算经费，组织各行业专家对日本利基企业海外发展提供专项支援服务。日本政府积极完善政策与法律联动效应，例如，《中小企业基础制造技术提升法》的配套政策之一是"战略性基础制造技术提升支援事业"，除此之外还配套了相关融资支持、知识产权保护等一系列支持政策（史冬梅 等，2021）。

（三）德国支持培育隐形冠军企业的政策措施

早在 20 世纪 80 年代，德国著名经济学家赫尔曼·西蒙（Hermann Simon）就提出了"隐形冠军"的概念。德国"隐形冠军"企业指在某一特定细分市场处于绝对竞争优势的中小企业，不常出现在媒体大众视野，年销售额不超过 50 亿欧元（邱石 等，2021）。德国政府对培育隐形冠军企业的支持措施如下：

一是构建法律保障体系，创造良好的市场竞争环境。为防止出现德国大企业长期垄断经营、确保中小企业市场平等竞争的地位，德国政府相继出台《反对限制竞争法》《中小企业促进法》《中小型企业服务投资促进计划》《中小企业创新核心计划》等，将培育隐形冠军企业提升到国家战略层面，维护中小企业发展权益，为中小企业构建公平竞争的营商环境。

二是高度重视引导中小企业专业化、创新性发展。德国政府设立了多项创新扶持项目，包括"中小企业创新核心项目""高科技创业基金""欧洲复兴计划启动基金""欧洲复兴计划创新项目"，进一步支持中小企业创新发展。2016 年，德国联邦经济和能源部发布了《数字化战略 2025》，针对中小企业数字化发展提出了"中小型企业数字化投资项目"，通过划拨10 亿欧元的资助经费，帮助中小企业加快数字化转型。德国政府鼓励中小企业深化"窄门"理念，专注于特定细分市场和某项具有比较优势的单一产品，通过对技术和工艺的创新和改良，将单一产品做优做强，引导从事"窄门"的中小企业升级转型成为"隐形冠军"企业。德国实行"双元制"人才培养模式，在政府和行业监督下深化校企合作办学机制，为中小企培养了大批高素质技能型人才（周及真，2017）。

（四）韩国支持培育中坚企业的政策措施

韩国是典型的以政府为主导，推动创新发展的国家，进入 21 世纪，韩国政府的职能由"主导追赶经济"转向"服务创新经济"。为了扩大企业海外市场份额，增强企业国际竞争力，韩国政府制定了一系列中坚企业培育战略，主要政策措施如下：

一是构建完善的法律法规，为中坚企业培育及发展提供制度保证。从 20 世纪 60 年代开始，韩国政府出台了一系列法律法规，引导中小企业向自主创新转型发展，逐步发展成为中坚企业。20 世纪 80 年代，为科创型中小企业打造良性公平的竞争环境，韩国政府颁布了《中小企业创业支援法》；随后在 1992 年，韩国政府在发布的《科学技术振兴法》中明确为从事新技术产业研究的中小企业提供经费资助；1999 年《科学技术创新特别法》制定了企业科技开发与援助计划；2014 年《关于促进大中小企业相生协力的法律》规定中小企业与大企业联合进行技术开发事业，政府可提供技术开发资金支持（刘文和夏爽，2018）。

二是制定系统化的培育扶持计划。为进一步促进中小企业创新发展，提升自主创新能力，引导中小企业升级转型为中坚企业，韩国政府从 20 世纪 80 年代开始，制定了系统化的培育扶持计划，包括"增强中小企业竞争力综合对策""中小企业技术创新五年计划""创新型中小企业培育方案""调整产业技术环境，加强技术竞争力"战略、"中小企业综合培育计划（2020—2022）"等计划，进一步完善了中坚企业培育体系，帮助韩国中小企业实现了弯道超车。

五、数字金融是缓解专精特新企业融资纾困的着力点

各级党委和政府落实党中央决策部署，出台系列支持政策，引导支

持专精特新企业提升创新能力、加快数字化转型和质量品牌建设，成效显著。但长期以来，专精特新企业具有规模小、轻资本、缺乏传统抵质押物等特点，加上前期研发投入大、资金需要大，"融资"成为制约企业发展的关键问题。而数字金融作为传统金融和科技手段高度融合的产物，能够破除传统金融服务壁垒和金融服务的区位限制，具备低成本和低门槛的优势，可以更大范围地提供货币、基金、信贷、保险、投资等多元化业务，有效缓解专精特新企业"频、小、急"的融资需求。

（一）数字金融机构设立工作专班，明确服务"专精特新"客户的战略导向

工商银行、农业银行、建设银行、中国银行、交通银行等金融机构均与工信部签署《中小企业金融服务战略合作协议》，并在此基础上，设立工作专班，明确服务"专精特新"客户的战略导向，主动加强与地方政府机构对接，对各级专精特新企业实施服务。比如，工商银行制定了《关于深化"专精特新"中小企业金融服务的意见》，优化专精特新中小企业的"融资+融智+融商"综合金融服务体系，进一步发挥专精特新中小企业金融服务领军银行优势，助力制造业提升核心竞争力；农业银行制定了《关于加强专精特新"小巨人"企业营销工作的指导意见》，启动了"小巨人"企业专项营销活动，对"小巨人"企业培育清单上的企业逐户设计方案；中国银行制定了《中国银行支持"专精特新"企业行动方案》。

（二）不断深化投贷联动机制

专精特新中小企业多数集中在科创领域，具有研发投入强度大、经营风险高、企业规模小等特点，与银行风险偏好存在较大差异。深化投贷联动机制，一方面可以有效弥补企业融资不足的发展短板，另一方面可减少银行不良贷款风险、规避银企信息不对称等。在新时代背景下，银行要积极与第三方投资机构，如私募股权基金、证券交易所等，展开深层次合

作，银行内部也要扩大合作主体部门范围，相关的银行子公司也需要建立与第三方投资机构的系统性合作。例如，银行理财子公司、其他直接股权投资类子公司等，构建更完善、更成熟的服务体系，满足不同性质的专精特新中小企业在不同发展阶段的融资需求。

（三）持续完善精细化信贷管理机制

与传统中小企业相比，专精特新中小企业在资金流转周期及占用形式、生产经营管理及模式等方面具有明显特点。作为科创企业的排头兵，专精特新企业在成长期表现出多样化、个性化、多元化的金融需求，银行作为专精特新企业的重要融资主体，客观上更需要以精细化信贷服务支持企业发展。处于发展期的专精特新中小企业，在市场上推广其生产的高新技术产品和高价值技术装备存在难度，企业营收增量突破有瓶颈，如果按照传统审核财务报表的贷款审批流程，银行很难提供较大支持。从企业特点出发，对于这类市场估值高、核心技术强、经营团队优的潜力客群，银行必须转变信贷管理模式，从过去只关注财务报表转向综合研判企业成长价值。针对性地设置专精特新企业风控模型，优化信贷审批额度流程，合理确定企业贷款额度，充分考虑专精特新中小企业资金流转周期的特点，实现"要生产、资金到"的良性信贷管理机制，减少贷款期限与企业生产周期的错配。

（四）提升数字金融服务效能

针对专精特新中小企业不同成长阶段的不同资金需求，金融机构纷纷加大金融产品创新，利用金融科技、供应链、集团不同类型子公司协同等方式加大对专精特新企业的支持。工商银行推出了"专精特新贷"专属融资产品、专属金融服务顾问和专属撮合服务平台，并提供"贷＋债＋股＋代＋租＋顾"全口径、全周期、全产品服务，邀请战略合作伙伴，共建金融服务生态圈，更好满足专精特新企业直接融资需求；建设银行构建"科技企业创新能力评价体系",通过大数据技术实现知识产权在金融领域的"信用化";兴业银行建立了科创企业"技术流"评价体系,依托大数据分析,从知识产权、研发投入、团队实力、产学研情况等17个维度定量评价企业的科技创新能力,并推出"知识产权质押融资""投联贷"等线上科技贷产品;平安银行借助科技力量提升风控能力,以"人+企"为方向,多维数据挖掘提高小微企业主画像的精准度,释放信用潜能。

六、数字金融赋能专精特新企业融资纾困的建议

目前,专精特新中小企业市场规模小,但盈利增速快、成长性特点突出,多数企业集中在制造业领域,市场竞争能力强、发展潜力大。数字金融作为支持专精特新企业发展的主阵地,需要帮助专精特新企业"扬长避短",充分释放专精特新企业的特点和优势,解决专精特新企业市场规模小、融资难的问题,包括银企信息不对称、企业融资渠道及方式的单一性、银行信用担保匹配性不足、银行信贷风险共担机制不完善等方面问题。

(一)强化惠企政策落地实施效果,要从"大水漫灌"向根部聚集

对于企业来说,一项惠企政策可能胜过一笔资金支持。"大水漫灌"不仅浪费大且效果差,从根上"浇水施肥"才是惠企良方。惠企政策涉及财税、金融、外贸、就业等领域,很多是"真金白银"的支持,只有积极推动政策落地见效,才能把政策"红包"转化为发展动力。眼下,一些地方的惠企政策落实存在力度逐级减弱现象,有的地方甚至对惠企政策落实设置各种限制,导致部分小微企业难以享受。鉴于此,要加大政策宣传力度,提高政策知晓率;严格按照规定标准,保质保量落实政策,切实把政策用足、用到位,使之尽快变成现实生产力。经营主体规模、产业属性、所有制形式、盈利模式千差万别,碰到的痛点、难点、堵点各有不同,惠企政策的实施应精准滴灌、靶向发力。个别地方习惯于大水漫灌,对政策

不问对象"一刀切"、平均用力，致使政策未能发挥最优效果。提高政策针对性和精准度，需要政府部门通过"请进来""走出去"，问策于企业、问计于基层。"请进来"，就是广开言路，认真倾听不同经营主体的意见建议；"走出去"，就是深入企业，扎实细致开展调查研究，深度了解企业的"最期盼""最渴求"，让政策在投放上更精准、更接地气，达到对症下药、分类施策之效。要时常围绕经营主体的关切和需求，健全政府与企业常态化沟通机制，动态了解掌握企业生产经营状况，让"水流""肥料"更有效、更精准地流向经营主体，努力形成企业得实惠、市场增信心、经济稳增长的良好局面。

（二）加强银政企合作，完善信用评价制度

专精特新中小企业的组织类型、经营方式、运行机制与商业银行存在显著差异性，两者之间信息不对称具有较为明显的结构性特征，商业银行很难全方位掌握企业真实运营情况。首先，银行需要加强与地方政府的合作。根据当地年度专精特新中小企业、"小巨人"企业及制造业单项冠军等中小企业名单，通过企业研发投入强度、科技成果转化水平、新产品市场空间等，多层次、多维度优选企业，提升对企业的精细化管理能力。加强对宏观经济政策、行业趋势和市场形势的深刻研判分析，围绕制造强国战略明确的十大重点产业领域展开研究，提高对重点产业领域的风险预判能力。其次，银行需要构建与企业的合作机制。细致、透彻地了解企业现实运营情况，提高对企业资质审核和资产评估的严谨性和可靠性，借助人工智能、大数据、区块链等金融科技，全方位描述企业画像并进行加密处理，一方面筑牢银企合作的底座，另一方面根据企业信用评级，满足企业多方位的信贷需求，规避银企信息不对称。

（三）深化与产业园区的合作，积极对接企业多样化融资需求

专精特新中小企业多数位于产业园区中，产业园区具有显著的集聚效应和规模效应，地方政府提供了有效的扶持政策。深化与产业园区的合作，有助于银行更直接、更精准支持专精特新中小企业。具体来看，商业银行可以配合地方政府，在产业政策、财税政策、信贷服务、资源对接等方面给予产业园区多层面的支持，发挥产业集群效应，加大与私募股权投资机构（PE）或风险投资机构（VC）的合作力度，做深、做透对企业的支持服务措施。利用金融科技及数字化技术，优化企业全生命周期综合性金融服务流程，提高金融业务的科学性、安全性和有效性，提升综合性金融服务效率，助力专精特新中小企业深入供应链各环节，加快推动专精特新中小企业转型升级，促进专精特新"小巨人"企业、制造业单项冠军企业及产业链领航企业的数量和质量同步增长。

（四）培育一批综合性数字金融人才，提升数字金融服务效能

商业银行在科技金融领域拔得头筹的关键在于有一批精通金融业务和科技创新的复合型人才。首先，数字金融机构需要加强与高校、科研院所的合作，吸取国外商业银行培养科技金融人才的丰富经验，构建人才流动机制，制定符合本土商业银行业务的人才培养标准，培育具备科创行业背景、金融专业知识、企业经营管理能力、国际化视野的多领域及多学科交叉型综合人才。其次，数字金融机构可以通过组织架构调整，设立培训科技金融人才部门，建立一套成长培养体系，帮助内部培养、外部招聘的金融人才尽快适应外部环境变化，创新专精特新中小企业授信产品和企业成长价值的审查与评估体系，充分发挥人才对专精特新中小企业发展的助力作用。在经济高质量发展、新技术涌现、监管约束加强、市场竞争激烈的背景下，未来商业银行竞争格局将会是复合型人才的竞争格局，既懂企业又懂金融，对市场有敏锐嗅觉的复合型、稀缺型金融人才，可增强跨周期和逆周期宏观调控效果，平抑经济周期波动带来的风险，大幅提升数字金融机构服务专精特新企业的效能，助力经济实现高质量发展。

参考文献

［1］Demertzis, M., Merler, S. and Wolff, G. B., 2018, "Capital Markets Union and the Fintech Opportunity", *Journal of Financial Regulation*, Vol.4, pp.157−165.

［2］Gomber, P., Kauffman, R. J. and Parker, C., 2018, "On the Fintech Revolution: Interpreting the Forces of Innovation, Disruption and Transformation In Financial Services", *Journal of Management Information Systems*, Vol.35, pp.220−265.

［3］Laeven, L., Levine, R. and Michalopoulos, S., 2015, "Financial Innovation and Endogenous Growth", *Economics Working Papers*, Vol.24, pp.1−24.

［4］唐松、赖晓冰、黄锐：《金融科技创新如何影响全要素生产率：促进还是抑制？——理论分析框架与区域实践》，《中国软科学》2019 年第 7 期。

［5］谢平、邹传伟：《互联网金融模式研究》，《金融研究》2012 年第 12 期。

［6］张勋、万广华、张佳佳、何宗樾：《数字经济、普惠金融与包容性增长》，《经济研究》2019 年第 8 期。

［7］唐松、伍旭川、祝佳：《数字金融与企业技术创新——结构特征、机制识别与金融监管下的效应差异》，《管理世界》2020 年第 36 卷第 5 期。

［8］王桤伦、郑炫圻、朱毅：《商业银行支持专精特新企业的思考》，《西南金融》2022 年第 5 期。

［9］邱石、康萌越、张昕嫣等：《探寻德国"隐形冠军"成长之路》，《中国工业和信息化》2021 年第 12 期。

［10］史冬梅、刘龑龙、甄子健：《日本隐形冠军企业市场和技术创新经验及对我国的启示》，《科技与管理》2021 年第 3 期。

［11］刘文、夏爽：《中韩中小企业发展比较研究》，《当代韩国》2018 年第 3 期。

［12］沈梓鑫、贾根良：《美国小企业创新风险投资系列计划及其产业政策》，《学习与探索》2018 年第 1 期。

［13］赵奉杰：《境外"专精特新"企业发展经验借鉴》，《中国中小企业》2014 年第 4 期。

［14］周及真：《德国如何练就"隐形冠军"》，《理论导报》2017 年第 4 期。

［15］陈昆、周靓、陈梦瑶：《数字金融支持实体经济高质量发展：理论机制与经验证据》，《四川轻化工大学学报（社会科学版）》2023 年第 38 卷第 4 期，第 48—60 页。

第三部分
数字金融的科技驱动

金融科技的全面提升途径
——以江苏省为例

  随着产业转型的深入推进，科技与实体经济融合的需求在不断提升。科技是经济增长的动力源泉，是经济转型的核心要素，科技与金融的结合颠覆了传统的金融模式，提高了金融机构的服务效能，金融科技的发展与迭代进一步加快了金融行业的数字化转型，金融科技的发展也迈上新台阶。近年来，大数据、人工智能、区块链等新兴科技不断驱动传统金融改革创新，催生出大量有别于传统金融业务的新模式，具有根本上的颠覆性，符合经济学家熊彼特提出的"破坏性创新"（disruptive innovation）。金融科技与传统金融碰撞、融合所产生的新金融业态一定程度上代表了数字经济和数字文明的新面貌。

  党中央、国务院高度重视金融科技发展工作，2022年中国人民银行印发了《金融科技发展规划（2022—2025年）》（简称《规划》），是央行编制的第二轮金融科技发展规划，提出了新时期金融科技发展的指导意见，明确要稳妥发展金融科技，加快金融机构数字化转型。《规划》提出了八个方面的重点任务，包括强化金融科技治理、全面加强数据能力建设、建设绿色高可用数据中心、深化数字技术金融应用、健全安全高效的金融科技创新体系、深化金融服务智慧再造、加快监管科技的全方位应用、扎实做好金融科技人才培养等。从《规划》所提出的重点任务可以看出，我国的金融科技进入全面发展的新阶段，江苏在发展金融科技时应全面顺应数字经济发展的趋势，明确重点任务，加大对前沿关键技术的开发与应用，力争实现金融科技与金融发展的高度融合。

基于上述背景，研究省域内金融科技发展现状，分析金融科技发展存在的优势与短板，有助于明确江苏金融科技当前的发展阶段及未来发展方向，为金融科技与金融行业的深度融合发展，提供有益的理论基础与实践借鉴。

一、金融科技的研究进展与述评

（一）相关文献梳理

党的二十大报告提出"坚持创新在我国现代化建设全局中的核心地位"，"守正创新"成为金融建设的主旋律。2022 年，央行发布的《金融科技发展规划（2022—2025 年）》中明确指出，"高质量推进金融数字化转型，强化金融科技审慎监管，注重金融创新的科技驱动和数据赋能"。现阶段区域间金融发展不平衡的问题依然存在，因此，在加快构建新发展格局的背景下，研究金融科技发展水平评价体系，对分析金融科技发展的区域差异、分布特征及应用方式具有理论和实践指导意义。

1. 概念界定

目前学术界对金融科技的概念界定尚未统一。国外研究认为金融科技是现代化技术与金融服务行业的融合。巴塞尔银行监管委员会将金融科技划分为支付结算、存贷款与资本筹集、投资管理、市场设施四类业务模式。维基百科将金融科技公司定义为由一群通过科技手段让金融服务更加高效的企业所构成的经济产业。有学者认为金融科技的本质是技术信息的去信用化。多数学者认可国际金融稳定委员会（FSB）于 2016 年提出的定义，金融科技指由大数据、区块链、云计算和人工智能等新兴前沿技术带动，对金融市场及金融服务业供给产生重大影响的新兴业务模式、新技术应用、新产品服务等。由此可知，金融科技指利用科学技术，尤其是信息技术，为金融业发展带来技术迭代，推动金融服务更加便利、高效和安全的金融模式。

2. 内容研究

对金融科技发展的研究可以分为两类，一是围绕金融科技本身，探讨核心技术的发展与应用前景；二是探讨金融科技对不同主体带来的影响，包括商业银行及相关企业等主体。

对金融科技发展本身的研究，主要聚焦于探讨金融科技核心技术的发展历程和未来应用场景，巴曙松和白海峰（2016）认为金融科技是基于大数据、云计算、人工智能、区块链等一系列核心技术，通过全面应用于支付清算、借贷融资、财富管理、零售银行、保险、交易结算等六大金融领域，从而实现金融与科技的高度融合，并且他们提出金融科技的核心技术的实操水平决定了金融科技企业的核心竞争力，主要包括智能投顾、量化投资、信用卡还款、数字货币等应用场景。

学者们对金融科技发展影响商业银行的研究发现，从宏观视角看，金融科技发展能推动不同资产规模和资金实力的商业银行实现差异化发展和战略转型（谢治春 等，2018），加快银行业数字化转型（Virginia 等，2020），促进商业银行的可持续发展（王均山，2020）。微观视角的分析认为，金融科技能通过促进银行小微企业信贷供给，改善银行业最优市场结构（盛天翔和范从来，2020）；商业银行金融科技的发展水平会对零售贷款规模和零售贷款占比产生正向促进作用，且这种促进作用在全国性大型商业银行中更为明显（胡俊 等，2021）。也有学者研究表明，金融科技的发展对传统银行的风险影响存在差异，主要表现为银行负债端结构的改变导致资产端风险偏好上升，并且规模越大的银行受到金融科技的冲击越小（邱晗 等，2018）。

现有关于金融科技发展对企业的影响研究认为，金融科技发展对企业创新发展具有正向促进作用，且这种创新促进作用在高科技行业和东部地区表现得更为明显（李春涛 等，2020）。金融科技的核心技术之一是区块链技术与供应链金融的结合，能起到防范企业信息操纵、恶意欺诈等道德风险的作用，进而促使银行为供应链企业提供成本更低的融资服务（龚强 等，2021）。金融科技能通过优化直接与间接融资体系、降低企业融资成本和提升企业透明度等路径，达到缓解企业融资约束的作用（黄锐 等，2020）；通过降低金融业集中度和缓解借贷双方信息不对称程度来提升中小企业融资效率（陈春和肖博文，2023）；对战略性新兴产业上市公司的全要素生产率有显著的提升作用（刘元雏和陈亚军，2024）。

3. 测评研究

现有研究对金融科技发展水平的测度可归纳为以下三种。第一种方法是采用不同模型构建金融科技发展水平指标体系。例如，利用 Python 爬虫技术查找金融科技相关关键词，再统计词汇并构建金融科技指数（郭品和沈悦，2015；杨松令 等，2021）；依据中国人民银行发布的《金融科技发展指标》遴选指标，进而构建金融科技发展评价体系，分析金融科技发展的区域差异和分布动态，现有研究结果表明我国区域金融科技发展水平呈上升趋势，且东部、中部、东北和西部之间的区域差异呈逐渐缩小趋势（吕承超和何加豪，2023）；还有学者采用多层次因子分析模型构建评价指标体系，对中国各省的金融科技发展水平进行实证测度，结果显示东部地区金融科技发展水平要高于西北部和部分南部地区（何加豪和崔媛，2024）。第二种测度金融科技发展水平的方法是采用北大数字普惠金融指数进行衡量，该指数能较为客观地反映地区数字金融发展水平，而金融科技应用最广的领域便是数字金融，因而该方法得到较多学者的沿用。实证过程中为了减少内生性的影响，一些学者，例如，邱晗和黄益平等

（2018）仅采用覆盖广度或其他分指数指标来表示金融科技发展水平。第三种方法是基于金融科技相关领域的指标衡量金融科技发展水平，例如，采用省级 P2P 网贷年成交量和年末余额衡量金融科技发展水平（张红伟等，2020）。可以看出，现有对金融科技发展水平的实证研究并未形成统一的测度方法，对金融科技发展水平的评价依然停留在解决"是什么"的问题，学者们对实证方法的选择与之侧重分析的经济问题紧密相关，对金融科技发展水平的评价维度也因所研究问题的不同而存在差异。

4. 金融监管

随着金融科技发展的不断深入，对金融科技监管的研究也随之丰富，研究结论认为，金融与科技的结合极大地改变了金融业态，正在重塑现有的金融体系，对现行的金融监管体系必然有着巨大冲击。金融科技的发展将带来更大的监管风险，现有监管技术、监管法律和监管理念都迫切需要改进，形成与金融科技发展水平相匹配的金融领域数字化标准和规则（杨东，2018）。金融科技给传统金融行业带来的新技术具有一定的风险性，如数据泄露、技术失控等，对监管人员的知识体系也提出了更高要求，除了要能把握金融市场动向、熟悉监管政策和方针外，还要掌握金融科技的技术逻辑（皮天雷 等，2018），但同时金融科技与传统金融的创新发展又会反过来推动金融与科技的有机融合。学者们的研究表明金融科技在监管领域的应用明显改善了金融发展成果（Muganyi 等，2022），金融科技发展能促进商业银行的信用风险管理（姚婷和宋良荣，2021），规范银行信用监管体制（王奕婷和罗双成，2022）。

（二）简要述评

综上所述，已有文献对金融科技的发展、影响、风险监管等领域进行了较为丰富的研究，目前对金融科技的内涵已形成较为统一的认识，这为本部分所研究的金融科技范畴做出了清晰的规定。但对金融科技发展水平的实证研究多数学者致力于构建不同维度的评价体系，对金融科技发展指数进行测算，对其形成原因并未进行深度剖析，且现有研究均从全国范围考量，鲜少研究至省域层面，这为本部分研究留下空间。笔者在把握金融科技内涵的基础上，采用现有的科学评价体系对江苏金融科技发展水平进行客观评价，分析江苏省域内金融科技发展现状，重点剖析江苏金融科技发展存在的优势与短板，进一步提出具有针对性的提升金融科技发展水平的对策建议，为江苏实现金融科技与金融行业的深度融合提供可行路径参考。

二、江苏金融科技发展的现状分析

本部分基于江苏现实，分析金融科技发展现状，从金融科技发展的整体水平、覆盖广度、使用深度、数字化程度等维度，总结江苏金融科技发展的特征，并分析江苏金融科技发展的优势与短板，为提升路径分析奠定理论和实践基础。

（一）金融科技发展水平的测度方法

自 2023 年 10 月底中央金融工作会议提出发展金融"五篇大文章"后，对金融科技的关注度逐渐转移汇聚至数字金融领域，数字金融的相关指标一定程度上反映出地区金融科技的发展水平。根据对现有文献的梳理可知，目前对金融科技的测度方法尚无统一标准，笔者主要参考邱晗和黄益平等（2018）学者的做法，选用数字普惠金融指数中的覆盖广度、使用深度、数字化程度等分指数反映金融科技发展水平，旨在分析江苏省内金融科技发展的水平及结构等宏观特征。

具体地衡量金融科技发展的整体水平、覆盖广度、使用深度和数字化程度等情况，其中，使用深度指数下含有支付、保险、货币基金、信用服务、信贷等分类指数。覆盖广度主要衡量支付宝账户覆盖率，使用深度指数中的支付业务侧重衡量人均支付笔数、金额及高频次用户占比等信息，投资业务主要衡量消费者参与互联网投资理财的人数、笔数及金额，信贷业务主要衡量个人消费贷及小微经营贷情况，数字化程度指数从移动化、实惠化、信用化和便利化四个维度衡量移动支付和贷款情况。结合上述指数含义及数据可得性等因素，笔者选取 2020—2022 年数字普惠金融总指数、覆盖广度、支付、投资、信贷和数字化程度等指数来衡量地区金融科技在规模、覆盖程度、投资、信息化程度等维度的表现。

（二）江苏金融科技发展现状

1. 金融科技整体水平逐年提升，苏南地区领先全省

从金融科技发展整体水平看，2020—2022 年间江苏省金融科技发展水平呈逐年上升趋势，对比长三角地区其他省份，金融科技发展水平仅高于安徽省，低于上海市和浙江省水平。从增长速度看，江苏省金融科技水平年均增幅约 5.56%，低于安徽省增速（6.16%），高于浙江省（4.08%）和上海市（3.33%）增幅。

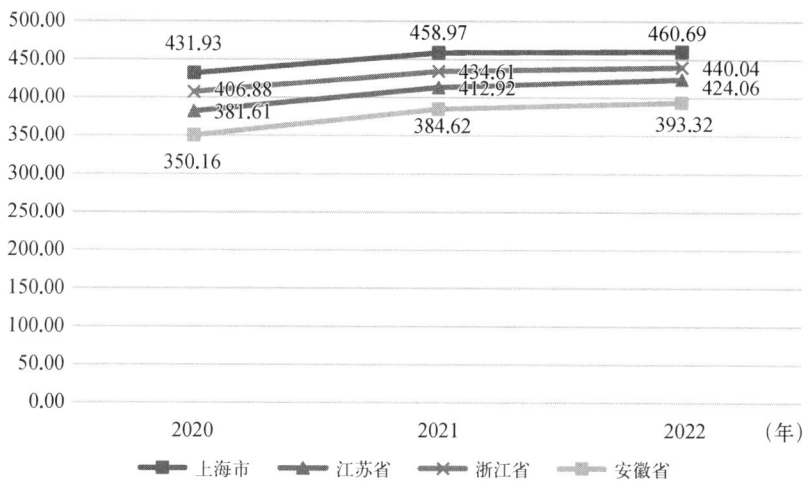

图 1 长三角地区金融科技水平

从江苏十三市情况看（如图 2 所示），金融科技发展水平排名前四的城市为南京市、苏州市、无锡市、常州市，与地区经济发展水平相一致；金融科技发展水平处于中等水平的城市有镇江市、南通市、扬州市、泰州市、淮安市和徐州市，金融科技发展水平总指数介于 310 和 330 之间；排名靠后的城市为宿迁市、连云港市、盐城市，其金融科技发展总指数低于310。由此可以看出，金融科技发展水平与地区经济发展水平相关程度较高，苏南地区及省会城市经济基础较好，金融资源丰富，金融科技应用场景丰富，数字金融发展水平较高，金融科技发展总指数水平最高的南京市比最低的宿迁市高出 12.87%，地区差异较大，表明经济基础略微薄弱的苏北城市，金融科技水平存在较大发展空间。

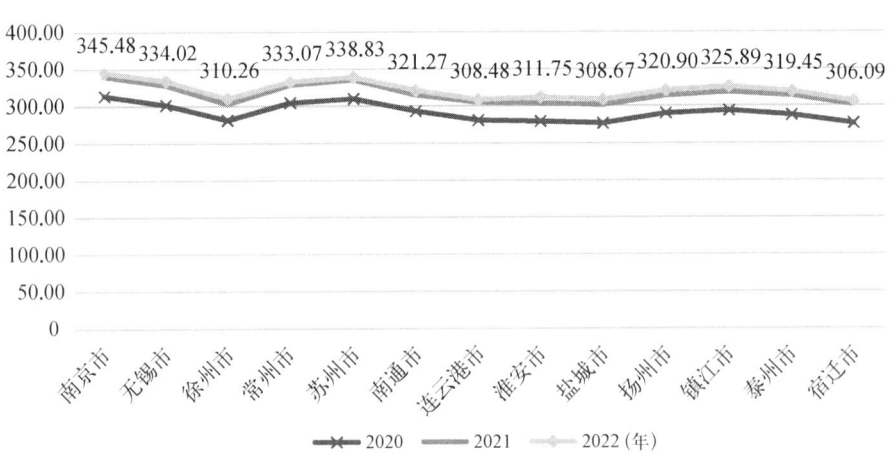

图 2　江苏各市金融科技发展水平

2. 金融科技覆盖广度稳步拓展，使用深度呈波动下降

从金融科技的覆盖广度看（如图 3 所示），江苏各市金融科技发展的覆盖指数呈逐年增长趋势，各市平均水平由 2020 年的 291.22 增长至 2022 年的345.91，与总指数变化趋势相同，年均增幅约 9.4 个百分点。从 2022 年数据看各市情况，如图 4 所示，南京市、苏州市、无锡市和常州市的金融科技覆

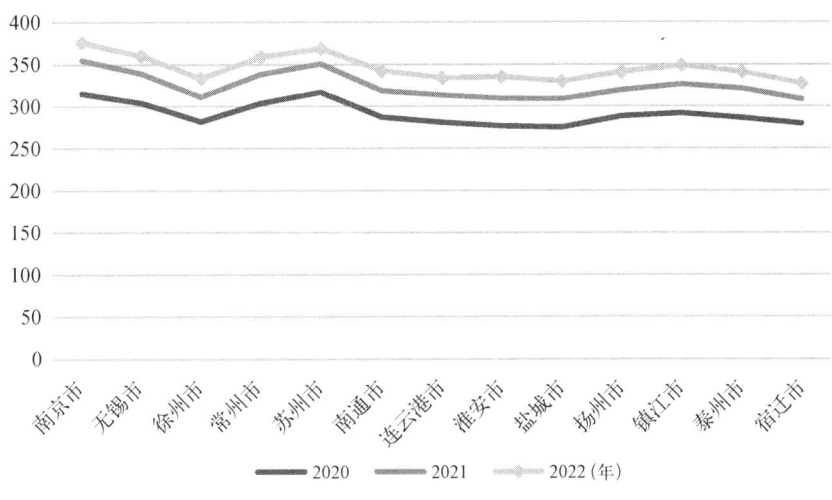

图 3　江苏金融科技发展覆盖广度情况

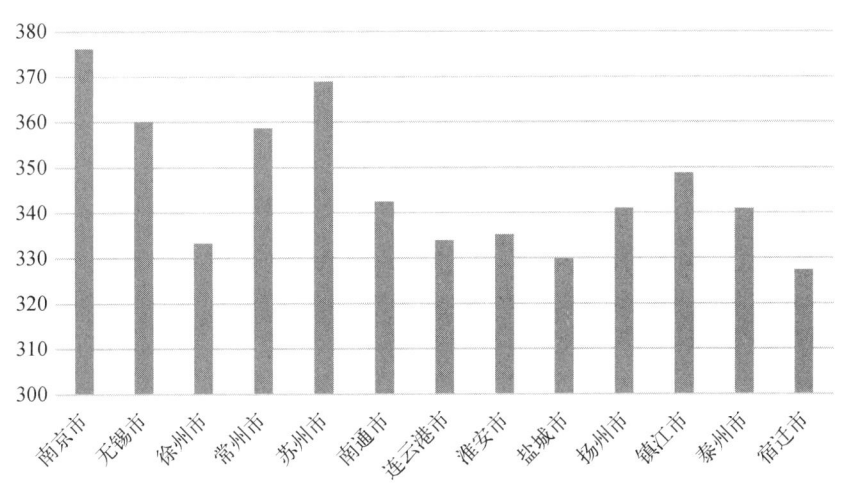

图 4　2022 年江苏各市金融科技覆盖广度指数情况

盖广度水平较高，与总体水平分布情况相一致，其次是镇江市、南通市、扬州市、泰州市，而淮安市、连云港市、盐城市、宿迁市、徐州市水平较低。

从金融科技的使用深度看（如图 5 所示），江苏省十三市金融科技使用深度指数均值呈波动下降趋势，由 2020 年的 280.23 先上升至 2021 年的 297.45，后下降至 2022 年的 275.74，较上一年下降了 7.3%。从江苏各市情

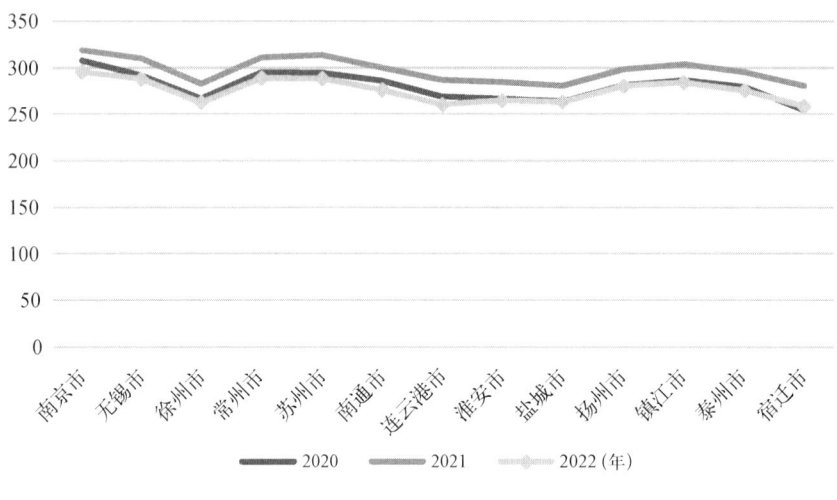

图 5　江苏金融科技发展使用深度情况

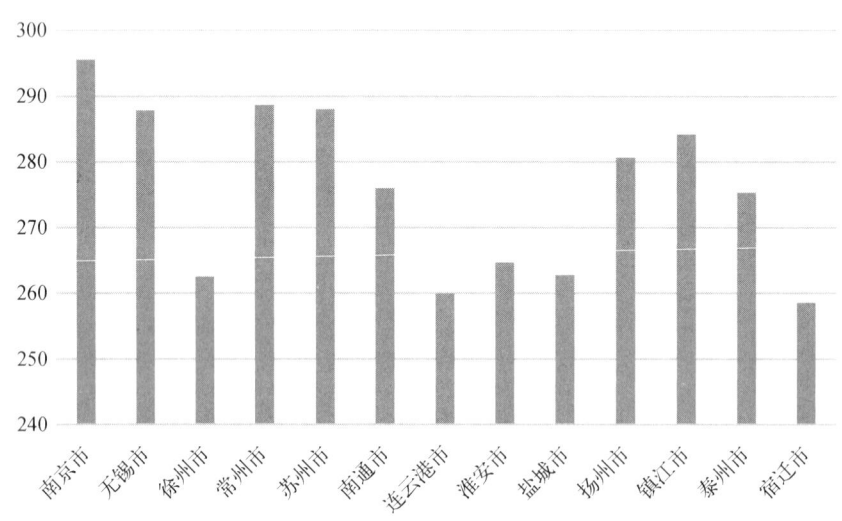

图 6　2022 年江苏各市金融科技使用深度指数情况

况看（如图 6 所示），金融科技使用深度指数较高的城市有南京市、常州市、苏州市、无锡市，此外镇江市、扬州市、南通市和泰州市使用深度指数也较高，排名靠后的城市有淮安市、徐州市、连云港市、盐城市和宿迁市。

具体地，金融科技支付深度可从支付业务、投资业务和信贷业务三个维度衡量，反映地区消费者运用新型金融科技手段所产生的各类信贷活动总量。从支付业务看（如图 7 所示），江苏各市金融科技支付业务指数均值呈逐年下降趋势，由 2020 年的 311.99 下降至 2022 年的 288.58，年均降幅 3.8%。从各地级市支付业务指数排名看，分布态势与使用深度总体情况相似，排名靠前与靠后的城市指数变动幅度不大，处于中间位置的泰州市支付业务指数较使用深度指数偏低。

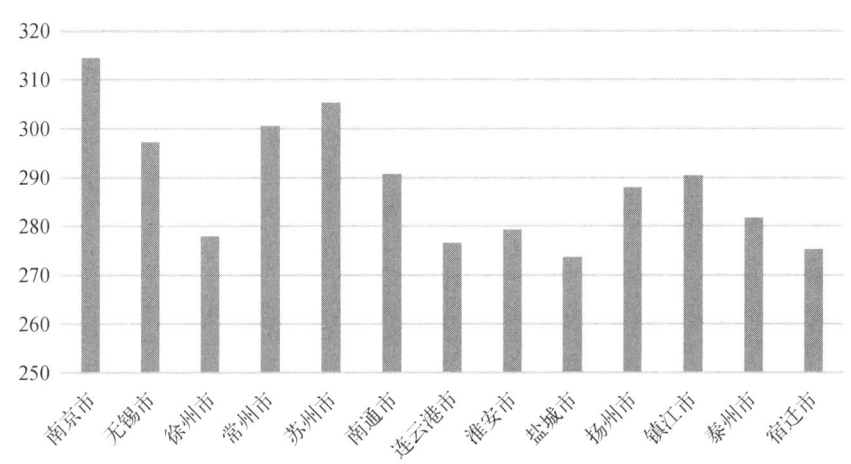

图 7 2022 年江苏各市金融科技支付业务情况

从投资业务看，江苏金融科技投资业务指数呈先升后降趋势，由 2020 年的 274.15 上升至 2021 年的 339.62，后降至 2022 年的 283.87，较上一年降幅达 16.4%。从各地级市情况看（如图 8 所示），江苏各市的投资业务指数分布差异较小，主要表现为支付业务中处于第二梯队的扬州市、镇江市、泰州市等市，与第一梯队的南京市、苏州市、无锡市、常州市四市差距缩小。

从信贷业务情况看，江苏省信贷业务指数呈波动增长趋势，指数均值由 2020 年的 183.47 上升至 2021 年的 201.43，后小幅下降至 2022 年的 200.07，年均增幅达到 4.5%，但信贷业务指数整体偏低，每年均值远低于使用深度均值，这表明金融科技在信贷业务上的运用相对薄弱。从各市情况看（如图 9 所示），金融科技信贷业务指数分布情况与支付业务、使用

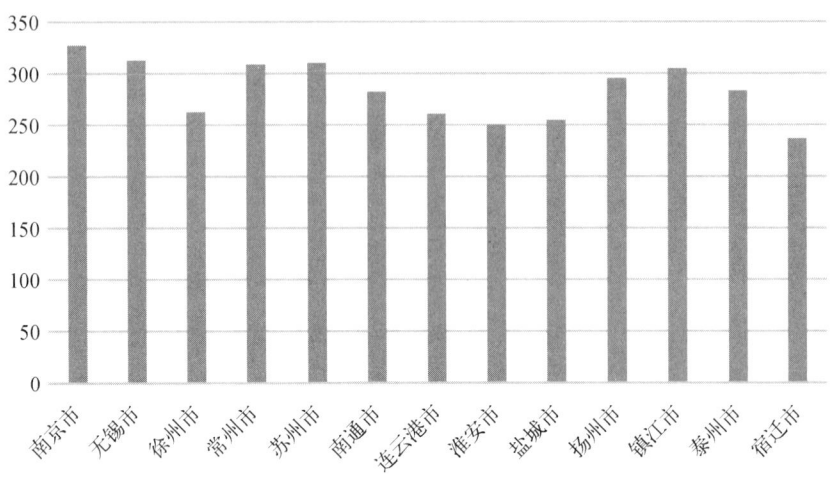

图 8　2022 年江苏各市金融科技投资业务情况

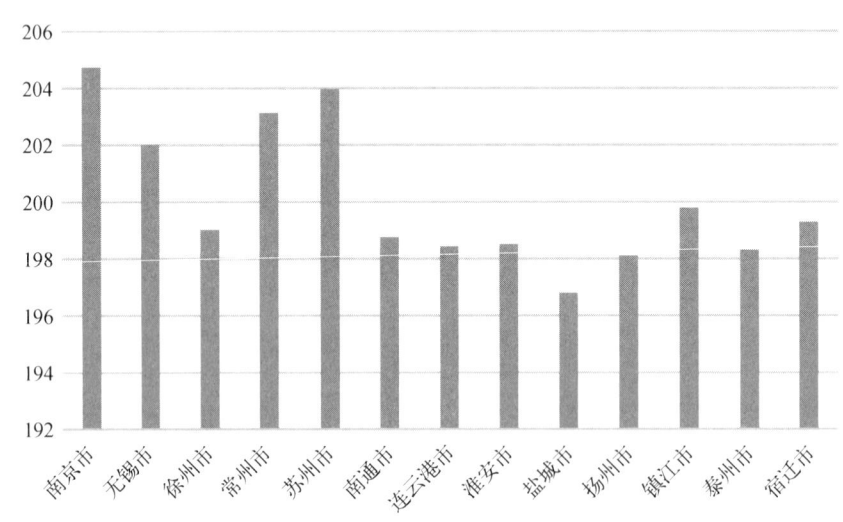

图 9　2022 年江苏各市金融科技信贷业务情况

深度整体情况相似，各市存在明显差距，苏州、无锡、常州、南京四市排名前列，其次是镇江市和宿迁市，值得注意的是，使用深度指数排名靠后的宿迁市，其信贷业务指数较高。

3. 金融科技数字化程度逐年提升，区域差异仍然存在

从金融科技的数字化程度指数看，江苏省各市数字化程度呈逐年稳定

增长趋势，由 2020 年的 312.05 上升至 2022 年的 326.27，年均增幅 2.3%。从各市情况看（如图 10 所示），不同城市数字化程度指数分布存在较大差异，指数排名靠前的城市仍是苏州、无锡、常州、南京四市，除连云港市指数较低外，其余八市指数分布差距较小，且部分苏北城市如南通市、泰州市、宿迁市、徐州市、盐城市等数字化程度指数较覆盖广度指数有较大提升。

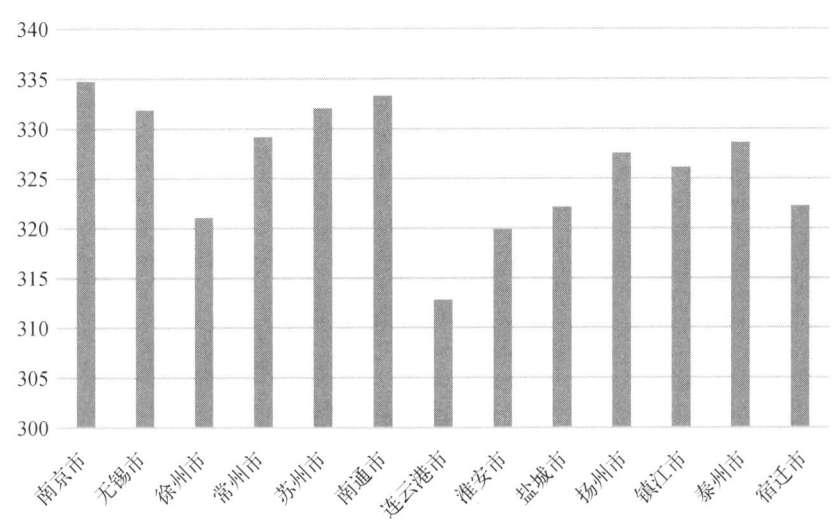

图 10　2022 年江苏各市金融科技数字化程度情况

从以上数据可以看出，江苏省金融科技发展整体水平相比上海、浙江较低，但增速较快。各项分指数中，覆盖广度指数历年均值高于使用深度、数字化程度指数均值，说明江苏金融科技运用覆盖面较广，其次是数字化程度，而使用深度指数得分较低，造成使用深度指数得分低的原因可能在于信贷业务指数偏低，拉低了整体均值。从各地级市差异看，各市覆盖广度和使用深度指数差异较大，数字化程度差距相对较小，说明江苏各市金融科技的数字化程度发展步调较为一致，但应用总量及支付、投资、信贷业务的使用深度存在明显的地区差异。

三、江苏金融科技发展的优势及短板

（一）优势分析

1. 金融支撑坚实有力，金融科技水平领先

根据江苏省统计年鉴的数据，2020—2022 年江苏省金融业地区生产总值呈逐年增长趋势，由 8 245.23 亿元增长至 9 689.87 亿元，年均增幅达到 8.8%，占全省 GDP 比重由 2021 年的 7.7% 上升至 2022 年的 7.9%，是江苏服务业的重要产出构成。苏南地区金融支柱产业地位日渐稳固，以苏州市为例，2023 年金融业占全市 GDP 比重达到 10.1%，占比首次突破 10%。

从金融规模总量看，江苏存贷款规模持续扩大，江苏省金融机构人民币存款余额由 2020 年的 17.26 万亿元增长至 2022 年的 21.22 万亿元，年均增幅达到 11.5%；人民币贷款余额由 2020 年的 15.45 万亿元增长至 2022 年的 20.39 万亿元，年均增幅达到 16%。从社会融资规模看，江苏省社会融资增量 2021 年和 2022 年分别达到 3.4 万亿元和 3.7 万亿元，在全国省份中排名第一。

从金融科技发展整体水平看，2022 年江苏省金融科技指数水平（424.06）居全国前列，仅落后于上海市（460.69）、北京市（452.83）和浙江省（440.04），其中，信贷指数（281.83）和数字化程度指数（461.92）位居全国第三，仅低于上海市（289.69、467.17）和浙江省（293.68、464.15）。江苏领先全国的金融科技水平为金融业的发展，以及金融与实体经济的深度融合发展奠定了良好的金融生态基础。

从科技金融的发展情况看，2023 年，江苏监管局会同省科技厅、工信厅、知识产权局开展了"科技金融深化年"活动，统筹推进科技金融服务。截至目前，江苏省银行机构共推出"云知贷""鑫 e 科企"等 126 款特色科技金融产品，并推出"科技型企业信贷产品便捷通"，便于科技企

业一站式查阅和办理。根据江苏省科学技术厅发布的数据，截至 2023 年末，江苏省科技企业贷款余额达到 1.65 万亿元，较年初增长 27.94%，高于各项贷款增速 13.76 个百分点，其中，中长期贷款和信用贷款占比为 32.12% 和 36.11%，分别较年初提升 2.5 和 4.8 个百分点。科技金融的迅速发展为金融科技在科创金融领域的应用奠定了坚实的基础，同时也促进了金融科技在其他金融领域的深度应用。

2. 金融改革试点成效显著，集聚优势推进金融创新

江苏省多市落地金融改革试点区，对数字人民币、金融科技创新监管等开展国家级试点项目，苏州昆山金融改革试验区已落地 50 多项创新成果，其中，20 多项为全国、全省首创。南京市获批建设国家级科创金融改革试验区，南京建邺区以科创金融改革试验区建设为契机，探索打造科创金融改革试验区核心区，截至目前汇集了金融科技相关企业 60 多家，强化了金融科技集聚效应；创新构建了"载体＋基地＋政策＋N 个平台"的金融科技生态架构，全面提升区域金融科技产业生态建设和金融业数字化水平综合实力，力争更多示范性金融科技首发场景和重大平台落地。这些举措加快了金融科技的创新与应用速度，激发了江苏科技金融和绿色金融等在产品、模式及制度方面的创新。

江苏持续深化金融创新，不断提升政策性金融产品的融资支持便利性，加强金融科技的推广应用，在全省范围内推广数字人民币在消费端和供给端的应用，拓展零售支付领域、公共领域、普惠领域的数字人民币应用，积极探索重大战略领域应用，不断提升数字人民币的系统稳定性和流程便捷性，增加数字人民币适用场景，初步建立较为完善的数字人民币应用生态，同时建立成熟的风控机制，把控数字人民币运用风险，提升支付体系运行效率。

金融机构积极推进数字化转型，江苏省鼓励金融机构运用科技手段

提升服务水平，为科技型企业提供精细化、定制化金融产品。鼓励有条件的金融改革试验区积极探索数据交易，建立数据资源交易平台，开展资产数字化、数字资产交易等工作，推进数据要素资产化进程。截至目前，苏州已有 51 家数字金融实验室、数字金融创新中心、金融科技子公司落地，全市集聚数字金融生态圈企业超 700 家，发挥了良好的数字金融产业集聚示范作用。

（二）短板分析

1. 金融科技使用深度有待加强

从前文金融科技指数分析结果可知，尽管江苏整体金融科技发展水平领先全国，但使用深度指数相对较低，从其主要构成看，信贷指数均值低是造成使用深度指数低的主要因素。信贷指数侧重反映个人消费贷和小微经营贷情况，从金融机构业务归属看，多被归为普惠金融业务，该指数偏低说明江苏仍须加大发展普惠金融业务力度，通过推进普惠金融的基础支撑力度，提升金融科技在普惠金融领域的应用深度。

2. 数字化转型带来诸多挑战

随着金融科技与金融产品融合程度的不断加深以及应用场景的日益拓展，金融机构不仅要优化产品和服务，更需要在组织管理、战略等方面进行全面升级，金融科技监管也面临较大挑战，这就对金融机构数字化转型提出了更高要求。发展金融科技需要打破传统组织部门边界，这对业务团队与科技团队的高度协同提出了更高要求，但从目前江苏各市调研材料看，或多或少均存在金融机构研究能力和专业团队建设滞后于金融科技发展要求的现状，传统金融机构对新产业等项目的技术特征、市场风险、发展前景等方面缺乏准确把控能力，专业技术团队建设亟须加强。

3. 金融服务配套政策有待完善

金融科技深度发展缺乏完备的制度体系和市场环境。金融机构的数字化转型刚刚起步，仍面临较大的基础性制度壁垒。围绕金融发展"五篇大文章"，江苏现阶段各领域的金融服务配套政策略显不足。以科技金融为例，仍存在诸如知识产权价值评估和流转机制不健全等基础性制度瓶颈；在绿色金融发展方面，对生态产品价值的评估体系也未形成全省统一的评价标准体系，这些均限制了科技与金融的深度融合发展。

4. 面临衍生新型金融科技风险

金融行业面临发展新型金融科技应用带来的潜在风险。金融机构要在保证传统体系运营的同时，推进数字化转型，这对金融机构科技管理的成本收益分析和风险控制能力提出了更高要求。在运用金融科技进行创新升级的过程中，金融机构会面临衍生新型风险的挑战，主要体现在技术安全和数据安全风险方面。金融机构除了要保证传统业务的运营，还应防范网络攻击、系统故障、人为失误等原因导致的技术安全风险，以及数据丢失、功能异常、数据泄露和滥用等数据安全风险。而当前金融机构普遍缺乏系统的安全防御机制，对此类风险的监测和预警能力不足。

（三）金融科技发展的影响因素分析

基于前文对江苏金融科技发展的优势和短板分析，现从金融供给、需求和政策三种视角出发，对影响金融科技发展的因素做出一般性概括。

1. 基于金融供给端的视角

首先，金融业发展水平是影响金融科技发展的首要因素。金融行业的发展水平是金融科技发展的根基，一个地区金融基础是否坚实，是金融科技发展速度、使用深度能否得到长效发展的前提基础。传统金融机构在面临新兴金融科技时，亦是挑战与机遇并存，金融科技对传统金融业务虽然有威胁，但是对金融机构而言，若能顺势应用金融科技，转变业务模式，依托大数据支持，则能更加快速地拓展金融业务。对于金融业发展基础较好的地区，金融科技已经基本实现业务全面覆盖，这些地区的金融机构主要任务是加强金融科技在支付业务、信贷业务、保险业务等领域的使用深度，加快金融机构数字化转型速度。

其次，金融业信息化水平会影响金融科技的发展与应用。德温曼·斯菲尔德认为，信息技术的发展会带来技术创新，促进相关行业成果的转化，例如，金融服务的自动化、电子化设备，以及通信设备的迭代升级（如 ATM 机、网上银行的使用），极大地提高了金融服务的触达能力，提高了金融服务的效率。随着互联网成为人们日常生活最重要的工具，依托互联网技术的金融科技与智能电子设备的结合，也发展出更多符合人们便捷化需求的金融产品。

最后，科技创新水平决定了金融科技的发展高度。金融科技的发展起源于互联网、大数据等新兴技术的支持，技术创新为金融服务功能的实现提供了基础设施，也不断驱动着金融创新。随着人们使用互联网等技术的频率越来越高，消费者和企业在不同场景中的信息数据，能为金融科技企业评估客户信用、对金融交易进行定价等提供充足的数据基础，一定程度上缓解了信息不对称带来的金融交易活动受限。金融科技公司利用数据资产，不断创新资金融通模式，挖掘更多传统金融触达不到的"边缘群体"价值。

2. 基于金融需求端的视角

从金融需求的视角看，金融包容性和长尾群体金融需求均会影响金融科技的发展。金融包容性指金融产品和金融服务的覆盖广度，传统金融发展模式下，主要体现为金融机构 ATM 机和营业网点的分布密度，而这与金融机构的固定成本息息相关。出于规模经济的考虑，金融机构传统运营模式忽略了只存在小额支付和储蓄交易需求的低收入群体，服务的客户和覆盖范围都相对集中在经济发展较好地区。这就为金融科技产品在金融业相对不够发达的地区的发展提供了机会，例如，支付宝和微信支付发展迅猛的原因之一是我国信用卡渗透率较低。

随着金融业发展的不断深入，传统金融体系也试图覆盖更多群体的金融需求。但小微企业、农户、低收入群体等往往被排除在传统金融业务之外，这就使得市场存在大量的长尾群体金融需求。金融科技的发展，使金融机构拓展长尾群体金融业务成为可能。借助金融科技，使得为长尾群体提供小微金融服务的成本、效率均得到了极大优化，金融科技企业能充分利用长尾客户群体，积少成多地聚合金融需求，充分发挥金融科技的普惠性能。

3. 基于政策端的视角

现阶段监管政策对金融科技发展评估不足，金融市场的信息不对称问题始终存在。基于这一前提，监管者在数据、信息不足的条件下，会出现对金融科技应用、发展情景评估不足的情况，而被监管者有足够强烈的动机去规避监管以获得最大利益，这就可能造成被监管者向监管者提供的数据有所失真，进而引发金融市场中的逆向选择风险，出现金融科技产品的"劣币驱逐良币"，例如，近几年发生的P2P、现金贷等问题。

此外，金融法律存在滞后性。金融创新往往是超前于现行法规的，由于法律具有一定的滞后性，可能出现法律制约金融科技创新速度的情况，在某个阶段会制约金融科技的发展。由于金融科技的发展与应用超过现行法律所覆盖的范围，部分金融科技的创新业务处于尝试运行阶段，亟须出台相关法律法规对其进行规范、引导。

四、提升江苏金融科技发展水平的路径

基于江苏金融科技发展的现状、优势以及短板分析，结合金融科技发展的相关影响因素，本部分将从金融科技的供给端、需求端和政策端三个维度，提出江苏进一步提升金融科技发展水平的路径，为金融科技驱动高

质量发展提供可行的对策建议。

（一）提高金融科技发展的供给质量

1. 加强金融科技生态环境与配套设施建设

围绕金融"五篇大文章"，在科技金融、绿色金融等领域积极开展配套基础设施建设，在农村地区加大普惠金融支撑力度，推动 5G 基站、物联网及人工智能等数字化基础设施的建设进度，提升农村地区智能终端普及率。加快构建大数据共享与交易机制，提高金融机构对区域尤其是农村偏远地区的大数据分析和挖掘效率，进而优化数字金融风控手段，完善农村征信体系，为金融科技推动普惠金融创新提供有效支撑。完善知识产权价值评估和流转机制、生态产品价值评估体系等建设，形成全省统一的机制与标准，为金融科技与科技金融、绿色金融的深度融合奠定良好的生态基础。

2. 搭建金融科技创新平台，不断提升金融服务质效

鼓励各市因地制宜地建设创新平台，例如，苏州应凭借数字人民币的良好发展势头，率先打造智能合约服务平台，拓展数字人民币在消费端和供给端的应用场景，协同金融科技企业，共同建设以智能合约为核心的数字人民币服务平台，探索在全省乃至全国推广应用的数字人民币发展模式，借助当地产业集聚形成良好的金融生态体系，提升金融科技的服务质效。

3. 建设金融科技专业团队，加强人力资本投入

技术和智慧是金融科技领域的主要价值来源，高层次人才是金融科技发展的必要因素。金融机构应着力打造科技人才队伍，提高专业人才的综合知识储备，提升团队服务金融科技发展的效率。建立数字金融等领域人才培训体系，定期开展培训，不断更新金融科技发展前沿技术与实际操作。加强与金融同业、高校、研究院等机构的培训合作，鼓励研究机构培养专业金融科技人才，尝试开设区块链、人工智能等金融科技的相关课

程，鼓励科研人员围绕金融科技领域进行探索创新。借鉴江苏金服开展的针对金融机构及第三方机构的定制化培训课程的经验，推动金融科技培训服务机构的发展，打造专业培训咨询的江苏品牌。

（二）激活金融科技发展的有效需求

1. 拓展金融科技应用场景，实现金融科技的多元化应用

构建"智慧＋产业"的金融科技平台，推动金融科技在农业、工业、服务业的纵深应用，以大数据、云计算、物联网及区块链等核心技术为驱动，大力发展供应链金融业务。借助农业、工业企业的供应链体系，融合金融科技，实现智能化供应链金融业务管理，完成对传统农业、工业企业的数字化改造，智能化采集供应链体系产生的大数据，并通过云计算和区块链技术赋能供应链金融。借助物联网技术，加强与智能合约的融合，实时监控生产信息数据，减少供应链主体的信贷风险。

2. 创新金融科技产品与服务，扩大长尾群体覆盖范围

推动金融科技与普惠金融、绿色金融、科技金融等领域的融合，进一步拓宽长尾群体的覆盖范围，为中小微企业、低收入群体等长尾客户群体提供更加便捷的金融服务。加大普惠金融等领域的创新力度，鼓励应用金融科技创新产品，在经济发展相对落后地区，推动普惠金融的可持续发展，为低收入群体提供更高效率、更低成本的优质金融产品，打通金融服务通往客户的"最后一公里"，提升偏远地区的金融服务覆盖面。在经济发展相对较好地区，借助数字技术发展移动金融业务，突破地域限制，不断优化金融业务模式，拓宽金融服务边界，使得普惠金融切实惠及传统金融服务难以企及的长尾群体。

3. 加强消费者金融科技知识普及，提高金融消费者风险意识

金融科技本身就是一把双刃剑，既能提升金融效率，但同时也会为使用者带来一定风险。当前，我国关于金融消费者保护的法律法规不够健

全，缺乏专门的组织机构，投诉处理平台不健全，这就要求消费者在享受金融服务的同时，也要树立风险防范意识，尤其是面对新兴金融科技产品，要加强专业知识的学习，提高对金融创新产品的认识，提升自身甄别各类金融产品质量的能力，树立自我防范和风险意识。金融消费者要坚持适当性原则，避免盲目投资行为。

政府、金融机构及相关社会组织应加强对投资者的专业知识教育，普及群众对金融科技的了解，引导其进行科学的投资理财。金融机构在推广金融业务的同时，要充分重视对居民投资观念的培养，提高群众的风险防范意识和投资理财能力。对于数字货币等新兴事物，及时发布政策通知、金融机构官网说明等，普及大数据、云计算等技术知识，避免市场对政策的片面理解，同时也谨防政策在执行过程中出现方向偏移。金融从业主体应勇于承担责任，健全完善金融消费者投诉平台，建立合理有效的纠纷化解机制，应对新型金融科技产品发展带来的新情况。

（三）建立健全金融科技监管体系

1. 构建金融科技管理平台

金融机构数字化转型时期需要建立完备的金融科技管理平台，减少由于信息不对称而导致的逆向选择和道德风险问题，提升金融机构应对衍生新型金融科技风险的能力。同时，也需要政府及时制定出台相应法律法规，对数据要素流动加强监管，构建全省统一的金融科技管理平台，强化数据的分类管理，加强信用数据与风险控制系统的互联互通。对于农村偏远地区金融业务的拓展，要减少由于数据收集和使用边界不清晰所导致的"数字排斥"现象，明确数据使用边界和存储安全，保障低金融素养人群的金融风险知情权。

2. 优化金融科技监管模式

遵循经济发展和金融发展的基本规律，在坚持中央对金融工作集中统一监管的同时，优化地方金融科技监管模式，对经济发展程度不同地区的金融科技发展应实行差异化监管，避免因过度监管而产生部分金融科技创新政策、产品等无法落地。逐步实施金融服务的精细化监管，结合不同领域金融体系特征及客群特征，对科技金融、数字金融、普惠金融、养老金融、绿色金融等体系实行精准化监管，达到对金融机构、金融科技企业及业务平台的有效监管。

3. 建立系统的安全防御机制

金融机构持续推进数字化转型过程中，建立适应金融科技发展的防御技术架构，完善现有安全保护系统和数据访问控制管理机制，实现对网络风险的实时监测和预警。同时，积极应对数据安全风险，如数据泄露、滥用、篡改等导致的客户信息泄露，加强对数据隐私和安全的保护，健全数据治理体系，规范数据管理流程。

4. 推进数据灾备中心建设

鼓励金融机构设立同城及异地的数据灾备中心，打造安全、高效、开放、共享的大数据平台，建成数据复制、同步或异步传输、恢复等功能的备份数据库，提升金融机构的灾备恢复能力。在符合国家制定大数据标准的同时，面向同业及社会提供数据运用、数据交易、人员培训等多种服务，打通政府、金融机构之间的数据壁垒，实现数据的安全共享。

参考文献

［1］刘元雏、陈亚军：《金融科技如何提升企业全要素生产率？——基于战略性新兴产业视角》，《现代经济探讨》2024 年第 7 期，第 89—101 页。

［2］吕承超、何加豪：《中国金融科技发展的区域差异、分布动态及收敛特征》，《财经问题研究》2023 年第 4 期，第 43—57 页。

［3］胡俊、李强、刘颖琛、曾勇：《商业银行金融科技对零售贷款的影响——基于年报的文本分析》，《管理评论》2021 第 33 卷第 11 期，第 298—311 页。

［4］龚强、班铭媛、张一林:《区块链、企业数字化与供应链金融创新》,《管理世界》2021 年第 37 卷第 2 期, 第 22—34、3 页。

［5］盛天翔、范从来:《金融科技、最优银行业市场结构与小微企业信贷供给》,《金融研究》2020 年第 6 期, 第 114—132 页。

［6］黄锐、赖晓冰、唐松:《金融科技如何影响企业融资约束? ——动态效应、异质性特征与宏微观机制检验》,《国际金融研究》2020 年第 6 期, 第 25—33 页。

［7］李春涛、闫续文、宋敏、杨威:《金融科技与企业创新——新三板上市公司的证据》,《中国工业经济》2020 年第 1 期, 第 81—98 页。

［8］巴曙松、白海峰:《金融科技的发展历程与核心技术应用场景探索》,《清华金融评论》2016 年第 11 期, 第 99—103 页。

［9］谢治春、赵兴庐、刘媛:《金融科技发展与商业银行的数字化战略转型》,《中国软科学》2018 年第 8 期, 第 184—192 页。

［10］王均山:《金融科技对商业银行零售业务盈利的影响研究》,《湖北社会科学》2020 年第 10 期, 第 81—88 页。

［11］胡俊、李强、刘颖琛、曾勇:《商业银行金融科技对零售贷款的影响——基于年报的文本分析》,《管理评论》2021 年第 33 期, 第 298—311 页。

［12］VIRGINIA M, OONA V, EMIL S, "The digital transformation and disruption in business models of the banks under the impact of FinTech and BigTech", *Proceedings of the International Conference on Business Excellence*, 2020, No.14, pp.294–305.

［13］邱晗、黄益平、纪洋:《金融科技对传统银行行为的影响——基于互联网理财的视角》,《金融研究》2018 年第 11 期, 第 17—29 页。

［14］陈春、肖博文:《金融科技对中小企业融资效率的影响研究》,《科技与经济》2023 年第 2 期, 第 61—65 页。

［15］郭品、程茂勇、沈悦:《突发公共事件、金融科技发展与银行风险承担》,《南开经济研究》2021 年第 5 期, 第 37—55 页。

［16］杨松令、刘梦伟、张秋月:《中国金融科技发展对资本市场信息效率的影响研究》,《数量经济技术经济研究》2021 年第 8 期, 第 125—144 页。

［17］何加豪、崔媛:《数字化背景下中国省域金融科技发展水平评价研究》,《金融理论与教学》2024 年第 2 期, 第 21—29、59 页。

［18］张红伟、林晨、陈小辉:《金融科技能影响金融分权吗? ——来自金融科技

信贷的证据》，《经济与管理研究》2020 年第 11 期，第 77—91 页。

[19] 杨东：《监管科技：金融科技的监管挑战与维度建构》，《中国社会科学》2018 年第 5 期，第 69—91、205—206 页。

[20] 皮天雷、刘垚森、吴鸿燕：《金融科技：内涵、逻辑与风险监管》，《财经科学》2018 年第 9 期，第 16—25 页。

[21] MUGANYI T, YAN L N, YIN Y K, et al，"Fintech, regtech, and financial development: evidence from China"，*Financial Innovation*, 2022, No.1, pp.268–287.

[22] 姚婷、宋良荣：《金融科技对商业银行信用风险的经济资本影响研究》，《科技管理研究》2021 年第 1 期，第 104—110 页。

[23] 王奕婷、罗双成：《金融科技与商业银行经营绩效——基于风险承担的中介效应分析》，《金融论坛》2022 年第 4 期，第 19—30 页。

金融科技与绿色金融的发展

党的二十大报告提出，"积极稳妥推进碳达峰碳中和""完善碳排放统计核算制度"的要求，"精准化"是基础支撑，金融科技是抓手。中国人民银行印发的《金融科技发展规划（2022—2025年）》也强调要加大金融科技赋能绿色金融发展。例如，通过运用数字技术进行绿色定量定性分析，提高碳足迹计量、核算和披露的水平；重点加强绿色企业和绿色项目的智能识别能力，为企业提供多样化的绿色金融产品和服务，如绿色信贷、绿色债券、绿色保险和碳金融；利用大数据、人工智能等技术建立绿色信息监测与分析模型，提升绿色金融风险管理的能力。金融科技已成为发展绿色低碳循环经济、赋能绿色金融高质量发展的关键要素。

一、金融科技发展趋势及其在绿色金融中的赋能表现

（一）金融科技关键技术发展趋势

1. 技术驱动金融中后台基础设施升级

金融机构在当前面临金融数据中心需求过载、资源不足和能效较低等问题，这给其运营带来了一定程度的压力。然而，金融机构对于数据中心的需求并非仅限于提高资源利用率和业务弹性，更为重要的是关注在单位能耗下的运算性能和算力需求。为解决这些挑战，新型数据中心需要具备安全、快速、绿色和智能的特点。其中，超融合架构是一种解决方案，可以实现统一管理和调度计算、存储、网络等资源，从而满足金融行业对高

可靠性和安全性的需求。这种架构能够提高数据中心的灵活性和响应速度，有效应对快速变化的业务需求。另外，数据中心预制化是另一个值得关注的方向。通过采用预先设计和预先制造的框架，数据中心的扩展速度可以大大加快，以满足金融业务快速迭代的需求。此外，神经网络算法和优化控制技术的应用也可以帮助数据中心实现最佳能效和环保。这些技术可以根据实时数据和需求进行计算资源的智能分配和优化，提高数据中心的能源利用效率。同时，运用物联网（IoT）、人工智能（AI）等技术可以实现数据中心的无人化和智能运维。通过远程监测、故障预警和自动化管理等手段，可以大幅降低运维成本和风险，并提升运行效率。随着云计算在金融业的深度应用，解决了原有金融业 IT 架构高成本、难扩展、不灵活等难题，但仍无法有效满足金融业对数据传输、交易速率和本地数据安全性等多方面要求。在此背景下，边缘计算受到广泛关注。从技术应用来看，金融业将更主动拥抱云边协同。例如，在多家银行开展的 5G 智慧网点改造中，借助云边协同，实现了银行网点业务智能、能耗智能、安防智能，提高网点运营效率，并保证关键数据的安全；在金融决策分析中，利用移动终端设备附近部署的边缘节点，收集和分析金融终端数据，筛选和处理高实时数据，而将非实时数据在云端进行后续处理，提高风控业务的及时性和准确性。

加速金融中台建设也成为大型金融机构提升金融产品创新和敏捷开发的重要战略。以证券业为例，中信建投上线"致胜中台"，强化平台共享，提升业务效率。在业务需求驱动下，多技术集成创新，助力金融中台持续升级。基于云原生架构体系的敏捷开发、协同管理、监督预警等内容是技术中台的关键，边缘容器、多级群管理、容器安全等成为新的技术热点；大数据、人工智能等技术工程能力及数据资产建设是数据中台的核心，图分析、数据湖、数据研发运营一体化（DataOps）需求旺盛，推进数据中台智能化升级；数据、服务项目可高效协同、规模化复用是业务中台的关键，服务网格（service mesh）、分布式架构、API 等技术助力业务边界划分。未来，建设更加稳定与灵活、有效衔接前后台部门的金融中台，仍需要持续探索，迭代演进。

2. 分布式改造与开源技术应用助力金融科技自主创新

在基础架构方面，为了统一管理和灵活调度数据中心计算、存储、网络资源，金融机构联合科技企业推出了针对金融场景的各类分布式云平台解决方案，在云计算基础技术自主创新方面取得了较大突破。在数据处理方面，分布式数据库作为满足金融交易系统一致性、安全性、扩展性、可用性的有效解决方案，已经初步形成包括分析型、事务型、关系型、非关系型、混合型等在内的完善产品体系。从分布式改造的实现情况来看，越来越多的金融机构正在将分布式产品和技术应用于数字化转型之中，分布式改造也正在引领金融机构向自主创新发展方向。

随着开源技术、分布式架构等新技术架构在金融行业的深入应用，金融机构和科技企业在完成新一代信息系统建设的同时，也促进了产业生态的发展，包括芯片、操作系统、云平台、数据库、中间件等产品在内的金融科技自主创新生态不断成熟。在服务端，自主创新的虚拟化、容器云、分布式数据库等技术广泛应用，推动底层芯片与操作系统实现指令集、API 层面的原生支持，为上层软件和系统的适配调优提供先决条件；在用户端，基于高性能 CPU 的桌面终端及操作系统正在实现与金融机具、外部设备、应用软件等产品的相互认证和测试调优，用户使用体验不断提升。

3. 数据智能技术推动金融业数据要素价值释放

随着我国数据安全立法的不断健全，外部数据利用受限越来越明显，企业对自身数据治理与数据挖掘的重视程度大幅提升，而大量企业尤其是金融机构内部数据资产互联互通壁垒的存在，使数据资产的融合存储需求进一步凸显，数据湖技术成为满足这一需求的重要保障。作为集中式存储区，数据湖通过存储、处理和保护大量结构化、半结构化和非结构化数据，能够在不受数据大小限制基础上，为企业提供一个可伸缩的安全平台，企业可随时从任意系统中提取出任意类型及数量的全保真数据，并进行批量处理、分析与应用。

数据湖是一种整合和应用金融机构内部数据资产的技术工具。通过数据湖，金融机构可以自动导入全量数据资产，并对其进行永久归档和随时查询使用。数据湖可以连接金融机构内不同领域的数据资产，包括数据接口、数据标签、数据指标和第三方数据等，以支持各种业务场景。中国银行的 UDP-Dlake 数据湖平台是一个例子，它能够整合 278 个源系统的数据文件，为中国银行的数据分析和展现提供支持。

4. 区块链持续发挥信任价值

随着 5G、大数据、人工智能、物联网等数字基础设施的不断搭建与完善，区块链作为横向的、连接性的技术，可以在这些全新的应用点上发挥重要的信任搭建作用。同时，区块链技术融合其他技术，能够克服区块链技术本身的安全问题、存储问题、处理能力问题、扩展性问题、效率问题等。比如，借助 5G 网络，区块链系统的交易延时降低，速度将大幅加快。

区块链与其他技术的融合可以形成更适合实际应用场景的技术解决方案，并促进金融科技创新的服务模式。以区块链与云计算的融合为例，通过将区块链框架嵌入云计算平台，开发者可以获得方便、高性能的区块链生态环境和生态配套服务。区块链开放平台（BaaS）已成为重要的服务形式之一，支持开发者的业务拓展和运营支持。通过将区块链技术与大数据结合，金融业的数据资产可以被封装为可上链的数据对象，并通过唯一的赋码机制确保资产的唯一性，实现数据资产的确权和价值发挥。区块链与其他技术的深度融合可以为金融科技创新提供助力。

（二）金融科技在绿色金融发展中的赋能表现

1. 应用场景维度

金融科技为绿色金融提供了新的技术手段和解决方案，被广泛应用于绿色信贷、绿色债券、绿色保险、绿色基金、环境权益交易、碳金融等领域。然而，在绿色信托和绿色租赁领域的应用仍相对较少。尽管如此，金融科技的发展在推动绿色金融的可持续发展上起到了关键作用。通过数据驱动的风险评估、信息透明与准确性提升、金融服务创新、合规监管与风险防控以及协同合作促进发展等机制，金融科技为绿色金融的规范化和可持续发展提供了有力的支撑。

数据驱动的风险评估：金融科技可以通过提供大数据分析和人工智能技术，有效地评估绿色金融项目的 ESG 因素。金融科技公司可以利用丰富的数据资源，结合自然语言处理和机器学习算法，快速准确地识别和量化风险。这有助于投资者更好地了解绿色金融项目的实际状况，降低投资风险。

信息透明与准确性提升：金融科技可以通过区块链技术等手段，实现绿色金融产品和项目的信息透明度和准确性提升。通过建立去中心化的数据库，所有参与方都可以对绿色金融产品和项目的相关信息进行验证和监控，防止信息造假和欺诈，提高投资者信心。

金融服务创新：金融科技可以为绿色金融提供更多样化的金融服务和产品创新。例如，基于物联网、大数据和云计算等技术，金融科技公司可以开发出更灵活、定制化的绿色金融产品，满足不同投资者的需求。此外，金融科技还可以提供智能投顾、在线交易和结算等便捷的服务，降低投资门槛和成本。

合规监管与风险防控：金融科技可以通过建立智能合规与风险防控系统，帮助监管机构对绿色金融市场进行有效监管。金融科技公司可以利用监管科技手段，实现对绿色金融项目和产品的实时监测和风险评估，快速发现异常行为和风险因素，并及时采取相应的监管措施，保护投资者利益和市场稳定。

协同合作促进发展：金融科技可以促进各方之间的协同合作，推动绿色金融的高质量发展。通过金融科技平台，金融机构、企业和实体经济可以更加便捷地获取资金、资源和信息，推动绿色金融项目的落地和快速发展。此外，金融科技还可以提供智能合作工具，方便不同机构之间的信息共享和协同操作，提高工作效率。

2. 绿色金融科技提供主体维度

中国科技公司在绿色金融领域发挥着重要的作用，主要分为环境信息大数据提供商、以绿色金融为主业的金融科技公司、金融机构下属的科技服务子公司和互联网科技公司四类主体。这些公司通过运用前沿科技，为绿色金融的发展提供数据支持、技术保障和创新解决方案。相较 2020 年，2021 年以各类云服务商为代表的传统互联网科技公司积极拓展绿色金融服务与业务应用，为各类绿色金融场景提供系统性解决方案。同时，科技公司也正在布局并探索金融科技在绿色保险领域的应用。市场呈现出从推动单一产品创新到提供系统性解决方案、从服务信贷投放到助力绿色产业投资的转变。

相关科技公司在绿色金融领域中主要提供数据供给服务、系统开发服务、软件服务（SaaS）平台服务、针对具体业务场景的系统化解决方案与生态服务。《金融科技推动中国绿色金融发展（2022）报告》针对 61 家从事绿色金融科技服务公司的调研显示，40 家提供大数据服务、5 家提供信息系统开发服务、44 家提供 SaaS 平台服务、6 家提供综合解决方案与生态服务。样本企业的业务场景涉及了企业前端绿色数据采集、认证与集成、绿色识别、测算与贴标、事中环境风险管控、流程管理与能效管理、事后产品信息披露等多个环节。一些金融科技公司可支持同时面向多类主体开放，对接各产业部门，也出现了由提供单一服务向提供数据、工具及平台的系统性解决方案转变的趋势。

相关科技公司在绿色金融领域目前以服务金融机构、企业、政府部门为主，但在金融监管、个人用户应用场景方面的开发还较为有限。面向金融机构，科技公司主要是为其提供环境大数据信息服务和 ESG 资产、绿色资产识别与评价工具、绿色资产管理与监测平台；面向企业，科技公司主要为其提供融资对接平台、碳核算及能效管理工具；面向地方政府，科技公司则为其开发企业能耗与碳排放平台、金融机构绿色贷款绩效及环境信息披露等功能。但在金融科技助力监管部门环保违规监控与稽查、推动企业环境信息披露，以及个人绿色金融场景方面还未有较成熟的应用。

二、绿色金融发展中金融科技赋能的国内典型案例

（一）碳核算与碳资产管理：金融科技为碳金融提供系统化解决方案

构建碳排放核算体系是实现碳中和目标的基础性工作。通过统一的核算标准，可以明确产品生命周期各环节的碳足迹核算与管理，这对于控制总体温室气体排放至关重要。中国已经在全国范围内建立了七个区域性和一个全国碳排放权交易市场，以控制碳排放总量并激励企业努力减排。截至 2023 年 7 月 16 日，中国碳市场已成为全球最大的碳市场，累计成交量达到 2.4 亿吨，累计成交额为 110.3 亿元。物联网技术可以实现企业能耗与碳排放数据的全流程实时信息采集。通过金融科技系统性解决方案，能够实现能耗在线监测、能效管理、碳资产管理和交易等功能。借助人工智能模型，可以实现自动核算，并将结果纳入企业的碳账户。金融科技还提

供企业画像、碳信用、碳积分等金融数据产品。政府可以利用 SaaS 平台，实现对企业能耗和排放情况的精准掌握。通过健全的碳排放核算体系，为实现碳中和目标提供有力支持。碳排放核算体系将有助于控制总体温室气体排放，促进可持续发展，推动低碳经济转型。同时也需要继续推动技术创新，加强国际合作，共同应对全球气候变化挑战。

（二）转型金融：金融科技为企业"减碳"转型提供全过程量化与认证服务

在实现"双碳"目标的过程中，金融领域需要积极支持高碳企业向低碳转型。中国人民银行正在进行相关研究，以建立转型金融的标准体系和政策支持。转型金融主要面向传统高碳行业，包括电力、钢铁、建材、化工、纺织和交通等行业。目前的绿色金融框架在支持低碳转型方面存在不足，因此需要建立相应的转型金融标准体系和政策支持。金融科技可以提供系统性解决方案，促进转型金融的顺利进行。建立转型金融项目贴标、认证与监管平台，利用区块链技术集中减碳数据和指标，并向金融机构、企业和监管机构提供访问账号。这些措施有助于企业自查，帮助金融机构进行风险管理，并支持监管部门的监督和统计工作。通过建立转型金融的标准体系和政策支持，以及借助金融科技的应用，可实现高碳企业向低碳转型的目标。这将有助于中国实现"双碳"目标，并推动绿色经济的可持续发展。金融支持的转型能力强化，将为传统高碳产业提供更多的机遇和挑战，促进经济结构的调整和转型升级。

（三）ESG 评价与投资：金融科技将小微企业纳入绿色金融支持范畴

ESG 投资是指在投资过程中，重点考虑环境、社会和公司治理等因素的投资方式。在推动绿色发展的同时，需要将风险因素纳入考量范围，以减少投资风险。传统的 ESG 投融资主要关注大中型企业和项目，并通过项目申报来认定是否符合绿色标准。然而，小微企业和个体经营者往往难以达到绿色认定标准。其中，一个原因是这些企业缺乏 ESG 数据，管理流程不够健全，能源消耗管理的能力相对较弱。对于小微企业来说，贷款规模较小，且资料留存不完善，传统的项目申报制在审核与授信方面存在操作成本和风险成本较高的问题。为了促进普惠金融和绿色金融的融合发展，ESG 认定与评估需要更多考虑到普惠性。金融科技可以降低中小企业获取 ESG 数据的成本，提高信息的可得性。借助大数据技术，各部门的数据可以共享，从而丰富 ESG 模型评价的维度，提高评价模型的精确度。物联网、区块链、人工智能等技术可以解决数据更新不及时和环境数据缺失、填报数据真实性和可信度、绿色识别与认定、动态风险防控与预警等问题，帮助将金融资源向小微绿色主体倾斜。为了促进绿色金融和普惠金融的融合发展，湖州金融办已在原有 ESG 评价模型基础上率先研究并形成了面向中小企业的 ESG 评价工具。这一工具可以帮助中小企业更好地进行 ESG 评估，为它们获取绿色金融支持提供便利。

（四）绿色农业：数字技术赋能绿色农业投融资活动

中国各地对数字低碳农业的重视程度也不断提升，相关互联网公司、金融机构等市场主体也纷纷进军数字农业。尤其是在粮食生产领域，数字技术应用不断拓展深化，推动农业生产方式持续革命，这将对强化粮食安全、促进农业绿色低碳可持续发展产生积极深刻的影响。成都作为传统粮食主产区及四川省的省会城市，在利用数字技术促进绿色农业方面取得了可喜的进展。此外，成都积极探索数字农业平台与数字金融平台相对接的新模式，促进金融资源向农户有效倾斜，凸显了金融科技在支持绿色农业发展中的成效。成都"农贷通"平台作为农村金融数字化核心基础设施，不断深化拓展农村金融供需通道，通过与数字农业平台连接，将更多绿色农业主体高效融入现代农村金融服务体系，重塑农业生产流程和生产方式，不仅提升了农户的经营管理水平，更进一步提升了农户的市场竞争能力，为农户增收提供市场化的新路径。例如，借助数字农业平台资源及其与"农贷通"平台相连接的通道条件，金融机构能便捷高效捕捉并满足绿色农业资金需求，深化了普惠金融成效；由数字农业平台通过"农贷通"平台向银行推送农户资金需求，在数字技术带来高效精准的贷后管理条件下，银行通常给予农户破格授信并快速发放信用贷款；由数字农业平台通过"农贷通"将农户交易信息（如购买农资发票）推送给银行，在核心企业（数字农业平台运营方）、担保公司、银行机构共同分担风险的机制下，银行向农户发放贷款。

三、绿色金融发展中金融科技赋能的实践探索与瓶颈制约

（一）实践探索

1. 金融科技提升绿色金融资产规模

金融科技的引入推动了绿色金融的多元化发展，助力经济社会绿色低碳转型。以江苏省为例，江苏省通过发行绿色金融债券和债务融资工具，支持绿色涉农、绿色民营小微企业及碳减排项目。2023 年 1—6 月，江苏全省发行绿色金融债券 40 亿元，绿色债务融资工具 44.09 亿元；全省金融机构通过"苏碳融"和绿色再贴现支持绿色涉农、绿色民营小微企业 4 488 家，金额 867 亿元；累计落地碳减排支持工具 296.2 亿元，推动金融资源向绿色低碳领域有效倾斜。推动金融科技公司及会计、法律和信用评级等第三方中介机构良性发展，引导其在绿色企业上市、绿色债券发行等方面积极发挥专业优势。截至 2023 年 4 月，全省 A 股绿色上市公司达 34 家，首发融资额合计 227.14 亿元，覆盖绿色材料、绿色电力、绿色照明等多个领域。以江苏省综合金融服务平台为依托，在已建成的江苏省生态环境金融服务平台的基础上进行优化升级，形成了权威、实时的"绿色融资主体数据库"，不仅在绿色金融债券和债务融资工具的发行上发挥作用，

还为绿色企业提供其他金融服务，包括信贷、保险等，充分满足绿色经济的融资需求。截至 2022 年末，全省绿色金融综合服务平台一期建设完工，上线绿色金融产品 81 项，引入央行再贷款支持的"苏碳融"等政策性产品，已入库绿色企业 2 731 家，满足绿色融资需求 80.5 亿元。

2. 金融科技促进绿色金融工具创新

江苏省推动绿色投资的重点方向和需求概算

参考清华大学《中国长期低碳发展战略与转型路径研究》关于绿色投资测算的方法，结合江苏省情实际，课题组对未来绿色投资的重点方向进行分析，并对投资规模进行估算。

（一）低碳新兴产业投资。主要包括绿色战略性新兴产业、低碳未来产业和绿色制造体系。支持人工光合作用、新型绿色氢能、电力多元转化、生物基可降解材料、区块链等绿色未来产业投资，抢占产业技术制高点。按照每年投资 1 000 亿元测算，未来 40 年累计投资约 4 万亿。

（二）传统产业绿色低碳转型投资。主要包括布局优化、提标改造、工艺流程再造和智改数转。推动新一轮园区绿色化、循环化提标升级，有序提升能耗、水耗、环保、安全和技术等标准，推动节能增效、清洁生产、循环经济相关投资。探索高碳产业工艺流程再造，加快推进短流程炼钢、氢能冶金、一步法制烯烃、新型 IGBT、碳捕捉利用封存技术的应用推广。推动传统产业智改数转，以云计算、大数据、物联网等现代信息技术投资实现企业焕新。综合测算，未来工业领域每年在节能改造、清洁生产、循环经济、流程再造等投资在 1 000 亿元级别，累计投资约 4 万亿元。

（三）清洁能源投资。包括可再生能源开发利用和传统能源清洁化利用。预计未来40年江苏能源累计投资需求约4万亿元，其中，风电、光伏投资在万亿级别，储能、氢能、火电改造、特高压和智能电网投资在2 000亿元以上级别，其他生物质、地热能、核能等新能源也在1 000亿元级别。

（四）基础设施绿色升级投资。综合测算，未来40年基础设施绿色升级投资在10万亿元规模，其中，建筑领域和交通领域的低碳改造投资均在4万亿元级别（建筑投资主要包括超低能耗建筑、既有建筑节能改造；交通投资主要包括新能源车船替代、充电加氢基础设施投资等），预估在2 000亿元级别。

（五）绿色农业和生态环境投资。主要包括绿色生态农业、生态保护、生态修复等内容。投资构建现代农业产业绿色发展体系。提升生态碳汇能力，加快推进沿河廊道、生态防护林、沿海生态廊道。推进大气污染深度治理，开展美丽河湖保护与建设，加强陆海污染协同治理。按照生态建设和环境保护投资占GDP比重的1.5%，粗略估算，"十四五"期间年均投资约2 000亿元，未来40年累计投资约10万亿元。

根据《江苏省碳资产质押融资操作指引（试行）》，加快完善并推广碳资产质押融资操作模式，先后落地水权货、碳汇货、生态产品价值（GEP）贷等创新产品。在盐城市大丰区首创"金融＋湿地修复＋碳汇"模式，发放首笔湿地修复碳汇远期质押贷款1 000万元，为生态系统碳汇效益工作提供了"江苏范本"。聚焦知识产权金融创新，在优化完善知识产权质押融资模式的同时，进一步利用知识产权等数据信息对企业创新能力、竞争力和发展潜力进行综合评价，有效支持创新型中小企业通过知识产权获得"真金白银"。金融机构也积极开展绿色金融科技应用，涌现出一些具有示范效应的案例。例如，工商银行江苏省分行积极推动碳市场金融创新，承销碳中和债，推出碳排放配额质押贷款，发行"绿色＋科创"双贴标债券、低碳转型债券等。江苏银行自主研发了"苏银绿金"绿色金融专业化系统，实现绿色业务智能认定、环境效益自动测算、绿色客户分层分类；推出江苏银行绿色低碳信用卡，鼓励绿色出行形成"碳积分"，兑换相应权益。

3. 金融科技助力绿色金融风险防控

金融科技加强绿色企业的评级和征信，降低信用风险。例如，江苏银行自主研发的"苏银绿金"绿色金融专业化系统，搭建了以"智能化"主体畅通业务流程、"数据舱"夯实数据根基、"驾驶舱"掌控业务全景的"一体两翼"系统架构，实现绿色业务智能认定、环境效益自动测算、绿色客户分层分类，防范"漂绿""洗绿"风险，有效赋能企业碳资信、客户 ESG 评级、前瞻性环境与社会风险管理等体系建设，推动绿色金融在智能发展的赛道上"跑出加速度"。与此同时，通过建立相关绿色金融信息平台，金融机构收集、分析绿色数据后上传并进行一定范围的公示，可以提高数据透明度，实现绿色信息资源的有效监督和共享。例如，以江苏"环保脸谱"企业环境信息数据库为支撑，将环境信息依法披露系统纳入省生态环境智慧监管平台统一建设，加强与排污许可、环保信用、执法监管、应急管理等数据的衔接，并在官网开设专栏，对企业环境信息依法披露情况进行公示，主动接受社会监督。

4. 加强绿色金融科技研究与智库建设

发挥产学研协同创新作用，在全国率先成立了省级绿色金融专业委员会和中研绿色金融研究院，高标准推进绿色金融智库建设。经过近 5 年的探索发展，中研绿色金融研究院已逐步发展成集咨询规划、平台建设、金融投资、实验室孵化等功能的一体化综合性服务平台。具体而言，建立了一个绿色技术转化平台，汇聚超过 500 名环境保护各类要素的专家库，及时跟踪和筛选前沿实用的环保先进技术成果供市场选用；组建了双良集团智慧能源联合实验室、新立讯溯源大数据工程联合实验室、绿金讯车智慧交通大数据联合实验室等多个创新实验室，进一步夯实科技研发成果转化基础；开展多轮次专业人才培训工作，为完善江苏绿色金融科技研究与发展提供了较好的智力支持。

（二）瓶颈制约

1. 战略定位不清晰，顶层设计缺乏

虽然国家和江苏监管部门深刻认识到了金融科技手段可以促进绿色金融提升交易质量与效率、防范风险，并在相关地方性文件中给予了原则性的鼓励。例如，《关于大力发展绿色金融指导意见》提出："加大金融科技运用，充分利用大数据、云计算等科技手段，简化业务办理流程，创新推广绿色信用贷款产品。"苏州银保监分局发布的《江苏银行业保险业深化绿色金融服务行动方案》提出："运用金融科技手段提升对气候和环境风险的管理能力。"但大多为部门规章、指导意见和实施细则，缺乏高层次的完善的制度安排与规划统筹，对如何提升金融科技在绿色金融发展中的作用的规划、标准和指引尚未产生。由于没有厘清金融科技与绿色转型市场之间的关系，多数金融机构对绿色金融最终目标的实现路径缺乏明确认知，因此很多银行并未明确赋予金融科技部门转型重任，仅将其定位为后台支持部门。

2. 各部门环境数据共享与认证互信难度大，信息孤岛仍普遍存在

江苏省绿色金融综合服务平台的环境数据来源单一、质量不高、更新频率低，规模以下企业 ESG 数据缺失严重。在开展企业 ESG 评价的实

践中，对企业环境、社会和治理表现等指标进行综合评价时多依赖于人工尽调，尽调人员对指标的认知理解差异容易使认定结果产生较大偏差。在数据种类方面，现有环境数据以企业能耗数据为主，缺少废弃物处理、水体、空气质量等数据；在数据采集与核证方面，企业环境数据采集困难，且难以核证与追溯；在统计标准方面，各部门、上下级单位统计与报送口径往往存在较大差异，造成误差；在数据共享方面，考虑到对自身数据所有权的保护、责任承担与权益划分、企业与个人隐私保护等一系列问题，许多地方各部门数据难以实现有效打通，信息孤岛仍普遍存在。

3. 绿色金融科技基础技术和应用场景有待增强，市场主体能级相对偏弱

从技术端来看，金融科技的发展仍需攻克诸多技术难关。大数据、人工智能、区块链、云计算技术等如何更好赋能绿色金融体系，是金融科技创新的方向之一。当前，作为金融科技底层技术的区块链技术，虽然在信息共享、数据加密及去中心化等方面有着重大突破，但其在兼容性、可扩展性及同非区块链系统的交互性等方面仍有待改进，且区块链的应用能耗大，需要大量基础设施的支持，该技术的应用相对困难。此外，在解决绿色金融数据安全、数据共享、数据挖掘、数据分析等问题上，还有很多基础性的工作要做。从应用端来看，许多金融机构由于绿色经济投资风险高、投资周期长等原因，资金参与度不高，金融科技与绿色金融的深度融合动力不足。从绿色金融科技市场主体来看，江苏集聚效应不明显。北京绿金院年度跟踪调研案例库的相关企业大致反映了目前全国服务业绿色金融的科技公司分布和实力情况。在调研覆盖的 61 家样本公司中，包含北京 21 家，上海 14 家，深圳 5 家，杭州 4 家，及其他城市的若干家，而江苏基本空缺。随着政策支持向中西部倾斜、电子信息产业发展带来的集聚效应，以及相关产业配套的完善，湖北省武汉市、贵州省贵安新区等有望成为科技公司布局新的热门地区，可能给江苏带来更加激烈的竞争。

4. 复合型人才缺失，对绿色金融的需求痛点、最新应用、发展方向理解不深

许多金融机构中金融科技部门 IT 人员往往对绿色金融的要义、工具与业务认知有限，而业务部门又不了解金融科技手段在绿色金融领域中的可能运用，导致绿色金融与金融科技两者之间未能形成有效的协同融合。这些问题背后的症结在于缺乏既懂金融科技又懂绿色金融的人才，也往往与绿色金融和金融科技部门之间缺乏沟通与合作有关绿色金融产品和服务及金融科技在绿色金融中的延展性不够。一些科技公司多针对某一特定绿色金融业务发展需求提供工具性产品服务，缺乏对绿色金融应用场景的深度挖掘，在提供系统性解决方案上较为欠缺。此外，绿色金融处于不断发展的过程中，转型金融、绿色普惠、碳核算等重点领域不断提出对金融科技的新需求，而科技公司往往缺乏对上述领域的前瞻判断能力，难以充分响应绿色金融的创新需求。

四、金融科技赋能绿色金融发展的总体思路与政策优化

（一）总体思路：打造绿色金融科技生态体系，强化创新策源

制定政策支持：建立鼓励和支持金融科技赋能江苏绿色金融发展的政策框架，制定《金融科技支持江苏绿色金融发展实施意见》，内容包括投融资支持、税收激励、减少审批障碍等方面。政策能够提供积极的环境，激发科技企业和金融机构在绿色金融领域进行创新应用。

加强科技研发投入：加大对绿色金融科技的研究和开发投入，鼓励科技企业和金融机构合作开展相关项目。同时，鼓励建立专项科研基金，支持有前瞻性和创新性的绿色金融科技研究。

搭建合作平台：建立绿色金融科技创新的合作平台，促进不同领域的企业、金融机构、科研机构和政府部门之间的合作与交流。平台可以提供

资源共享、技术交流和项目对接的机会，推动创新应用的合作。

推动数据共享：鼓励金融机构和科技公司之间的数据共享合作，促进绿色金融领域关键数据的开放和整合。数据的共享能够为科技创新应用提供更全面、准确的基础信息，推动创新应用的发展。

强化监管支持：加强对绿色金融科技创新应用的监管支持，建立相应的技术标准和规范。监管部门可以加大对创新应用的支持力度，提供示范项目和试点政策，引导创新应用向良性方向发展。积极推进具有试验价值的绿色金融科技项目纳入金融科技创新监管工具，同时也将发展绿色金融科技项目作为绿色金融改革创新试验区的重要内容。

加强人才培养：加大绿色金融科技领域人才的培养力度，培养具备绿色金融知识和科技专长的人才队伍。可以设立相应的培训机构和研究中心，组织相关课程和培训活动，提高从业人员的专业水平。

（二）政策优化：夯实六大工程，放大赋能效应

1. 数据工程：促进绿色金融与企业环境信息数据的共享与聚合

建立企业环境信息及数据共享平台。建议省级政府整合各部门信息资源，在省综合金融服务平台建设的基础上，构建环境信息和 ESG 数据共享平台，通过"物联网＋区块链"等金融科技手段，运用全程无人工干预的数据闭环方法取得真实可靠的企业环境表现数据，探索将碳核算等相关环境效益计算过程上链存证，实现数据实时更新和披露。

建立全面的企业可持续发展量化评价体系并完善配套支持政策。建议省级政府充分运用人工智能等金融科技手段，依托企业环境与社会责任等非财务数据，建立企业可持续发展能力量化评价体系，提升企业的环境风险与效益的量化评价水平。将评价结果用于辅助财税、贴息、土地、用能指标等激励机制的分配决策，引导企业可持续高质量发展。

建设以"生态信用积分"为基础的生态银行。选取相关试点区域，将区域内湖泊、河流等碎片化的生态资源整理存入"生态银行"，并转化为可计价、可交易、可融资的生态产品。借鉴浙江经验，推出"两山贷""两山兑""两山树""两山货"等生态信用积分应用体系。基于商业银行现有资源搭建绿色低碳产业客户生态圈，研发和探索相关客户需求，并积极融入省综合金融服务平台，为绿色企业提供融资和支持，同时也为投资者提供可持续发展的投资机会。

2. 特色应用工程：扩大绿色金融科技的应用范围

配合开展标准算法设计，开展低碳行为量化应用。基于商业银行"科技＋数据＋金融"优势，积极配合示范区摸清碳汇家底，实现企业的绿色低碳行为量化。主动研究投融资领域的碳核算方法，帮助各类市场主体构建碳资产负债表，及时跟踪了解投融资业务的碳足迹，构建全方位的碳排放统计、监测和分析体系，推动金融业务有序向绿色低碳领域转型。

鼓励金融机构应用绿色低碳技术。引导银行保险机构运用大数据、人工智能等金融科技手段，积极发展线上业务，降低各类纸质凭证的使用，减少传统金融业务操作带来的碳排放量。鼓励采用分布式架构和云原生技术构建绿色计算范式，通过弹性分配计算资源、提升计算效能、减少服务器用量等减少碳排放。

助力农业减碳应用。在绿色农业产业链投融资方面，将物联网与区块链技术结合，可实现标准电子仓单生成、业务数据存证、粮食质量溯源，为供应链金融提供可靠、安全、可溯源的担保材料。在绿色农产品溯源方面，可应用区块链和人工智能技术，加强对绿色农产品、有机食品等绿色消费品的贴标，提升其市场信誉和售价。

鼓励科技公司开展绿色金融新领域研发解决方案业务。建议科技公司关注区块链、物联网、遥感等技术创新，针对金融机构绿色金融业务需求提供专业技术支持。例如，数据服务提供商可利用遥感技术、雷达、卫星图像等方式开展环境数据监测，为金融机构进行环境与气候风险分析提供依据，监测对象包括但不限于气候变化、自然保护地、森林、大气、土壤及水环境等产品和服务。

3. 人才工程：加大人才引进与培养力度

完善绿色金融科技人才政策体系。建议制定《江苏省支持金融科技人才发展的实施办法》等政策，以加强对不同类型的绿色金融科技人才（如领军人才、骨干人才和青年人才）进行分类培养，从而为他们提供更有针对性的培养计划。支持各地市制定有利于绿色金融科技发展的人才专项政策，通过引才、引智计划等方式，培育引进一批高层次和紧缺的绿色金融科技专业人才。采取具有竞争力的绿色金融科技人才激励措施，为绿色金融科技高端人才提供一站式服务，包括签证办理、人才引进、就业许可、资格认证和人才住房申请等，并加强优质便利化的生活配套设施建设。

加强绿色金融科技人才的培育。鼓励金融机构制定绿色金融科技人才和团队建设规划，并合理增加绿色金融科技人员的比例，以优化金融从业人员的结构。支持行业协会、高等院校、龙头企业和专业培训机构等不断完善更新项目知识体系，加强考试系统、培训系统和数字化认证等信息化建设，以提升培训质量和效果。分步骤探索推进高校课程学分和考试结果的互认等试点，鼓励编写多语种教材课件和教学案例，并有序加大宣传推广力度，以促进绿色金融科技人才的培育。

4. 研发创新工程：深化基础研究与产学研合作

加大绿色金融科技基础研究支持力度。加大对绿色金融科技基础研究的财政资金支持，提高资金的专项化、定向化使用水平，确保资金的有效利用和落地。同时，加强对高等院校、行业组织、孵化平台等相关机构的财政资金扶持，激发其在绿色金融科技基础研究中的积极性和创新能力。

鼓励投资机构与绿色金融研究院等科研机构进行深度对接，促进资本与科技的有机结合。建立科学合理的收益分配机制，确保投资人的利益得到合理回报，进而吸引更多社会资本的参与。鼓励科技企业进行技术联合攻关，加快知识产权和专利成果的形成。通过支持具有共性问题的企业开展合作研究，推动绿色金融科技领域的技术创新。引导科技企业加大对人工智能、云计算等前沿领域的研发投入，帮助企业在关键核心技术上取得突破，并加快形成知识产权和专利成果。

鼓励新兴技术在绿色金融领域加速落地。加强对区块链技术的研发和应用，利用其低成本互信、数据不可篡改、信息可追溯等特点，为绿色金融、转型金融、绿色农业供应链投融资等提供底层基础支撑。鼓励金融机构、科研机构和企业间开展区块链技术的合作，共同推动绿色金融领域的创新和发展。支持综合运用5G、物联网、射频识别等技术，建设安全泛在的金融网络。同时，着力破除新技术应用的制度性障碍，鼓励依托"监管沙盒"等开展创新技术小规模测试，推动符合监管标准的成熟技术拓展应用场景。

支持绿色金融科技实验室、研究中心建设。建立与国家级、省级重点实验室的合作机制，促进科研机构和实验室之间的技术交流与合作，共同攻克绿色金融科技基础研究面临的难题。通过实验室的支持和资源优势，推动关键核心技术的不断创新和完善，为绿色金融科技的可持续发展提供坚实的基础支撑。支持金融机构与南京大学、东南大学、南京农业大学、南京信息工程大学等高校合作，联合建设若干高层次绿色金融科技实验室，在监管部门指导下，对绿色金融科技新技术、新服务、新理念等进行应用测试。

5. 集聚壮大工程：推动绿色金融科技机构高水平集聚

吸引集聚各类绿色金融科技创新主体。鼓励国内外环境信息大数据提供商、金融机构下属科技服务子公司、互联网科技公司等，在江苏设立绿色金融科技赋能平台、事业部或绿色金融科技公司。在银行、保险、证券、基金、金融租赁等传统金融领域，积极推动和培育一批数字化转型成效显著的持牌绿色金融机构，带动绿色金融业务数字化转型升级。培育一批为金融机构绿色金融业务提供科技服务、数字化业务模式成熟、技术水平高的绿色金融科技专精特新企业。

推动建设若干绿色金融科技集聚功能区。支持省内各地区结合自身产业优势、资源禀赋等找准功能定位，制定差异化措施，发展绿色金融科技特色领域，在金融科技赋能产业绿色化、跨境合作、低碳金融等方面互补协同发展。认定若干省级绿色金融科技产业园区（楼宇），打造绿色金融科技展示窗口和特色名片。综合考虑营收、融资、贡献、科研水平和影响力等，定期遴选发现一批绿色金融科技领域重点企业，完善省市区联动挂点服务机制，着力培育一批领军企业。

健全绿色金融科技投融资体系。鼓励为绿色金融科技类企业提供多元化金融服务。引导金融机构加大对民营、小微绿色金融科技类企业的信贷支持，适当降低贷款保证要求和融资成本，为绿色金融科技产业园区、绿色金融科技核心环节研发平台及配套服务企业提供有效的信贷支持。支持针对绿色金融科技行业发展需求和特点，加大金融产品和服务创新力度，稳步推进知识产权证券化、投贷联动等试点，发展股权质押、知识产权质押、商标权质押、专利质押等金融业务。支持绿色金融科技类企业以基础技术和知识产权运营收入为底层资产，探索发行证券化产品。推动区域性股权市场开展区块链建设试点，利用区块链、大数据技术加强数据共享，提升要素流转衔接效率，更好地服务中小科创企业孵化成长。

6. 监管工程：提升治理效能

提升监管科技应用水平。政府可以提供资金和政策支持，帮助金融监管机构引入先进的科技手段，如人工智能、大数据分析等，来提升监管效能和质量。鼓励整合地方金融风险监管预警系统等平台功能，并提升绿色金融业务的数字化监管功能，共同打造一个高效、统一的金融监管平台，实现风险信息的及时共享和监管能力的提升。在绿色金融改革创新试验区建立监管科技研究中心或实验室，提供科研支持和技术资源，促进监管科技的创新和应用。组织相关部门和专家开展深入研究，制定相应的技术标准和指南，引导金融机构加强环境与气候风险的管理，提升整体风险防控水平。

完善绿色信贷风险管理体系。鼓励金融机构引入人工智能、大数据、物联网等新一代技术，将环境与社会评价因子纳入风控模型，实现对绿色信贷项目的全面风险管理，确保金融资金的合理流向和环保效益。政府可以推动金融机构建立客户和项目的全面风险评估机制，及时获取、整合和分析相关信息，全面把握风险状况，并加强与各方之间的信息沟通和传递，确保资产质量和金融系统的稳定运行。

参考文献

［1］贺璇：《"双碳"背景下金融科技助推绿色金融可持续发展研究》，《对外经贸》2023 年第 1 期，第 86—90 页。

［2］胡金焱、张晓帆：《"双碳"目标下金融科技的碳减排效应与绿色政策的调节作用研究》，《现代财经（天津财经大学学报）》2023 年第 43 卷第 1 期，第 3—16 页。

［3］程书越、李旭辉：《金融科技赋能绿色金融发展的路径与对策研究》，《安徽农业大学学报（社会科学版）》2022 年第 31 卷第 6 期，第 65—69 页。

［4］彭笑慧：《金融科技的发展困境与路径——绿色金融视角》，《中国外资》2022 年第 10 期，第 37—39 页。

［5］刘志洋、解瑶姝：《金融功能论视角下金融科技服务绿色金融发展机制分析》，《学习与实践》2022 年第 7 期，107—114 页。

［6］马骏、李振华、刘嘉龙等:《金融科技支持碳中和：国际经验、中国案例与建议》,《开发性金融研究》2021 年第 6 期, 第 3—10 页。

［7］黄世成:《江苏银行发展绿色金融的实践与启示》,《财会信报》2023 年 6 月 1 日, 第 6 版。

［8］陈欣然、冯诚、王晓怡等:《江苏自贸区南京片区绿色金融发展对策研究》,《中国集体经济》2022 年第 12 期, 第 117—119 页。

生成式人工智能赋能普惠金融

一、问题提出

　　金融是国民经济命脉，金融高质量发展不仅是国际核心竞争的重要支撑，更关系到中国式现代化建设全局。党的十八大以来，以习近平同志为核心的党中央高度关注中国金融高质量发展，通过加强对金融工作的全局领导，优化顶层设计，中国金融业取得了长足进步与斐然成就，一方面，金融市场日臻完备，由过去以银行业为主的单一结构演变至银行业、证券业、金融衍生品业并存的多业结构；另一方面，2023 年中国金融资产总值高达 461.1 万亿元，金融业增加值 100 677 亿元，增长 6.8%。总的来说，中国已经成为金融大国。为了推动中国金融高质量发展，2023 年 10 月 31 日，中央工作会议正式提出了"金融强国"，要求"做好科技金融、绿色金融、普惠金融、养老金融、数字金融'五篇大文章'"。金融"五篇大文章"作为习近平总书记对未来一个阶段中国金融发展的统筹部署，指明了金融支持经济高质量发展的发力点和经济金融结构优化的基本方向，是新时代新征程金融服务实体经济高质量发展的根本遵循和行动指南。为响应落实"五篇大文章"的重要部署，进而推动金融高质量发展，为新质生产力发展注入新的活力，2023 年 12 月 15 日，江苏省金融工作会议指出，江苏如何从金融大省迈向金融强省，将成为新阶段江苏金融发展的核心问题。

　　以 ChatGPT 为代表的生成式人工智能兴起，为江苏金融业回答好"五篇大文章"这张考卷提供了新的角度。人类对人工智能的探索从未停止，并持续取得突破性进展，1956 年达特茅斯会议首次提出"人工智能"概念，2022 年 OpenAI 公司推出 ChatGPT，标志着人工智能发展进入新的阶段（曾文革和任婷玉，2024）。ChatGPT 作为生成式人工智能的典型代表，其运行逻辑为大语言模型，具有对自然语言极其出色的理解与执行能力，同时还具有自我思考与自主决策能力，在处理复杂任务时表现出与人类相类似的能力。此时，生成式人工智能通过神经算法模仿人类神经网络，成为人脑的延伸，实现对人类思维规律与行动逻辑的深层次探索，进一步拓展人类智能。生成式人工智能的蓬勃发展正在加速催生新模式、新业态、新商业模式，其中，生成式人工智能与金融行业的有机结合引人注目。金融业特别是普惠金融业，具有数据量大、数据精度高等特点，而生成式人工智能可以依托跨学科大数据模型，实现对金融问题的数据分析、数学推理与问题分辨，完美运用于金融信贷、财富管理、风险控制等活动，因此，生成式人工智能在金融领域大有作为。目前，已有部分金融机构率先将生成式人工智能应用于业务场景，其中比较有代表性的包括中国银行 ChatABC、兴业银行接入"文心一言"数据平台，工商银行的千亿级 AI 大数据超算体系等。生成式人工智能可以推动金融业务持续降本增效，有力提升金融普惠性，并进一步推动金融创新化、专业化发展，具有较大发展潜力。在此背景下，如何发挥人工智能在金融领域的价值创造功能，并进一步实现金融服务智能化、个性化与规模化，同时警惕生成式人工智能给江苏金融业发展带来的各项风险与复杂挑战，并有针对性地进行监管，这不仅是生成式人工智能赋能江苏普惠金融发展的现实需要，也是减少金融系统性风险、维护公众利益、维护国家经济安全的必要要求。

二、生成式人工智能的运行逻辑与经济特征

（一）生成式人工智能的定义

随着科技金融飞速发展，人工智能在金融领域的运用更加丰富、多元。如今，人工智能已经发生多次迭代，自 1956 年人工智能概念在达特茅斯会议被首次提出，共经历了"规则型人工智能""决策式人工智能""生成式人工智能"三个阶段。传统的人工智能（TAI）是 20 世纪 60 年代至 80 年代所兴起的人工智能信息技术集合，具有"类脑"特征，能够开展独属于人类的意识活动，例如，图像识别、文字阅读、语义理解等，可视作人类智能的现实映射。传统的人工智能主要依赖于程序员手工编写的命令集合和数据仓库，通过数据算法实现数据收集、分析与结果推理，侧重于模拟人类对数据的研判与政策制定，适用范围相对狭窄。传统"人"的人工智能以事先定义的算法命令与分析逻辑作为运行基础，虽然能够较好地执行既定的分析任务，但对人工设定的运行系统与数据模型具有较强依赖，因此在处理具有灵活性、复杂性与模糊性问题时存在一定缺陷，难以契合日益复杂多变的普惠金融发展需求。

21 世纪以来，人工智能突破式发展，涌现了海量数据与具有自我迭代、更新能力的神经网络，极大地改善了人工智能设备的计算能力，使得新一代人工智能甚至具有媲美乃至超越人脑的能力，作为人工智能的前沿技术，新一代人工智能基于文本数据等新型数据对神经网络模型进行深度预训练，使得模型能够更好地理解文本、音频、影像，并生成类似于人脑的意识，能够理解文本、视音频所想表达的具体内涵，并通过自我学习，创造出具有一定逻辑能力的新内容。因此，已有文献将具有自我学习、自我训练、自我推理能力的新一代人工智能称为"生成式人工智能"（GAI），其中最具有代表性的生成式人工智能是由 Open AI 公司研发

的 ChatGPT。ChatGPT 以生成式人工智能为技术支撑，打破了传统人工智能技术背景下的人机交互新范式。以 ChatGPT 为代表的 AIGC 技术，从定义上存在狭义与广义之分。从狭义上看，GAI 技术指 AI 系统依托海量数据与生成式神经算法模型，通过数据爬取与训练，可以自动生成文本、图片、视听资料等多种具有创造性特征的新内容；从广义上看，GAI 还具有人所独有的感情、思考等逻辑能力，能够根据现有数据做出类人的策略判断。ChatGPT 作为 GAI 商业化应用的典型代表，根据使用者诉求，进行自我迭代训练，并生成与原始文本极其类似的新的数据文本（王秀华 等，2022）。ChatGPT 所产生的新内容，本质是对现有文本的预测与延续，是根据文本所表达的情绪与深层次价值导向选择具有较大概率的字词。ChatGPT 能够生成多元化文本载体，包括小说、故事、新闻文章等，可以在不同语言与写作风格之间灵活切换，并根据指令进行情感分析。因此，以大规模语言模型、图像识别为底层运行逻辑的 AIGC 技术，成为新一代的平台型技术。自 ChatGPT 推出以来，生成式人工智能在经济社会各领域得到广泛运用，为相关从业人员提供新颖的数字工具，为创新性活动提供无限可能。根据 2023 年麦肯锡报告，生成式人工智能使得社会化生产中 60%—70% 的活动实现"机器换人"，每年可以额外产生 3.6 万亿至4.4 万亿美元的附加值，且年均生产效率最高可以提升 0.6% 个百分点，有效促进经济复苏并开拓新的经济增长点。

通过上述分析，可以较为清晰地对生成式人工智能下定义。其具体定义为：依托神经网络模型、机器学习等人工智能技术，通过数据、算法、模型等数字信息技术，自动生成文本、图片、视听资料，并可以模仿人类思考方式与意识形态，进行策略模式（Agrawal 等，2018；欧阳日辉，2024）。从该定义可以得出以下内涵：一是生成式人工智能之所以冠以"生成"，是因为该技术不再是对已有数据的简单模仿、挖掘与分析，而是能够从海量数据中创造出大量原创性内容；二是生成式人工智能本质依然是人工智能技术，是大量前沿人工智能技术的合集；三是生成式人工智能通过神经网络的自我迭代，进而生成并创造数据的一系列自动化进程的总和，且通常以人可以理解的文本报告与影像资料呈现（Xue 和 He，2020）；四是以神经网络为典型的深度学习，可以通过大量训练来理解现有数据的概率分布与运行模式，并基于现有模式自发形成新的数据（Rina 和 Rezi，2023）；五是生成式人工智能作为前所未有的新型生产工具，对原有生产范式与劳动结构产生深刻改变，"机器换人"与"工具类人"正成为由传统机械工具向智能工具转型的重要标志。

（二）生成式人工智能的运行逻辑

生成式人工智能的本质是"生成式预训练语言转化器"（刘志雄，2024），其核心工作原理是：利用超大模型对既有海量数据进行预训练，而后利用生成式对抗网络技术对现有数据分布进行规律性提取，并就可能的发展方向进行归纳演绎，最后利用深度学习（Transformer）模型释放泛化能力，从而构建与人类思维逻辑、表达范式广度相仿的逻辑模型，并根据特定场景背景下特定人群多元化需求输出形式多样化的内容，例如，文本撰写、代码写作、图文可视化、影像识别等多模态任务。而生成式人工智能高水平内容的表达与输出，离不开大语言模型，智能语料库的获取、训练与最终输出，其底层架构以预训练大语言模型为主。

2020 年以来，预训练语言大模型得到了爆发式发展，以 Transformer 为代表的神经网络架构成为生成式人工智能运行的核心底层逻辑（徐磊，2024）。截至 2023 年底，Transformer 模型所容纳参数量已达 2 750 亿个，在多栈桥任务中表现出明显的性能优化，逻辑推理与泛化能力得到持续增强，可以根据操作者指令进行自我迭代与微调，从而以更加高效的方式对自然语言进行处理。在 Transformer 模型未诞生前，语言模型一般选用循环神经网络（RNN）作为底层运行逻辑模型。但是，RNN 模型难以进行串并联计算，且较难很好地识别数据间时序关系，因此难以进行海量数据训练。而 Transformer 模型通过神经网络自我训练与迭代，通过大规模训练与抽取，能够从万亿级语言数据库中进行自我学习并运用于机器翻译、图像识别、问题应答等任务中。Transformer 模型最早被运用于机器翻译中，其原始架构较为简单，为"编码器—解码器"模式，能够串并联进行文本识别，但与 RNN 模型所不同的是，Transformer 模型引入了多头自注意机制。多头自注意机制之所以能让 Transformer 模型有别于 RNN 模型，其核心优势在于：第一，自注意机制依托神经网络可以敏锐地识别输入文本中的核心部分，从而能够对复杂数据结构与长语句之间的依赖关系进行识别；第二，自注意机制能够赋予人工智能理解能力（Thakor，2020），通过对输入文本同义词或近义词进行加权求和，从而获得数据权重并识别核心内容；第三，自注意机制在进行权重计算时可以进行串并联计算，使得计算效率呈几何倍数增加。由于 Transformer 模型具有上述优点，因此迅速取代传统的卷积或循环神经网络，在图文识别、数据挖掘等领域获得广泛使用。随着 Transformer 模型在人工智能领域的推广，传统的"编码器—解码器"模式进一步演化为三类模型，包括基于解码器的大语言训练模型、基于编码器的大语言训练模型、基于"编码器—解码器"的大语言训练模型（Vikas 等，2020）。

（三）生成式人工智能的经济特征

生成式人工智能的蓬勃发展对经济发展与产业结构变迁产生了深远影响，主要体现在互补性、智慧性、渗透性与创新性四个维度。

1. 互补性

由定义可知，生成式人工智能可以进行"类人"决策，这意味着其具有互补性特征（廖高可和李庭辉，2023），一方面，它通过自动化手段将劳动者从简单劳动中独立出来，并辅助其完成复杂程度较高的工作任务，从而提升劳动效率；另一方面，生成式人工智能作为新型生产要素，是劳动力、资本等传统生产要素的重要补充，能够显著提升要素的投入产出效率。在文化创作领域，生成式人工智能可以根据现有素材生成小说、剧本乃至音乐、影像资料等，且风格多变，并实现多语言生成；在教育领域，可以针对课堂教学与考试结果向学生提供个性化教学辅助（Hinson 等，2019）；在医疗领域，生成式人工智能辅助医师进行影像分析与病例判断，提升问诊准确率。可见，生成式人工智能可以与资本、劳动力等传统生产要素实现有机互补，强化数字要素对经济发展的赋能作用。

2. 智慧性

生成式人工智能不同于传统人工智能仅能回答"是不是"问题，而是能够对"是不是""要不要""好与坏"组合问题进行解答。其中，"是不是"是对事物发展轨迹进行客观判断，通过逻辑计算进行客观事实判断；"要不要"与"好与坏"属于主观价值判断，而传统的数字技术难以对此进行回答。生成式人工智能并非信息技术的简单深化，而是通过自我学习、自我迭代，生成近似于人脑意识，对"要不要"和"好与坏"进行主观价值判断。生成式人工智能并非机械地挖掘已有信息，而是对现有数据进行学习并灵活使用上述信息。在日益复杂的动态经济环境下，生成式人工智能可以与操作者协调配合，形成"人—机—环境"的决策范式，进而构建兼具情感偏好与客观理性的复杂神经网络模型，形成人机共同决策机制，且随着大数据不断训练与人工智能软硬件的不断发展，人工智能通过人机交互与环境交流将信息做进一步抽象化处理，辅助决策者决策判断，并进一步提升其准确性。

3. 渗透性

生成式人工智能具有强渗透性与高融合性，通过多元化应用场景参与各行业的工作活动，并实现资本、劳动力、数据等不同要素相匹配。生成式人工智能的渗透性具体表现在两个方面：一方面，作为多种智能技术的集成化表现，生成式人工智能能够以插件形式融入现有生态环境；另一方面，生成式人工智能可以与客户需求深度融合，通过数据算法了解用户偏好，改善用户体验，提升消费黏性进而培育可持续性的竞争优势。

4. 创新性

生成式人工智能具有"类脑"特征，能够根据现有数据创造新的知识（马婉宁 等，2024）。科研人员利用生成式人工智能可以节约代码写作、封装测试等步骤的时间，从而缩短研发时间，提升创新效率。一方面，对于部分具有知识储备与创新能力要求较高的高难度劳动，生成式人工智能可以辅助劳动力开展相关活动；另一方面，促进数字技术与实体经济进一步融合，针对精密设备、材料科学、生物医疗等需要大量试错的实践产业，生成式人工智能可以通过虚拟衍射与仿真模拟在虚拟空间进行试错，减少创新时间与成本消耗，从而带动技术进步。

三、生成式人工智能赋能普惠金融的路径

作为金融大省，目前，江苏省普惠金融发展进入了新阶段，智能化、平台化与信息化是江苏省普惠金融发展的未来方向。生成式人工智能作为数字化工具，其本质是减少金融运行成本、提升金融决策效率，成为江苏省金融领域数智化转型的核心技术。与传统人工智能相比，生成式人工智能在"对话"与"创新"两方面取得了颠覆式进展，并深刻改变了江苏省普惠金融发展生态。生成式人工智能在与江苏省普惠金融高效融合的进程中，其独有的互补性、智慧性、渗透性与创新性四大特性推动了江苏省普惠金融的健康发展。

（一）互补性与"机器赋能"

生成式人工智能诞生伊始，便引发了"机器换人"与"机器赋能"两方面争论（陈建兵和王明，2024）。江苏省率先将生成式人工智能引入普惠金融行业，人工智能在普惠金融行业的程序化与非程序化领域得到了充分运用，部分重复的内容逐渐为人工智能所取代，并释放大量空闲从业人员（李昊然 等，2024）。比如，部分格式化金融信贷合同的要素识别、批量审批、数据分析、标准化内容生成等工作，均能在极短的时间内完成，提升了江苏省普惠金融领域的劳动效率。同时，江苏省部分银行利用生成式人工智能技术设定 AI 助手，为投资顾问、理财经理在日常经营活动中提供决策辅助，进而提升其专业化能力。因此，生成式人工智能在江苏省普惠金融领域的互补运用，使人机协作成为当前的方式，生成式人工智能的"机器换人"逐渐转变为"机器赋能"，从而显著提升了江苏省数字普惠金融的运行效率。

（二）智慧性与规模效应

生成式人工智能在江苏普惠金融领域的广泛使用为江苏省进一步推动金融数智化奠定了基础技术支持，并在产品定价、信用评估、投资预测等领域得到广泛使用。生成式人工智能的最大特点是能够并联处理海量数据并实现自我学习。在拍字节（PB，1 PB = 1 024 TB = 2^{50} B）级海量信息数据的支持下，生成式人工智能利用大语言模型对 PB 级参数进行预训练，并在训练过程中生成记忆、学习、理解、预测等逻辑推理能力，从而满足江苏省普惠金融发展过程中对各类自然语言的理解。与此同时，生成式人工智能被嵌入普惠金融日常经营活动中，可以对图像、视频、声音等非结构性数据进行分析，进而为深度学习模型建立复杂的动态学习模型奠定基础，能够为江苏省普惠金融数据处理与有效分析提供精准算法与数据模型。具体而言，在产品定价方面，传统的蒙特卡洛方法在处理高频数据时难以取得良好效果，而生成式人工智能可以将傅立叶变化、有限差分、卷积衍射等方法变为现实，并获得算力优势；在信用评估方面，江苏省金融业常用的概率神经网络无法针对特定财务报表进行信用评估，而生成式人工智能为发现财务欺诈提供新的方法，例如，遗传规划、支持向量机等，使信用评估具有明确指向性；在投资预测方面，江苏省作为普惠金融活跃地区，传统的金融计量模型难以处理海量数据，而生成式人工智能基于遗传算法与神经网络模型可以实现高精度预测。因此，随着具有智慧化特征的生成式人工智能技术的不断革新，其在江苏省数字普惠金融中的运用也不再局限于某一单一场景，而是打通全省普惠金融价值链，满足江苏省不同社会群体的多元化金融诉求，解决传统金融机构所面临的融资门槛高、信息不对称、评估不准确等问题，从而推动江苏省数字普惠金融能够全方位、全时空覆盖各类客户，进而聚拢各类长尾群体的零散资金，设计出多元化、差异化、定制化的金融服务，并最终形成规模经济。

（三）渗透性与范围效应

生成式人工智能具有学习、计算、推理、预测等能力，能够增强数字普惠金融发展进程中协同与交互能力，推动江苏省普惠金融进入人机协同与深度融合的新阶段。一方面，生成式人工智能在数字普惠金融领域的蓬勃发展，使得人机协同在金融行业成为现实。以 ChatGPT 为代表的生成式人工智能，通过自然语言模型强化普惠金融从业人员与智能设备之间的联系，为金融行业交互发展与多模态学习提供新的契机。目前，生成式人工智能在江苏省普惠金融领域不断渗透，极大地改善了人机交互感知功能，通过智联助手、虚拟客服等方式，为普惠金融目标群体提供个性化服务。一方面，生成式人工智能产生了新的人机交互模式，推动了普惠金融业态的新突破，不仅包括信贷、支付、保险等传统金融领域创新，还诞生出金融教育、金融消费等全新的人工智能运用场景，显著提升用户黏性；另一方面，生成式人工智能在江苏省数字普惠金融领域运用可以为客户提供个性化服务场景，重塑服务链。语言大模型作为生成式人工智能的底层运行逻辑，具有极强的学习与泛化能力，根据客户的个性化需求，可以借助神经网络架构、深度学习、模拟仿真对用户的消费偏好与服务诉求进行任务画像，并根据客户的反馈进行实时动态调整与优化，为客户个性化服务需求与金融机构专业服务提供链接渠道，进而产生范围效应，提升江苏省普惠金融系统的运行效率。

（四）创新性与累积效应

生成式人工智能最核心能力是可以根据现有数据生成创新性内容。生成式人工智能不仅可以挖掘信用卡、信贷、保险等传统金融的交易数据，还能获取公共服务等社会数据，进而打破"数据孤岛"，为江苏省数字普惠金融发展提供来源广泛的数据源。随着数据源的不断丰富与模型的持续训练，生成式人工智能对江苏省普惠金融实际状况的理解也在不断深入，并能应对更加复杂多变的普惠金融场景。从短期来看，生成式人工智能在普惠金融领域的累积效应源自海量数据、智能模型与复杂环境的协同配合；从中长期来看，生成式人工智能对普惠金融的重塑源自数据采集与利用方式的优化，从而深刻地改变了江苏省普惠金融的运行模式。特别是随着江苏省普惠金融的发展，通用型金融服务已经无法满足江苏省普惠金融客户的实际需要，为满足客户个性化诉求，金融机构需要利用具有逻辑判断能力的生成式人工智能去了解用户偏好，匹配用户需求，从而持续性增强江苏省普惠金融的竞争力。

四、生成式人工智能赋能普惠金融的风险挑战

江苏省作为全国率先将生成式人工智能运用于普惠金融的地区，其

对江苏省普惠金融的影响并非局限于某一特定客户或业务，而是对普惠金融底层框架产生影响。正是由于生成式人工智能通过生成多元化、创新性应用场景能够改变普惠金融的核心运行模式，进而对普惠金融产生持久影响。但是，生成式人工智能在江苏普惠金融领域加速推进所带来的新技术、新产品、新服务，不可避免地引致一系列新的风险，且相较于传统人工智能，生成式人工智能具有多模运算、海量数据、自我学习等特点，而现有的包容审慎监管一方面存在政策制定时滞，另一方面还因为过度依赖江苏省现行普惠金融监管框架而存在结构性错位。结合江苏省普惠金融发展实际情况，生成式人工智能的推广运行可能会酿成技术风险、隐私风险、"传染性"风险三类风险。

（一）技术风险

生成式人工智能在江苏省普惠金融领域的推广应用已展现出巨大潜力，但其所包括的技术风险也不容小觑，主要包括"机器幻觉"与"算法歧视"两方面。

所谓"机器幻觉"，是指生成式人工智能生成的模型与金融现实所不匹配的现象。而"机器幻觉"的产生，一方面源自模型本身底层技术原理，这也是导致"机器幻觉"的本质原因。生成式人工智能虽然表现出"类人"的思想意识，但是其本质还是根据概率判断文字间的关系，而非对文本或视听资料本身进行含义认知，这意味着机器学习与神经训练可能会受到模型者操作个人偏好影响而呈现异质性结论。同时，普惠金融作为较为复杂的金融业务，在进行语义输入时，可能存在模糊性和歧义性特征，这意味着生成式人工智能并不一定能正确认识操作者的真实意图，可能会出现答非所问的现象。另一方面则源自"数据噪声"。生成式人工智能的自我学习与预测源自对输入数据的迭代学习。然而，普惠金融的受众群体主要为社会弱势群体，往往市场波动性大于其他行业，特别是发生

"黑天鹅"发生时,生成式人工智能无法有效识别有效的普惠金融数据,甚至会对"金融噪声"与极端数值进行学习,难以识别有效结论。而当普惠金融数据"噪声"不断增加时,可能会出现数据集不连续的情况,即所谓的"数据漂移",此时大语言模型会对江苏省普惠金融异常数据做出过度反应,无法保证模型的准确性,甚至在极端数据的误导下,生成式人工智能可能会产生看似合理、实际谬误严重的结论。

所谓"算法歧视",是指生成式人工智能对江苏省普惠金融目标群体通过精准"贴标签"而呈现偏见与歧视的现象。生成式人工智能本质是基于神经网络对海量数据进行训练的一种算法模型,自诞生伊始,就存在"算法歧视"这一负外部性。若生成式人工智能所依赖的语料库本身具有歧视性特征,则人工智能在自我学习、集中迭代的过程中,会将"歧视"带入大数据模型算法中,使算法模型呈现出典型的"歧视"特征,这将有违群体平等原则。虽然普惠金融的发展初衷是消除传统金融服务未能覆盖社会边缘人员与弱势群体而产生的不平等问题,但是生成式人工智能可能存在的"算法歧视"可能与普惠金融目标相悖。当江苏普惠金融部门基于历史数据并利用生成式人工智能进行决策时,具有"歧视"特征的数据结构会加剧上述偏见,导致对普惠金融本该服务的重点群体,例如,低收入人群、农村人群为算法所忽视,未能将金融资源分配给真正有需要的人。同时,由于生成式人工智能存在集成迭代特征,因此"算法歧视"会随着数据训练的不断深入而陷入恶性循环,使得在信贷市场本身就处于弱势的特定群体会由于"算法歧视"而无法获得足额信贷,进而无法生成良好的信贷记录,这意味着上述"算法歧视"所导致的"群体性偏见"在短期内难以消除。

此外,"算法歧视"的另一重要表现形式是"算法黑箱"。考虑到生成式人工智能主要以多层次嵌套模型为主,这意味着该算法的决策标准与运行逻辑除设计者自身外，难以为外部所理解，甚至当生成式人工智能模型对万亿级数据进行无数次重复迭代后，连原本的开发者都难以正确地认识并理解其具体逻辑，换言之，即便是该算法的原创者都难以通过后续修正以减轻偏见。普惠金融虽然是惠及特殊群体、致力于解决信贷不平等的金融服务，但其本质上依然以盈利为目的，因此算法依然以最大化获取市场收益为出发点，可能会对文本部分关键词过度关注并通过奖惩手段进行调节，这就会对本就处于弱势地位的群体产生歧视。而正是"算法黑箱"这一特点，加剧了生成式人工智能大语言模型的监管难度，监管部门难以就上述数据进行全面审慎检查，难以保证数据的客观性与结果的客观性，从而产生监管盲区。

（二）隐私风险

因为生成式人工智能在进行自我学习、集成迭代的过程中，离不开万亿级数据库作为核心支撑，所以将生成式人工智能运用于普惠金融必然要面对客户隐私与数据安全的双重挑战。事实上，从江苏省普惠金融经营实践中不难发现，生成式人工智能需要通过数据挖掘手段对 PB 级用户数据进行深度挖掘以实现业务智能化转型，但是客户数据本身较为敏感，若在海量数据使用过程中缺乏有针对性的技术保护，就容易造成数据泄露而危及用户安全。考虑到普惠金融领域的独有特点，普惠金融服务对象需要向金融机构提供较为翔实的个人信息，包括但不局限于身份证号码、通信号码、家庭住址、工作情况等大量个人真实信息。同时，考虑到普惠金融业务的复杂性，金融机构还需要掌握银行卡号、家庭资产、个人征信等敏感信息。而生成式人工智能利用模型对上述数据进行挖掘、预测，将可能存在较大的泄露隐患，加剧隐私风险。而从生成式人工智能的技术逻辑看，为满足江苏省普惠金融部门的实际工作需要，金融机构倾向于与生成式人工智能提供商进行紧密合作，这意味着将有大量第三方软件或开源平台介入大数据模型，使部分网络犯罪分子通过访问未设防火墙的外部接口，获取并共享隐私数据，数据泄露风险进一步提高。而生成式人工智能独有的神经网络将基于普惠金融客户个人信息进行反复精炼、训练，这样会获得更有针对性与精确性的个人信息，相较于传统人工智能，生成式人工智能可能会导致更加直接的隐私侵犯。

普惠金融相较于传统金融服务，其个人数据被泄露乃至滥用的风险更高。这是因为，江苏省普惠金融的服务群体主要以农村人口、低收入人群等社会边缘化群体为核心服务对象，他们不仅隐私安全意识较为淡薄，对可能的"数据侵害"也未形成清晰的认知。因此，生成式人工智能可能会对其本身就较为薄弱的金融安全产生严重影响，进一步削弱其对金融机构的信任，不利于普惠金融机构社会责任的承担。客户敏感数据泄露与非法获取，可能会使金融数据被非法获取，导致金融欺诈案件频发。根据数据隐私理论，金融机构在利用个人数据做出决策判断时，守住客户安全底线不单单是法律的强制性规定，更是金融机构与客户建立长期健康关系的核心要求。因此，若生成式人工智能数据安全保护技术不能与场景应用水平相匹配，这将为江苏省普惠金融客户信息被恶意盗取埋下祸根。从事网络诈骗的犯罪分子，可以借助生成式人工智能的大语言模型，以极低的犯罪成本开展大量定制化欺诈活动，常见的犯罪活动包括电信诈骗、邮件钓鱼、划扣资金等方式，这将进一步酿成社会化风险。

（三）"传染性"风险

生成式人工智能使得江苏省普惠金融运行更加智能高效，但是并未显著降低风险，甚至在个别领域强化了金融风险的"传染性"。目前，江苏省普惠金融领域已经普遍使用生成式人工智能为内生驱动的交易方式，然而面临复杂场景时也不可避免地会做出错误决策。分别比较江苏省普惠金融业生成式人工智能引入前后情况发现，当处理复杂业务或金融运行面临较严重的外部风险时，生成式人工智能驱动的交易系统倾向于开展关联交易，而这加大了金融风险同业传染的可能性。以机器学习、神经网络为典型驱动的生成式人工智能会使得江苏普惠金融各经营主体与风控部门在进行业务办理、资产评估与风险管理中得到类似的结论，可能会制定同质化的信贷政策，这进一步加强了省内普惠金融各经营主体的关联性，极易形成"羊群效应"，酝酿系统性金融风险。具体而言，生成式人工智能在江苏省普惠金融领域的推广运用使得各利益相关节点呈缜密网络结构，该网络连接了全省不同城市、不同金融机构与不同业务部门，使得风险传染呈现跨区域、跨机构、跨行业、复杂化、广泛化的传染特征。

此外，江苏省普惠金融部门依托生成式人工智能设备进行数据分析与前景预测时会收集公众心理与情绪，但是公众情绪往往是非理性的，这就导致生成的决策报告并不中立甚至可能会放大公众的恐慌情绪，进一步扩大投资者的市场紧张情绪。同时，普惠金融服务提供者可能会受生成式人工智能误导性投资决策影响而做出错误判断，并通过缜密的业务网络将风险进一步扩散至其他市场，进而导致系统性全面恐慌，酿成严重的流动性风险。

五、金融领域生成式人工智能的安全防范

生成式人工智能的出现，使人工智能发展进入了新的阶段，其展现出的广泛适应能力、自我学习迭代能力与"类人"的情感意识深刻地改变了经济社会。虽然以神经网络、大数据模型为代表的生成式人工智能在江苏省普惠金融领域还处于初级阶段，但与传统数字信息技术渐进式发展不同，生成式人工智能集中迭代能力能够迅速解读万亿级数据，降低算法使用门槛，使得江苏省普惠金融发展焕然一新。但不可避免的是，生成式人工智能在江苏省普惠金融领域存在因素风险、算法风险与"传染性"风

险，亟须江苏省出台一系列措施以应对上述风险。为回应生成式人工智能在普惠金融领域应用带来的算法风险，江苏省金融风险监管部门需要协同其他部门，在人工智能安全治理框架设定与具体策略实施上及时调整，鼓励生成式人工智能与普惠金融结合的同时，以更加科学、清晰的治理思路指导具体治理措施，从而对可能存在的风险进行包容审慎监管与治理。

（一）生成式人工智能"向善"与金融风险应对的基本原则：坚持科技伦理

生成式人工智能作为引领江苏省金融突破式发展的战略性技术，对做好"五篇大文章"具有重要意义。但是，生成式人工智能在金融领域的"向善"运用不仅需要遵循人工智能发展的一般规律，还要以科技伦理为基本行为准则。科技伦理作为一项复杂活动，贯穿生成式人工智能赋能江苏普惠金融的方方面面，不仅仅局限于金融产品设计、金融服务供给、金融场景打造，还是调节金融供需双方利益冲突的核心准则与基准范式。因此，遵守科技伦理能够有效调节生成式人工智能突飞猛进对江苏省金融发展的外生冲击，实现技术发展与金融转型和谐共生。

（二）发展负责任的技术：多手段缓解"机器幻觉"与"算法歧视"

目前，"机器幻觉"与"算法歧视"是江苏省普惠金融部门利用生成式人工智能所产生的两类主要的技术风险，会导致普惠金融无法惠及弱势群体，与普惠金融设立初衷背道而驰。因此，秉持技术伦理，发展负责任的技术，成为江苏省普惠金融部门进一步使用生成式人工智能需要重点考虑的问题。为缓解"机器幻觉"，可以采取以下措施：一是采用多嵌套集成模型。由于生成式人工智能的底层框架在自我学习进程中难以加入新模型，因此在设计之初可以利用多种模型集成，减少因单一模型导致的结果偏误。二是引入人工审核机制。从江苏省普惠金融部门生成式人工智能实际运用情况看，金融部门过度信任生成式人工智能的模型测算结果，呈现明显的"机器换人"现象，因此有必要引入人工审核，并将人工审核作为鉴别人工智能测算结果的最后一道"防火墙"，通过人工审核发现模型与经济现实相悖的情景，并根据专业知识进行纠偏。三是建立成体系的风险管理体系，生成式人工智能作为信息技术发展的前沿产物，当前针对与之相对应的风险管理框架尚未完全建立，因此江苏省各金融机构有必要建立完善的风险管理框架，包括实时监测、动态评估、事后控制等关键环节，从而对大数据模型进行综合评估，及时发现潜在问题。四是需要对江苏省普惠金融目标群体做好解释工作，帮助客户清晰认识生成式人工智能预测结果的相关依据，从而更加精准地理解潜在风险与对应收益，做出正确决策。五是对数据源头进行实时监控。考虑到普惠金融的特殊性，大语句模型所依赖的数据库极有可能存在极端数值，有必要对数据源头进行动态评估与实时修正，避免出现"数据漂移"的情况。

而生成式人工智能在赋能江苏省普惠金融高质量发展进程中，可能会因算法自身特点而存在"算法歧视"，坚持科技伦理，强化生成式人工智能的算法平等，成为江苏省普惠金融部门控制技术风险的重点任务。首先，整合不同群体特别是传统金融部门所忽视的弱势群体。出于信贷盈利与坏账控制考量，农村人口、低收入人群等传统金融体系边缘化群体长期未能得到有效的金融资源支持而难以改善其生活状况，生成式人工智能作为新兴技术，为打破金融偏见提供契机，在进行大数据模型设定时需要充分考虑上述人群，进而做出更加全面审慎的业务决策；其次，需要对生成式人工智能底层算法进行定时审查与错误纠正。生成式人工智能虽然有类似于人类情感与思想意识的行为，但未能像人脑一样产生独立意识，从江苏省普惠金融运用生成式人工智能的实际情况看，生成式人工智能若在程序中加入对特定人群的特殊偏好，是不会自然关注中小微企业、低收入人群等传统金融部门所忽视的群体，因此需要对生成式人工智能进行定时审查，通过不断地将公平观念以算法形式嵌入模型，系统性纠正可能的偏差，从而尽可能保障普惠金融的公平性；再次，经过多次迭代，生成式人工智能的具体运算细节即便是原创者也难以完全掌握，但模型的底层架构与决策判定标准并不会因为人工智能自我学习而有所改变。江苏省普惠金融部门在利用生成式人工智能进行业务审批、投资决策、项目评估等活动时，需要增强生成式人工智能判断的透明度与可解释性，帮助普惠金融惠及群体能够较为清晰地理解算法背后的运行逻辑与判定标准；最后，目前江苏省普惠金融部门重点关注应用型生成式人工智能，而解释性生成式人工智能发展较为薄弱。考虑到生成式人工智能数据库庞杂、运行复杂，难以直观地展现其背后的运行逻辑。因此，普惠金融部门需要加强与第三方合作，重点开发解释性生成式人工智能，为人工智能所参与的策略预测与业务判断提供必要的解释与说明，从而辅助金融监管部门进行审慎性检查。综上，若江苏省普惠金融领域想要发展相对公平、负责的生成式人工智能技术，便需要重视算法伦理，将算法公平贯穿到数据收集、算法挖掘、预测评估等全流程，使法律监管尚存在缺位的区域依然有伦理进行约束。

（三）保护隐私：筑牢普惠金融客户的信息安全底线

在利用生成式人工智能处理普惠金融数据时，要遵循用户隐私与安全底线等相关规定，坚守隐私安全红线，确保用于分析的客户个人信息安全性。有必要采取以下措施：一是利用前沿数据安全加密技术，对客户个人进行加密，并制定更高安全等级的存储方法，通过严格的身份验证与访客控制，尽可能避免未经授权个体通过第三方平台或开放端口进行数据访问以导致泄露；第二，在生成式人工智能不断发展的当下，金融监管部门也在不断完善相关法律法规以实现合规创新，呈现金融监管部门动态监管、金融机构积极合规的良好局面。为满足不断更新的动态合规诉求，江苏省普惠金融机构需要不断建立动态化数据治理战略，及时响应并调整数据安全治理，包括数据收集、仓储、挖掘与对外发布等领域；三是普惠金融内部定时开展数据安全宣传与教育，通过研讨会、学习班、宣传册等方式，积极提高生成式人工智能操作人员安全意识，从而保障数据处理流程严格按照隐私保护规定执行；四是机器学习模型需要海量数据，在进行个人身份信息与金融数据采集时，要严格根据相关规定执行隐私保护，并对数据进行必要处理，如源头加密、数据脱敏等。同时，还有必要对普惠金融部门使用的数据进行源头性审查，保障数据来源合法合规，以契合隐私保护需要。

（四）斩断传染渠道：推动构建生成式人工智能风险全面管理体系

生成式人工智能促进江苏省普惠金融高速发展的同时，也对江苏省金融部门的执法手段与强度提出更高要求，这是因为生成式人工智能可以实现跨区域、跨部门、跨机构合作，使得江苏省普惠金融的交易方式更加多元，从而酿成极具传染性的金融风险。在此背景下，进一步推动全方位风险管理体系显得刻不容缓。

第一，根据国家及江苏省金融宏观审慎要求，构建完备的风险预警体系，具体而言：一是要根据"冒烟指数"（即金融风险指数）对江苏省内普惠金融部门违反合规要求使用生成式人工智能的行为进行甄别，并根据指数量化风险大小，精准实现分级分类，提升风险前瞻预测能力；二是根据图谱分析对江苏省普惠金融部门使用生成式人工智能的行为进行规律性总结，为后继风险研判与处置提供了友好参考；三是通过"风险大脑"综合运用衍射仿真、区块链、AI 识别等多种手段构建生成式人工智能风险监控模型，从而实现全方位感知风险目的。同时，还能利用风险预警体系测算全省普惠金融部门发生系统性风险的概率，并评估出现跨区域、跨领域传染的概率，从而未雨绸缪，从源头阻断金融风险传染。

第二，建立并完善沙盒制度。生成式人工智能作为全新信息技术，其在江苏省普惠金融领域的应用可能会受当前监管束缚而产生新的风险，特别是江苏省普惠金融领域积极试验金融产品、服务与商业模式，均存在潜在风险与缺陷，亟须寻求解决方案。而沙盒制度作为一种创新型监管模式，能够将普惠金融风险评估纳入较为狭窄的范围，即便产生风险也不会向其他业务领域转移。因此，作为创新型监管模式，沙盒制度将是包容性监管理念的集合，能够真正起到维护全省普惠金融安全与稳定的目标。但是，沙盒制度的建立与试用，需要江苏省各金融监管部门明晰自身权责划分，并推进具体措施建设，在制定具体监管框架时，需要汲取国内外优秀经验，探索适合江苏省普惠金融发展的监管模式。

第三，建立完善的金融科技信用体系。生成式人工智能作为全新的金融科技，虽然使得普惠金融业态更加多元，但也无形中酝酿着更加复杂、隐蔽的金融风险。信用体系作为当下金融领域最重要的安排，是维护金融安全的重要制度。在人工智能背景下，江苏省需要进一步完善金融科技体系建设，一方面，需要基于大数据模型推动个人金融信息互联互通，为大数据模型构建较为完备的江苏省金融信用信息库，同时引导具有资质的第三方征信平台依法开展征信业务，打造具有较大认可度的社会金融信用评级平台作为全省科技信用体系的重要补充；另一方面，根据生成式人工智能的自身特点，与时俱进，建立相对公平的守信奖励与失信处罚机制，对于具有良好履约记录的中小微企业或个人，可以提高信贷额度、降低贷款利率、开展多元化金融扶持等激励手段，而对于失信群体利用失信黑名单、市场进入限制、限制高消费等方式，提升其失信成本。通过生成式人工智能的运用，进一步完善并在全省范围推广金融科技信用体系。

六、未来展望

生成式人工智能与江苏省普惠金融的深度融合，极大地促进了普惠金融自动化与智能化转型，对提高经营效率、降低运营成本、提升业务量、创新运用场景具有积极意义，通过产生规模效应与范围效应，使江苏省普惠金融的商品质量与服务效率均有不同程度的提升。当前生成式人工智能在江苏省普惠金融领域发展还处于起步阶段，在普惠金融领域还具有广阔的市场潜力。但不可否认的是，生成式人工智能也可能引发一系列风险，因此，江苏省普惠金融部门在后续利用生成式人工智能，需要充分发挥生成式人工智能的积极赋能作用，进而推动其高质量发展。

参考文献

［1］Agrawal A., McHale J., Oettl A. *Finding Needles in Haystacks*. Artificial Intelligence and Recombinant Growth. Chicago: University of Chicago Press, 2018, pp.149−174.

［2］Xue W., He G. "Digital Financial Inclusion and Farmers Vulnerability to Poverty: Evidence from Rural China", *MDPI*, 2020, Vol.12, No.4, pp.1−18.

［3］Hinson R., Lensink R., Mueller A. "Transforming agribusiness in developing countries: SDGs and the role of FinTech". *Current Opinion in Environmental Sustainability*, 2019, No.41, pp.1−9.

［4］Rina A P., Rezi R. "Ethical Fintech is a New Way of Banking", *Scientific journal of Management*, 2023, Vol.11, No.1, pp.255−260.

［5］Thakor V. "Fintech and Banking: What do We Know?", *Journal of Financial Intermediation*, 2020, No.41, pp.1−13.

［6］Vikas S., Harshita A., "Puneet P et al. Financial Technology: A review of extant literature", *Studies in Economics and Finance*, 2020, Vol.37, No.1, pp.71−88.

［7］曾文革、任婷玉：《生成式人工智能背景下数字金融的包容性法律规制》，《社会科学研究》2024 年第 5 期，第 61—71 页。

［8］徐磊：《发展与安全并重：生成式人工智能风险的包容审慎监管》，《理论与改革》2024 年第 4 期，第 67—83、176 页。

［9］马婉宁、陈亚平、韩凤芹：《科技伦理治理：核心要义、面临困局及实现机制》，《中国科技论坛》2024 年第 4 期，第 1—11 页。

［10］刘志雄：《生成式人工智能赋能普惠金融：现实基础、关键风险挑战与应对

策略》,《人民论坛·学术前沿》2024 年第 6 期,第 86—93 页。

[11] 欧阳日辉:《生成式人工智能与金融业深度融合:理论机理及发展路径》,《求索》2024 年第 1 期,第 57—65 页。

[12] 陈建兵、王明:《负责任的人工智能:技术伦理危机下 AIGC 的治理基点》,《西安交通大学学报(社会科学版)》2024 年第 44 卷第 1 期,第 111—120 页。

[13] 李昊然、刘诗源、康润琦:《普惠金融与小微企业破产风险——来自小微支行设立的准自然实验》,《经济研究》2023 年第 58 卷第 11 期,第 153—171 页。

[14] 廖高可、李庭辉:《人工智能在金融领域的应用研究进展》,《经济学动态》2023 年第 3 期,第 141—158 页。

[15] 王秀华、郭琦、陈泽文:《科技创新容错机制:现实困境、概念界定与理论模型》,《中国科技论坛》2022 年第 12 期,第 99—107 页。

数字人民币的应用场景

一、问题提出

　　随着新一代信息技术进步和互联网的普及化，金融业出现了许多新变化。过去十年，金融业的焦点从"金融科技"迅速转移到"加密货币"，然后又转移到现在的金融创新即央行数字货币（CBDC），数字金融格局迅速变化。金融科技改变世界的变化就是出现了越来越多的快速电子支付手段，这些支付手段被消费者在日常交易中广泛使用，如在中国，微信与支付宝占了电子支付市场九成以上的份额。但因电子支付工具多为私人公司所有，这给政策制定者提出了问题，即在现代经济中公共部门在提供数字支付工具方面所扮演的角色。2017—2021 年的加密货币热潮见证了比特币（bitcoins）、狗币（dogecoin）、以太坊（ethereum）、莱特币（litecoi）等私人加密货币的涌入。尽管供应有限，但人们持有加密货币要么作为交换媒介，要么作为交易工具投资资产。加密货币的有限供应和对加密货币的高需求导致加密货币和加密支持资产价格大幅上涨。这使得加密货币成为一种有价值且有利可图的资产，但高加密货币的波动性使其作为交换媒介变得不可靠。虽然加密货币具有高波动性，但是在许多国家开始受到越来越多人的关注，一些人甘愿在承担巨大损失风险的情况下进行加密货币交易。

　　对于加密货币的处置，中国央行的回应是彻底禁止，玻利维亚、印度尼西亚、土耳其和埃及等国家也是彻底禁止。新加坡、爱尔兰、肯尼亚、尼日利亚和美国等国家的央行则发出警告，让使用加密货币的本国公民自行承担风险。由于数字支付方式的大规模普及，现金支付手段正逐渐消失，尽管这些私营部门改善了普惠金融，降低了与金融服务相关的运营成本和实物货币的管理成本，但这也挑战了央行的角色。基于以上这两种考虑，一些国家的央行计划发行零售央行数字货币，让其成为政府对私人数字货币的反制措施，同时提供安全、高效和包容性的支付系统，以在经济中发挥核心公共部门的作用。2020 年初，美国数字美元基金会启动了数字美元计划，开始商讨建立本国央行数字货币可能采取的实际操作框架及步骤。我国于 2019 年底开始数字人民币试点，到 2023 年已经推广到 17 个省级地区。

根据中国人民银行发布的《中国数字人民币研发进展白皮书》，数字人民币是人民银行发行的数字形式的法定货币，是中央银行对公众的负债。数字人民币与实物货币等价，具有价值特性和法偿性。数字人民币主要定位于现金类支付凭证（M0），也就是零售型央行数字货币，将与实物人民币长期并存。但从理论角度来看，引入央行数字货币会带来以下长期问题，一是与公共和私人资金供应有关，二是与央行使用 CBDC 作为工具直接向家庭传递货币政策的能力相关。这两者在一定程度上也阻碍了数字人民币的推广。笔者从数字人民币的发行动机与政策考虑着手，描述了目前数字人民币场景的实践，归纳出数字人民币场景推广存在的问题，并在最后给出了相应的政策建议。

二、发行动机与约束条件

（一）发行数字人民币的动机

数字人民币是中国的央行数字货币（CBDC），其他各国央行考虑发行零售 CBDC 的动机，同样是数字人民币的发行动机。一是增强电子支付系统的竞争、效率和弹性，尤其是电子支付系统越来越多集中在少数几家大型公司手中。二是这是支持金融数字化、降低发行和管理实物现金相关成本的一种手段，且改善普惠金融，特别是在我国欠发达地区的金融体系不发达，农村中有许多年老公民没有银行账户。三是提高货币政策的有效性，利用更细致的支付流数据来加强宏观经济预测，实施有针对性的政策。四是减少或防止采用私人发行的货币（主要是加密货币），这可能会威胁到货币主权和金融稳定，而且很难做到监督和规范。

数字人民币可能旨在减轻私人支付系统的市场主导地位，降低此类支付系统的集中风险。支付系统可能会变成自然垄断，反映了强大的网络外部性（使用给定资源的价值，支付网络越大，用户群体越大，包括节省交易净额），规模经济（降低平均成本，包括固定成本、开发和维护成本）越容易，以及范围经济（从聚合数据中获得的收益以提供额外的服务）（Bolt, 2005；Gowrisankaran and Stavins, 2004）。然而，一些私有货币发行者对由于运营失败包括网络攻击情况下可能出现的系统性中断造成的社会成本，并未内部化，由此削弱了对安全性的投资。此外，垄断性的私有发行者可能会滥用这种权力，提供不完整、不充分和昂贵的服务从而导致效率低下。他们还可以将收集的用户数据商业化，尽管这些也可能引致竞争，这取决于进入门槛。这些论点可能证明发行央行数字货币或一些司法管辖区决定部署快速支付系统是合理正当的，这也使他们能够控制支付体系结构的基本部分。如果垄断扭曲引发担忧，反垄断法规和数据保护立法可能是一种回应。

数字人民币可以改善金融体系不发达和金融渗透率低地区的金融包容性。在我国的西部偏远山区或农村地区，更多的人口已经转向数字形式的货币，支取现金的基础设施（如 ATM）可能不可用或已经损坏，企业可能会拒绝进行交易。商业银行和其他接受存款的机构可能在财务上受到限制，或者并没有受到高度激励向部分人群提供银行服务。一个政策解决办法可能包括向偏远地区发放现金补贴或通过替代解决方案提供给那些服务不足的人群银行服务。然而,缺乏数字化金融服务可能与薄弱的数字通信基础设施有关,因此需要努力改进的次序应是首先加快数字通信基础设施建设。然而,如果普惠金融的障碍源于对实现正规化的规避或困难,对于数字人民币来说,主动行动就足够了。

发行数字人民币和推动金融服务数字化可能会降低发放和管理实物现金的相关成本。以其他国家的现金使用为例,阿尔维兹(Alvez,2019)等估计,乌拉圭使用现金的私有成本比例约为 GDP 的 0.6%。其他相关文献也表明,这种私有成本从 0.2%(挪威)到 0.6% 不等(比利时)。科斯(Kosse,2017)等提出了类似的例子,加拿大现金使用成本(占 GDP 的 0.5%),但邦考(Banka,2018)报告称阿尔巴尼亚(1.0%)和圭亚那(2.5%)的成本要高得多。成本主要负担在银行、企业和家庭身上。虽然引入和维护数字人民币需要大量的固定成本,但运营成本可能会很低。在此基础上,越多的地区采用数字人民币,越能分摊固定成本,达到成本效率。此外,考虑到管理数字现金与管理实物现金都较为复杂,不应假设数字化将必然导致成本的降低。例如,一些中央银行、商业银行与实物现金相关的固定成本将继续存在。

中央银行可以使用数字人民币来制定和实施有针对性的货币政策。中央银行可以利用实时和更细致的情境化支付的原始数据来改善货币政策的制定和宏观经济预测(Bergara 和 Ponce,2018)。从金融和宏观经济稳定视角看,近乎实时和更准确地获得历史交易数据和对危机或政策措施的经济反应的观察能力将是有价值的(Burgos 和 Batvia,2018)。这种微观层面的支付流数据视图将有助于政策制定者认识到宏观金融受季节性因素、自然灾害或消费者行为的影响。中央银行可以在机器学习和其他先进的定量模型中使用收集到的数据,为宏观经济预测提供信息,管理流动性和储

备，或确定货币的真实流通速度。基于模式识别的机器学习模型可以帮助
预测指定地区或部门的数字人民币需求。在收集和使用微观消费者数据之
前，有必要实施适当的数据保护和网络弹性措施，以避免盗窃或滥用该数
据。如果措施不到位，央行的声誉可能会受到严重损害，而这种损害将超
过任何数字人民币的潜在好处。

数字人民币将有助于维护货币央行的货币主权。以稳定币为基础的
像 Facebook（脸书）的 Libra（一种数字货币项目）这样的支付系统可能
会在支付市场上占据相当大的份额。特别是在新兴市场和发展中经济体
（EMDEs）中，它们可能构成威胁，例如，加速货币替代（如美元化）和
破坏金融稳定，我国也不例外。广泛地向稳定币的迁移可能会减少商业银
行存款，这可能会使他们的资产缩水，以及它们对交易数据的可见性，都
阻碍了信贷对经济的供给。全球范围内采用的稳定币跨越多个国家和地
区，变得难以监督和 / 或监管，尤其是对新兴市场经济体而言，充当稳定
币系统中大多数实体的主机，总部可能位于其他地方。我国通过发行数字
人民币，可以阻挡稳定币的传播，增强我国人民币的货币主权。

（二）发行数字人民币的风险

数字人民币的引入可能会影响货币政策的传导。例如，数字人民币
将以不可预测的方式改变对基础货币的需求及其构成而且可能还会改变货
币需求对利率变化的敏感性。然而，曼奇尼-格里福礼（Mancini-Griffoli，
2018）等认为这种影响在合理的央行数字货币设计下不太可能显著。如果
数字人民币增加了金融包容性，并使得更多的家庭和公司在利率敏感工具
的影响之下，实际上是货币政策传导性可能增强。引入数字人民币可能会
改变汇率传导渠道，在给定市场汇率变动情况下，因为它会更加促进活跃
货币的管理，所以可能导致更强 / 更快的汇率变动。如果中央银行通过将
存款再循环到银行系统以提供稳定的资金，通过货币政策影响银行信誉和

融资成本的银行贷款传导渠道也会维持下去。

如果数字人民币与银行存款竞争，可能会影响金融稳定和银行的中介作用。数字人民币与商业银行存款的竞争程度将部分取决于数字人民币所支付的利率，如果有的话，无息的数字人民币将最接近于模仿现金。拥有较大零售存款份额的银行将面临来自数字人民币的竞争，尤其是生息的数字人民币，这些银行可能不得不提高存款利率以保持竞争力。这样的更高的存款利率将缩小利差，尽管是以贷款需求为代价，银行也可能会试图增加贷款利率。银行应对和保持盈利的能力将取决于它们在贷款市场上的影响力。相比于其他工具，存款保险使银行能够以较低的成本用存款为自己提供资金。发行数字人民币可能会削弱市场纪律，如果银行损失没有保险的存款比有保险的存款多，这可能导致银行冒更多风险。数字人民币目前设定无息。

银行还可能增加对批量融资的依赖，从而对融资成本和稳定性，以及市场纪律产生影响。然而，在目前的流动性监管要求下，银行不得不减少贷款或公司债券持有（BIS，2013，2014）。此外，在资本市场不太发达的国家，这也不是一个可行的选择。即使在何时何地从存款融资转向批量融资是可行的，它也可能会导致银行利润下降或提高贷款利率以保持利润率。银行融资可能会变得更不稳定。在这种情况下，银行可能不得不持有更多的流动资产来满足监管要求，或者以牺牲普惠金融为代价或减少促进增长的政策措施，尽可能地削减贷款。

数字人民币的发行可能会对央行的资产负债表产生重要影响，这取决于数字人民币转换模态。如果脱媒成为现实，央行可以将转移自商业银行存款的资金放贷转回这些银行，使它们能够继续经营借贷。然而，这意味着远离典型的央行任务，央行必须决定如何分配资金，这为政治干预打开了大门。如果只发行数字人民币，与现有的实物现金相比破坏性最小，因为它只会导致央行资产负债表负债方面的转变，即从现金到数字人民币。然而，当数字人民币针对央行储备发行时，其影响更为模糊，如果用户从商业银行存款转换过来，就会出现这种情况。更具体地说，在某种程度上，数字人民币是用准备金支付，央行资产负债表的规模将保持不变，因为准备金和货币都是负债，尽管商业银行的资产负债表也会缩水。

银行资产负债表收缩可能导致金融脱媒，为控制潜在的由此产生的后果，学者们提出了一些建议。帕内塔（Panetta，2018）建议施加持有限制，但这可能会限制支付数量或规模，当用户持有央行数字货币时已知是为了最终付款。宾德塞尔（Bindseil，2020）建议解决支付最终性问题的方法是为数字货币用户指定一个专用账户，该账户将自动转移支付超过上限的持有量。库姆霍夫（Kumhof）和努恩（Noone，2018）提出了一种更激进的方法，用来限制商业银行提供按需将存款兑换成央行数字货币的能力。宾德塞尔（2020）认为，没有必要引入如此深远改变银行和中央银行有关可兑换的核心原则，相反，他建议通过分层薪酬制度来控制央行货币的数量，对持有上限适配一个相对有吸引力的利率，而低利率将适用于超过门槛阈值的数量。

设计不良的央行数字货币可能会加速银行挤兑，因为它提供了一种随时可用、安全且有效的货币存款的流动替代品。然而，曼奇尼-格里福礼等（2018）认为挤兑风险的增加将取决于银行存款是否被可靠的存款保险覆盖，以及危机的类型。在许多国家和地区，可靠的存款保险应该持续防止挤兑。此外，安全且流动性相对较好的资产在许多国家已经存在，如政府债券基金或国有银行。一方面，就个别银行破产而言，资金从一家银行转移到另一家银行，在大多数国家只需点击一个按钮，这在技术上已经成为可能，所以拥有央行数字货币不太可能有这种情况下的挤兑。然而，根据央行数字货币的设计及其生态系统，包括潜在的可兑换性限制，央行数字货币可能会增加银行业普遍挤兑的风险。另一方面，在发生这种挤兑的情况下，央行数字货币可以允许央行加快向陷入困境的商业银行提供流动性，以避免出现先到先得的局面。此外，央行数字货币不太可能增加货币或主权危机中的普遍挤兑风险。

（三）发行先决条件

在考虑发行央行数字货币之前，发达经济体的中央银行都非常谨慎地审查法律和制度的先决条件。这些包括可靠的国家数据隐私保护立法和法规，强大的央行网络弹性和符合相关国际标准的国家支付系统规定。另一个重要的先决条件是有足够的中央银行资源来投入决策过程。我国在发行数字人民币时也充分考虑到了这些先决条件。这些先决条件涉及一些基本问题，包括数字基础设施、治理及风险管理、法律框架和监管等。这些基本问题可以帮助确定一个国家环境是否适合发行央行数字货币。当然，目前还没有放之四海而皆准的最佳实践或规定的规则将保证央行数字货币发行的最终成功，但是这种成熟度评估可以促进决策过程，帮助政策制定者确定并解决其基础设施、监管框架、治理和风险管理，以及央行立法的任何差距或缺陷。

发行央行数字货币是一个复杂的国家项目，在传统的中央银行以外（如财政部），还涉及多个利益相关者。对央行数字货币的兴趣和影响还延伸到法律框架。例如，取决于在现有的法律框架下，央行数字货币可能需要在治理、会计和财务报告准则方面做出改变，以确认央行数字货币。它还将影响多个公众机构，如金融情报单位、税务、资本市场和统计机构，加上监管机构、消费者保护机构和私营部门利益攸关方（包括商家和用户）。根据当地情况，央行可能会考虑建立国家利益攸关方协商委员会，为与各利益相关者进行沟通和接触提供便利，包括通过调查和焦点小组。利益相关者之间明确授权和有效合作有助于确定任务优先次序和最大限度地提高资源效率。

发行央行数字货币需要足够发达的技术基础设施。发展支持央行数字货币所需的基础设施包括电网、移动网络、互联网覆盖等，确保这些基础设施高水平的可用性和安全弹性。根据具体情况，各国可以选择海底光缆、固定线路和卫星连接等几种方法的组合。投资有线电视和卫星可以对高密度地区更大带宽的需求进行平衡，卫星在偏远地区的可靠性或作为停电情况下的备份。在某些情况下，发行央行数字货币的强烈动机可能会加速一个国家的基础设施投资和金融系统数字化。

央行数字货币发行最好放在国家支付系统发展得更广泛背景下考虑，由需求、目标和能力而不是技术驱动。一笔支付是货币工具（通常是现金和存款）在双方（付款人与收款人）之间转移以完成交易的过程。国家支付系统是各种制度安排和促进各方之间货币价值转移的基础设施的配置。查明国家支付系统中的所有用户需求对于央行数字货币发行至关重要（BIS，2016）。央行数字货币的实施需要对业务、资源需求和能力进行分析，从工作盘点和利益相关者磋商中得出。发展有技能和知识的人力资源对物质基础设施的发展同样关键，包括开发、运营和管理央行数字货币安排的人员培训，支持针对用户和服务提供商的教育项目。

推出央行数字货币是一项多方面的工作，超出了央行正常的信息技术项目管理框架的范围。发行央行数字货币会需要政治上的支持，广泛的高级管理层的承诺，并注重细节产品设计选择和操作流程。新货币可能会导致影响货币政策传导、金融稳定、金融部门中介、汇率渠道以及支付系统运营的重大破坏。发行央行需要考虑现有的经营环境及其对发行央行数字货币的影响，包括公众接受程度、用途、金融性质等行业反应和消费者动态。央行也将不得不权衡内部能力的可用性与外部选择运营处理扩散角色的选项。

由于央行数字货币涉及央行操作的诸多方面，其发行需要考虑央行的内部操作。央行数字货币的实时特性将需要足够的资源和快速的决策结构和反应及时处理中央银行内部的紧急问题，确保业务的连续性和操作弹性。即使是央行外包的业务，它也需要开发监测、监督和风险管理功能，评估供应商和第三方风险，并建立系统以应对可能由操作失败、网络入侵或执行错误导致的潜在央行数字货币中断。考虑到全时段央行数字货币环境的影响是很重要的成本分析，包括其对人员配备的影响，对央行数字货币生命周期和网络安全的支持。

政府和央行对央行数字货币的坚定承诺和信任对其被人民接受至关重要。就像发放常规实物货币一样，政府和央行必须表现出坚定的承诺和决心准备好采取必要措施，确保央行数字货币的可行性和稳定性与实物货币一样。公众对经济和金融稳定、数字货币价值和中央银行本身的信任是必不可少的。真实的或感知的宏观经济或央行相关的挑战可能会削弱公众对该国货币或央行的信心，需要一个不同的宏观经济政策措施的混合和调整。鉴于对一种货币（如数字货币）潜在信任的重要性，政策制定者在考虑发行央行数字货币之前，应该努力采取构建信任的政策措施。

（四）成本收益权衡

央行数字货币最终是否发行，将取决于成本的权衡及央行数字货币发行相对于其他替代品的好处。一些国家的中央银行正在努力改善现有的支付系统以匹配数字货币的速度和便利性。例如，美国联邦储备委员会（Federal Reserve）正在开发所谓的快速支付，允许银行间零售支付的近乎实时的支付和低成本结算。在一些实例中，部署快速支付将增强对基本支付系统的控制而不用发行央行数字货币。在另外一些国家，类似的系统已经改善了支付方式服务和促进支付市场的竞争，特别是如果配合其他改革，如公共数字身份、通用通信标准、开放应用编程接口（API，由第三方开发人员扩展插入银行应用程序进行互操作）以及数据可移植性和保护标准。如果考虑发行央行数字货币的目标是扩大金融包容性或为了减少现金的使用，其他的选择可能包括推广移动支付，激励私营金融机构改善其产品供应、改变或制定相关立法确保商户接受现金。

笔者认为发行央行数字货币是一种具有潜在成本效益和安全性的实现目标的方式，但是权衡央行数字货币的成本和收益可能是反复的。例如，潜在的成本节约和普惠金融带来的好处可能被基础设施升级成本所抵消。对一些现金使用量急剧下降的国家和地区，如果减少垄断扭曲是探索央行数字货币发行的基本原理，缺乏强大的网络安全弹性可能会引入对消费者保护和金融稳定产生不利影响的脆弱性。对货币政策实施和金融中介的潜在影响也可能抵消了其他央行数字货币的益处。

三、数字人民币的场景实践进展

基于以上数字人民币发行益处与成本的权衡，我国决定先进行数字人民币试点，在实践中摸索数字人民币的用法和模式。2019 年末，数字人民币首先在深圳、苏州、雄安新区、成都及未来的冬奥场景启动试点测试，2020 年 10 月又增加了上海、海南、长沙、西安、青岛、大连 6 个试点测试地区。随着这"10+1"试点的确立，诸多数字人民币的应用场景也相继落地。根据《数字人民币的研发进展白皮书》，至 2021 年 6 月 30 日，数字人民币试点场景已超 132 万个，兼顾线上线下，覆盖生活缴费、餐饮服务、交通出行、购物消费、政务服务等领域。开立个人钱包 2 087 万余个、对公钱包 351 万余个，累计交易笔数 7 075 万余笔，金额约 345 亿元，数字人民币快速发展。2022 年 4 月又增加了第三批试点城市，有天津、浙江（杭州、宁波、温州、湖州、绍兴、金华等）、福建（福州、厦门等）、广州、重庆等地区。截至 2022 年 8 月底，数字人民币试点地区累计交易笔数 3.6 亿笔，金额 1 000.4 亿元，支持数字人民币的商户门店数量超过 560 万个。2022 年 12 月试点范围再次扩大。由此前的深圳、苏州、雄安新区、成都分别扩大至广东、江苏、河北、四川全省范围，新增山东济南、广西南宁和防城港、云南昆明和西双版纳作为试点地区。至此，全国共有 17 个省级行政区全域或部分城市开展数字人民币试点。

数字人民币在试点地区持续探索应用新场景，从数字人民币红包发放，到工资代发，再到可用于购买基金等。目前，数字人民币应用场景日益丰富。应用场景已超过 1 000 万个，覆盖了生活缴费、餐饮服务、交通出行、购物消费、政务服务等领域，满足了公众的多样化支付需求。数字人民币还支持与现有支付系统的融合互通，如条码互扫、数字人民币入驻支付平台等，为公众提供了更多的支付选择和便利。此外，数字人民币还在对公领域进行了一些创新应用，如供应链金融、政府采购等，利用数字人民币的智能合约等功能，实现了资金流与信息流的统一。数字人民币的用户规模也呈现出快速增长的态势。截至 2023 年 5 月，数字人民币的个人钱包已开立超过 3 亿个，对公钱包已开立超过 1 500 万个，累计交易笔数超过 2 亿笔，交易金额超过 1 000 亿元。覆盖了东、中、西部和沿海、内陆各类城市，涵盖了不同的经济社会发展水平、人口规模、消费习惯等特点，为数字人民币的推广提供了丰富的经验和数据。

（一）数字人民币应用场景推广现状

小额高频的零售生活场景是数字人民币的重要推广点。将数字人民币定位为零售型货币，这与其他第三方支付工具类似，与日常生活较为契合。零售生活场景主要集中于线上购物与线下商圈消费。在线上购物方面，主要是具有大量客户优势的大型电商平台已经接入数字人民币，如京东、唯品会、淘宝等，并以此为依托，不断探索数字人民币应用场景，促进数字人民币的消费与普及。以京东为例，已经实现了"自营 + 第三方商家"全场景数字人民币支付，并通过发放京东购物数字人民币大礼包、满减券等，吸引了大量用户。在线下购物方面，多个试点城市与商业银行合力打造"智慧商圈"等数字人民币线下使用场景。杭州市拱墅区推进大武林商圈智慧化，目前该商圈已有超 2 000 户商家接入数字人民币支付体系，形成了较为完整的消费生态圈。2023 年江苏南京江北新区春季消费节在线发放 1.8 万张，总金额 220 万元的数字人民币消费红包，可在砂之船江北奥莱、永辉超市、扬子江国际会议中心酒店等 6 家商贸企业使用，覆盖综合体、商超、餐饮、住宿等全场景业态。其中，砂之船江北奥莱将以 80%以上的终端改造率，试点打造南京首个数字人民币体验商圈。

餐饮文旅领域也是数字人民币应用场景推广的重点。多个试点城市积极推进数字人民币应用。浙江宁波着力打造象山半边山、奉化滕头、镇海九龙湖等数字文旅度假场景，实现数字人民币购票、住宿、购物等一站式服务，建设智慧景区。江苏省溧阳市天目湖景区已实现景区门票、景区交通、休闲娱乐、旅游商品、餐饮住宿等多个文旅应用场景数字人民币受理。2023 年 2 月，南京市首个旅游景区数字人民币支付场景落地玄武区，可用数字人民币购买中山门段城墙门票，玄武区的红山森林动物园成为南京首家数字人民币试点示范 4A 景区。

教育医疗领域也是数字人民币应用场景的重要推广点。国内首家教育行业应用试点——南京师范大学苏州实验学校数字人民币试点项目，自 2020 年 9 月至今，经过半年多的使用，系统运行稳定，用户体验良好，得到了全校师生的一致好评。该项目以白名单方式进行数字人民币场景对接，学校师生可通过数字人民币 App 开通账户、与校园卡签约绑定，支持二维码、校园卡、人脸等多种交易方式，实现了师生校园餐厅就餐消费，以及洗衣房自助洗衣、校园超市消费等边缘场景支付，极大地方便了师生在校的日常生活消费。2022 年 5 月，广东省人民医院惠福分院成功落地广东首家医疗机构数字人民币医疗支付场景。在门诊就医场景，线上缴费只需在医院官微调出待付款的诊疗单，点击"数字人民币"即可完成支付。在互联网就诊缴费场景，患者完成线上问诊后，即可使用 5G 互联网医院的数字人民币支付功能进行支付。在住院按金缴纳及结账缴费场景，患者进行住院结账时，同样只需打开数字人民币 App 就可进行支付结算。

在公共交通领域，数字人民币试点场景持续落地，形成了丰富的实践经验。2022 年 4 月，全国首个数字人民币高速公路全场景应用在福建落地，驾驶人通过数字人民币 App 即可快速完成在服务区购物、加油、缴纳通行费、餐饮等的交易结算。同年 8 月，广州市率先上线数字人民币付款码支付公交乘车费用的试点功能。2023 年 2 月，江苏省首个高速公路数字人民币应用场景在南京落地，南京市交通集团所辖绕越高速东南段各收费站混合（人工）车道全部支持数字人民币付费。2023 年 5 月，数字人民币 App 新增"乘车码"功能，支持杭州地铁、绍兴地铁、杭海城际铁路等"展码进站"，标志着全国首个数字人民币"乘车码"应用场景在浙江落地。北京 24 条地铁运营线路自 2021 年起就已支持数字人民币过闸及购票乘车。2023 年 6 月，数字人民币无网、无电支付应用首次在青岛轨道交通 4 号线张村站和科苑经七路站落地试点，实现了无网、无电状态下数字人民币硬钱包地铁过闸通行。

公共服务领域的数字人民币应用场景也逐步推开。2022 年 6 月，青岛上线全国首个数字人民币支付的综合便民缴费服务平台，平台将数字人民币作为唯一支付方式，为市民提供便利的线上缴费服务，缴费项目涵盖水费、燃气费、电费、话费等业务，将逐步推出账单推送及查询、缴费托管、一键缴费、账单分期等多种功能，以及针对合租房用户推出账单自动分摊支付等的个性化功能，使用户缴费更加便捷。陕西省西安市在国家电网、中国石油、广电网络、水务、天然气等收费平台加载数字人民币功能，已有约 14.5 万用户使用数字人民币缴纳费用 3 500 余万元。江苏省苏州市数字人民币实现民生服务领域全面覆盖，2022 年，苏州市水费、电费、燃气费等各类民生缴费使用数字人民币超 1.3 亿元，这一过程加速了人们对数字人民币的了解和使用进程。

税收征缴领域也是数字人民币的试点场景之一。青岛市税务局全面实现各纳税缴费场景数字人民币应用落地，包括通过三方协议签约渠道扣缴数字人民币、通过试点银行柜面渠道扣缴数字人民币、通过办税服务厅 POS 机渠道扣缴数字人民币、通过电子税务局等线上渠道扣缴数字人民币、跨省异地纳税人缴费人使用数字人民币纳税缴费和以数字人民币方式退税费等。广东省税务局是全国首家完成数字人民币缴纳税费线下线上多渠道改造的省级税务部门，现已实现数字人民币缴纳税费、跨境涉税业务办理、异地清缴税款、签订三方协议扣款缴税等多场景应用。2023 年以来，长沙税务部门主动对接各大银行，联合人行、人社等多部门进一步扩大数字人民币在税费、医保、社保缴纳方面的场景应用，不断优化细化税款解缴流程，加强数字人民币全场景、全流程缴纳税费宣传和推广力度，越来越多的纳税人、缴费人开始接受和习惯使用数字人民币缴纳税费。

（二）数字人民币支付功能日益完善

2022 年初，中国联通 App 上线了数字人民币 App 拉起支付功能，这是数字人民币试点以来，全国首个拉起数字人民币 App 支付的线上场景。数字人民币的线上支付主要采用"子钱包推送"的方式，拉起式支付模式的上线丰富了数字人民币线上支付的体系，也为后续更名"钱包快付"提供了参考。针对数字人民币具有"不计付利息"的零售小额使用特点，包括工商银行、建设银行、农业银行在内的多家银行在其自有手机银行 App 内推出了数字人民币钱包的余额智能管理功能，支持数字人民币钱包余额自动存入银行账户。数字人民币 App 更新，更新的主要内容为"数字人民币支付服务升级，钱包添加银行卡，随用随充更便捷"。数字人民币钱包在已关联银行卡的情况下，付款时若余额不足，将自动从已关联银行卡充钱至钱包并完成支付，充钱金额为当笔支付需补足部分。这些功能或可有效提升数字人民币钱包的使用体验，用户既能享受银行账户计息，又能避免数字人民币支付时余额不足的问题，是数字人民币在支付体验上的一次大更新。

2022 年以来，数字人民币硬钱包持续推进，在卡式硬钱包的多应用创新上不断发力，多家运营机构都针对具体行业和场景推出了加载行业应用的数字人民币硬钱包。在三亚市海南鲁迅中学校园，工商银行与中国移动基于 SIM 硬钱包推出了"数字人民币智慧学生证"产品。该产品内置 NFC 模块，集数字人民币硬钱包、GPS 定位、亲情通话、紧急求助、电子围栏等功能于一身，可为校方、家长和学生提供更加便捷、安全的支付和使用体验。7 月，中国国际消费品博览会上工商银行海南省分行、中国移动海南公司发布了长者爱心卡数字人民币硬件钱包。其同样依托 SIM PAY 硬钱包产品，使用 NFC 近场通信、物联网等技术，具备亲情互拨、紧急求助、实时定位、数字人民币支付等功能亮点，实现钱包、手机常用功能二合一，可为老年人提供更加便捷、安全的出行保障。8 月，邮储银行北京分行联合多家单位，共同启动北京民生一卡通叠加数字人民币硬件钱包研发，首张样卡制作完成。这是全国首批叠加数字人民币硬件钱包的第三代社保卡。9 月 1 日，中国银行联合美团，在服贸会首钢园区发布首款面向大众流通的数字人民币硬件钱包产品——数字人民币低碳卡硬件钱包。9 月 8 日，邮储银行发布以数字人民币硬件钱包为载体的"丽泽数币一卡通"，通过多项行业应用叠加，将"金融＋工作＋生活"完美契合，实现了"一卡通行，一卡通付"。9 月 15 日，中国银行苏州吴中支行携手苏州工业职业技术学院成功落地全国首张高校数字人民币校园卡硬钱包。11

月，邮储银行推出数字人民币新产品"新市民亲情暖心钱包"，将数字人民币准账户硬钱包产品功能及优势赋能于传统金融服务产品，创新设计了基于卡式硬钱包的金融服务产品。

（三）数字人民币应用场景日益拓宽

2022 年 5 月，深圳市福田区政府联合深圳建设银行推出全国首个数字人民币教培机构预付式消费平台，核心是通过智能合约等技术解决预付式消费资金监管问题。海南工商银行打造的海南自贸港首例数字人民币预付资金监管系统上线，该项目通过数字人民币智能合约技术优势，可以解决预付式消费中的资金安全问题。6 月，福建省体育彩票系统正式上线数字人民币购买彩票支付方式，是全国首个通过系统对接实现数字人民币在彩票销售场景的应用。7 月，北京商务中心区信链科技有限公司、交通银行北京三元支行、朝阳区厚海培训学校三方签署了《朝阳区预付费资金存管服务协议》，共同推进的"数字人民币资金存管模式"正式落地，成为数字人民币智能合约赋能教育培训领域预付资金管理的北京首个成功案例。8 月，中国建设银行河北雄安分行通过"雄安新区建设资金管理区块链信息系统"，成功落地数字人民币穿透支付业务，实现了首例数字人民币在新区区块链支付领域应用场景新突破。中国银行四川省分行联合成都市龙泉驿区教育局与成都天府通金融服务股份有限公司，以数字人民币试点为契机推出"龙泉教培"智能合约预付资金管理产品，打造校外培训机构办学经费全额全流程监管平台。9 月，由国网雄安金融科技集团有限公司攻关的数字人民币母子钱包技术在电力缴费场景创新应用，在国网江苏电力苏州供电分公司实现全国首单落地。11 月，由深圳市光明区文化广电旅游体育局、中国农业银行深圳市分行、深圳市光明区辰奥文化体育旅游有限公司三方签约，其合作打造的光明区体育消费数字人民币智能合约平台是区块链技术在文体旅消费领域的创新实践，通过智能合约等技术对预付式消费资金进行智能监管。12 月，资本市场金融科技创新试点（上海）专项工作组发布通知，对首批 26 个资本市场金融科技创新试点项目进行公示，纳入"监管沙盒"，一方面可以拓展数字人民币的应用场景，另一方面也能通过数字人民币"智能合约"等特性强化监管资本市场的资金流通，保障资本市场的资金安全。雄安新区首笔科技创新券以数字人民币形式完成兑付，全国首创结合区块链智能合约技术实现"秒兑付"。采用数字人民币＋区块链智能合约形式发放科创券相较于传统科创券兑付方式，兑付时间从"月结"提升至"秒结"，实现了高效实时兑付，极大简化用券流程，可提高企业用券积极性，鼓励新区企业加大科研投入力度。

四、推广数字人民币应用场景的难点

数字人民币作为现金的替代品，主要用于各种消费应用场景。数字人民币既可以通过 App 软支付，又可以通过 SIM 卡等硬支付，具有无网、无电运行的优势，提高了居民消费的便捷性，数字人民币的各种应用场景不断推进就是明证。但是，数字人民币本身只是现金的替代品，是不能生息的虚拟货币，这些特性也制约了数字人民币应用场景的增长进程。由于数字人民币发展还处于初期，应用场景增长的难点也是普遍性的。

一是数字人民币的主要用途在于数字支付，但推出时间较晚，且面临激烈竞争。支付宝于 2003 年推出，微信支付于 2013 年推出，数字人民币推出试点是在 2019 年，相较于其他支付工具推出较晚，而且目前仍在试点阶段。尤其是经过多年的深耕，第三方支付机构已经占据了移动支付市场的绝大部分份额，根据市场调查机构尚普咨询数据显示，截至 2022 年底，排名前十位的第三方支付机构占据了市场份额的 96.7%，排名前两位的支付宝和微信支付分别占据了市场份额的 54.5% 和 38.8%。这些第三方支付机构发展成熟，技术与系统稳定，合作伙伴遍及日常各个场景。因此，数字人民币作为数字支付领域的后来者，想在竞争激烈的支付市场占有一席之地，殊为不易。数字人民币需要找准市场定位，展开错位竞争。

二是数字人民币定位为现金的替代品，缺乏内在激励。数字人民币并不是生息货币，只是保管方式和支付手段的不同。而一些支付工具可以借助理财工具进行类似生息的行为。由此，推动数字人民币应用场景就需要外部的力量，如通过发放红包或者补贴等方式吸引消费者和商家使用。这些优惠方式并不具有持续性，一旦减少或结束，消费者与商家的兴趣也会消失，数字人民币的使用频率也必然回落。这些短期激励机制或引导政策，并不能形成可持续且有效的动力；金融机构并不能从推广数字人民币消费中获益，动力缺失；此外，对于使用数字人民币，尚未有国家层面的法律规定或者行政指令进行强制执行，如凭自愿，则需要实实在在的利益推动。

三是数字人民币的虚拟货币属性，容易引发用户担忧。数字人民币使用的一个先决条件就是强大的数字基础设施，尤其是网络普及性与安全性。对于消费者来说，可能担心使用数字人民币会泄露信息、隐私或者被监控；而对商家而言，可能认为使用数字人民币会增加自己的成本和风险，也可能担心自身经营状况被相关部门监控，尤其是隐藏的真实收入被追溯或者征税。加上加密货币的负面影响，这就加剧了消费者和商家对使用数字人民币的疑虑和担忧，从而产生抵触情绪。此外，由于第三方支付工具较多，多数消费者认为没有增加一个新支付工具的必要。

五、结论与政策建议

数字人民币自 2019 年试点以来，场景应用不断丰富，数字钱包数量不断增加，使用金额不断创新高。随着数字时代的持续向前发展，数字人民币消费端应用的持续增长也是大势所趋。从国家层面来说，要明确数字人民币的法律地位和监管制度，规范数字人民币的发行和流通，保障民众、商家与企业的隐私权和合法权益；加强网络安全建设，实现数字人民币的可控匿名性，提升数字人民币使用的便利性和安全性。在省级层面来说，促进数字人民币消费端应用增长，要在省委、省政府的鼓励引导下，不断探索有利于促进数字人民币应用场景增长的措施，为全国数字人民币应用场景增长提供先进经验。

一是要完善数字人民币应用场景的基础设施。数字人民币本质上是支撑数字经济发展的数字金融基础设施，支撑数字人民币消费端应用的基础设施则是支持数字人民币支付的各种软硬件。在软件设施上，推动第三方支付平台绑定数字人民币的二维码支付，在省内加油站、停车场、农贸市场、商贸广场、餐饮酒店、超市、旅游景区等场所集中推广覆盖，尤其在热门景点和热门商圈实现全覆盖，使人们在扫码消费时有数字人民币的选项。在硬件设施上，推动省内各金融机构与中国移动、中国联通、中国电信合作进行硬钱包的研发使用，加强支付载体创新，例如，数字人民币支付卡、数字人民币 NFC 支付、数字人民币手环等。实现 SIM 卡或其他支付载体一卡多能，在交通、校园、养老等消费场景持续推广覆盖，例如，实现校园卡、SIM 卡、数字人民币"硬钱包"一卡融合，覆盖门禁、用餐、购物等校园场景。

二是要鼓励居民使用数字人民币进行消费。扩大数字人民币的应用场景首先要使居民手中存有数字人民币，这就要发挥政府的引导作用。在省内鼓励有条件的政府部门、事业单位以及国有企业以数字人民币形式进行部分工资发放（作为日常消费使用，不涉及生息激励），在政府主导的补贴、奖励上，如税收补贴、科创奖励、就业培训补贴等，积极使用数字人民币进行支付。从源头上增加省内居民持有数字人民币的数量，这有利于居民积极利用数字人民币，促进数字人民币应用场景的增长。在扩大消费面上，结合新时代消费主力的喜好，举办相关活动，积极参与消费潮流，既普及数字人民币又进一步开拓市场。同时，鼓励省内各市县政府不定期推送数字人民币的消费红包，培养用户的消费和使用习惯。此外，还要加强数字人民币的宣传工作，培养居民和商家对数字人民币的信任感。

三是要推进政府部门进行数字人民币交易。政府部门作为数字人民币应用场景的关键组成部分，也要发挥引领带动作用。省内各级政府、公共的财政经费支出，例如，公用设施采购、高校与科研机构科研经费划拨等，可以考虑在有条件的情况下使用数字人民币进行支付，并结合一定程度的折扣、补贴进行推广。提升在教育、医疗、社保系统等各类财政资金使用领域的数字人民币支付覆盖面，特别是加大教育、医疗领域在基础建设、设备采购、收费结算等方面的使用力度。增加国企支付结算使用率，发挥数字人民币安全性和无手续费的特点，推动更多国企在采购支出、项目结算支付等场景叠加数字人民币功能，特别是在大额支付领域，在多个"场景"中不断提高对公钱包交易量。发挥各级政府主导作用，逐步扩大数字人民币的适用范围，推动全省数字人民币应用场景的进一步增长。

四是要促使金融机构激活数字人民币金融属性。全面推进商业银行数字化转型升级，依托数字人民币创新业务模式，提升其贷款发放规模。引导金融机构结合数字人民币可溯源、可线上交易、可添加智能合约等特点，创新产品和服务、简化业务流程，提升首贷户识别效率与贷款发放效能，压缩业务办理周期，推进业务提质上量。全面推动商业银行将数字人民币纳入普惠贷款中，并将数字人民币贷款额作为银行业综合评价指标之一，不断提升数字人民币普惠金融贷款的数量。利用银行贷款发放、贷款还款、受托支付、政府购买服务结算等支付场景，结合数字人民币支付结算优势，不断提升企业对公钱包使用频率及规模。充分发挥地方金融机构支小支农优势，鼓励小贷公司、融资租赁公司等地方金融机构更多使用数字人民币发放贷款，提升各类政府增信产品使用数字人民币发放覆盖面。

参考文献

［1］ Bolt, W. and D. Humphrey. "Public Good Issues in TARGET: Natural Monopoly, Scale Economies, Network Effects and Cost Allocation," European Central Bank Working, July 2005, p.505,.

［2］ Gowrisankaran, G. and J. Stavins. "Network Externalities and Technology Adoption: Lessons from Electronic Payments", *RAND Journal of Economics*, 2004. Vol.35, No.2, pp.260−276.

［3］ Alvez, M., R. Lluberas and J. Ponce. "The Cost of Using Cash and Checks in Uruguay," Documento de trabajo del Banco Central del Uruguay 004−2019. 2019.

［4］ Kosse, A., H. Chen, M.-H. Felt, V. D. Jiongo, K. Nield, and A. Welte. 2017. "The Costs of Point-of-Sale Payments in Canada," Bank of Canada Staff Discussion Paper 2017−4, Ottawa.

［5］ Banka, H. 2018. "Initial findings from the implementation of the Practical Guide for Measuring Retail Payment Costs," World Bank Private Sector Development Blog, May 28.

［6］ Bergara, M. and J. Ponce. 2018. "Central Bank Digital Currency: The Uruguayan E-Peso Case," in Gnan, E. and D. Masciandro. 2018. Do We Need Central Bank Currency? Economics, Technology and Institutions, Société Universitaire Européenne de RecherchesFinancières.

［7］ Burgos, A. and B. Batavia. 2018. "Currency in the Digital Era," Banco Central do Brasil Working Paper, July.

［8］ Mancini-Griffoli, T., M.S. Martinez Peria, I. Agur, A. Ari, J. Kiff, A. Popescu, and C. Rochon. 2018. "Casting Light on Central Bank Digital Currency," IMF Staff Discussion Note SDN/18/08.

［9］ Panetta, F. "21st Century Cash: Central Banking, Technological Innovation and Digital Currency," *SUERF SUERF Policy Note*, No. 40, 2018.

［10］ Bindseil, U. "Tiered CBDC and the Financial System," *European Central Bank Working Paper*, No. 2351, January 2020.

［11］ Kumhof, M., and C. Noone. "Central Bank Digital Currencies-Design Principles and Balance Sheet Implications," *Bank of England Staff Working Paper*, No. 725, 2018.

第四部分
数字金融的场景创新

数字普惠金融与乡村振兴
——以江苏省为例

  当前，中国农村正处在从高速发展向高质量发展转换的关键阶段。外部经济持续低迷以及偏重城市发展的路径选择，导致依靠人口、土地等原有发展要素来推动农村经济发展的模式难以为继。基于此，乡村振兴战略的提出正是应对国内外发展新形势、激发内生新动能的需要，是我国农村经济社会发展的必由路径。从党的十九大报告明确提出实施乡村振兴战略以来，大量发展要素资源输向我国广大农村地区，开创了农业农村发展的崭新局面。党的二十大报告更是提出全面推进乡村振兴，加快建设农业强国的目标任务。乡村振兴战略已成为新时代推动"三农"工作的重大决策部署。金融是农村经济的血液与核心，是调节农村经济发展资源要素配置的有效工具。当今世界正处在新一轮科技革命和产业变革的孕育期，数字技术发展衍生出的经济生态圈层出不穷，诸如数字化创新设计、人工智能制造、大数据新型营销等新业态不断涌现，共享经济、平台经济、融合经济等新商业模式成为主流，进而对金融生态产生深远影响，推动金融与数字技术的深度融合。普惠金融是相对于金融排斥现象而提出的，其本质内涵就是赋予全体居民平等享有运用金融资源寻求发展的权利。数字技术的包容性特征与普惠金融极度契合。因此，数字普惠金融作为突破客观条件限制，均衡城乡二元经济发展的着力点，已经成为金融助推农村经济增长的新路径和新亮点。在我国广阔的农村区域，通过互联网大数据、云计算、人工智能等技术，开发线上金融产品，建立一套由手机银行、网上银行、远程银行、自助终端等金融服务渠道构成，"线上＋线下"全方位协同的数字普惠金融服务体系，不仅可以极大缓解了农村地区金融业务快速增长与物理网点资源有限之间的矛盾，也在推动农业农村现代化、农民公共服务便利化、乡村数字化建设及农村金融业发展等方面发挥着"调节剂"和"助推剂"的作用，已成为乡村振兴战略实施的动力源，助推我国农村经济社会高质量发展。

江苏坚持把贯彻落实乡村振兴战略作为新时代"三农"工作的总抓手，坚持农业农村优先发展，以市场化为根本遵循，积极推动乡村全面振兴。作为我国沿海经济发达的省份之一，江苏实施乡村振兴战略的总体基础和基本条件较为优越，农村地区经济整体发展状况相对较好，农民收入水平普遍较高，农村基础设施和公共服务体系相对完善。然而，在乡村振兴战略实施过程中仍然存在一系列问题和矛盾。一方面，近年来江苏乡村经济增长速度放缓，农村产业结构亟待调整，农民收入增长动力不足；另一方面，随着城市化和城镇化进程的推进，农村人口流失速度加快，农村空心化、老龄化现象日趋严重。金融资源作为农村经济社会发展的重要引导和支撑力量，如何更好地赋能江苏农村地区的发展，走出一条生态引领、绿色富民的乡村振兴新路径，已然成为新时代江苏金融高质量发展的一项重要议题。

近年来，江苏不断深化金融改革，引导资金、项目和资源向农村地区集聚。例如，在全省推广设立村级金融顾问和新型农业经营主体全面建档评级，大力推广农户普惠信用贷款"整村授信"的做法入选农业农村部"金融支农十大典型案例"。此外，2019年8月，江苏率先以乡镇为单位启动银行业、保险业支持乡村振兴试点示范工作，通过出台指导意见、组织走访对接、促进资源集聚、指导优化机制、支持金融创新等方式，推动试点乡镇实现金融产品和服务的政策倾斜、模式创新和资源下沉。截至 2022 年末，全省试点乡镇已从 2021 年的 19 个扩展到 60 个，覆盖全部县（市）和农村体量大的地区。随着金融服务的数字化升级，数字普惠性金融已成为推动江苏乡村振兴的重要力量。江苏省持续深化金融改革创新，着力构建"双轮驱动"数字普惠金融服务体系。通过省综合金融服务平台与省级征信服务平台协同运作，创新打造"大数据 + 征信"融合模式，全面实施普惠金融"一网通"工程，有效破解银企信息不对称难题。截至 2024 年 4 月末，省综合金融服务平台已实现全域覆盖，企业注册用户突破 176 万家，汇聚 3 282 款金融产品，构建起多层次、广覆盖的线上金融服务生态。在普惠金融服务领域，平台创新打造"苏易融"服务专区，重点推出"便捷通"系列产品，精准对接个体工商户、新型农业经营主体等市场群体融资需求。截至 2023 年末，该专区累计服务 66.6 万市场主体，促成贷款投放 3 117 亿元，单户平均获贷时效缩短至 2.3 个工作日。在风险缓释机制建设方面，平台专门设立"江苏省普惠金融发展风险补偿基金专版"，系统整合"小微贷""苏服贷""苏农贷"等三大省级政银合作产品，通过风险共担模式将融资利率下浮，担保费率下降，显著降低市场主体融资门槛。累计为 1.62 万家涉农企业建立数字信用档案，切实提升普惠金融服务的可得性和覆盖面。

如何进一步加强普惠金融的推广，优化完善普惠金融服务体系，使其在巩固拓展脱贫攻坚成果和乡村振兴中持续发挥造血效能，已成为江苏乡村现代化实践工作的重中之重。此外，由于江苏数字金融资源主要集中于城市地区，农村地区数字金融产品和服务发展相对滞后，农村居民数字金融需求得不到充分满足。因此，如何通过发展数字普惠金融提升江苏乡村振兴战略实施的效率和质量，成为当前数字普惠金融赋能乡村振兴过程中亟待解决的重要问题。

一、数字普惠金融赋能乡村振兴的逻辑理路

乡村振兴战略实施过程中，数字普惠金融的实践创新和政策优化具有重要的导向意义。通过数字普惠金融的应用，可以打破传统金融供需的时空脱域局限，实现农村金融资源的高效运转，达成金融服务的标准化、均等化目标。因此，与数字技术相结合的普惠金融，成为可实践、可运行的金融赋能乡村振兴的新路径，充分彰显了金融数字化转型提升服务乡村经济效能的优越性。

（一）数字普惠金融的内涵与特征

数字普惠金融指利用数字技术和金融创新手段，为广大农村地区和低收入人群提供包括支付、存款、借贷、保险等在内的金融服务（王晓，2016）。通过数字化技术，数字普惠金融可以突破时空限制，提供便捷、快速、安全的金融服务，实现农村金融的普惠化。具体来说，数字普惠金融具有以下六个特点（黄益平，2017）：

1. 普及性

数字普惠金融的目标是为广大农村地区和低收入人群提供金融服务。通过数字技术，农村居民可以获得与城市居民相同的金融服务水平，弥补了农村金融服务不足的缺陷。

2. 便捷性

数字普惠金融通过移动互联网、大数据、人工智能等技术手段，提供了便捷、快速的金融服务。农村居民可以通过手机、电脑等终端随时随地进行金融交易，无需前往银行网点，节省了时间和成本。

3. 包容性

数字普惠金融通过创新金融产品和服务模式，提高了金融服务的包容性。通过数字化技术，农村居民可以获得多样化的金融服务，包括支付、

存款、借贷、保险等，满足了不同群体的需求。

4. 可控性

数字普惠金融通过风险评估模型和风控技术，提高了金融服务的风险控制能力。通过对农村居民的信用评估和对违约风险的预测，数字普惠金融可以减少不良贷款和风险损失，提高金融机构的贷款投放效率和盈利能力。

5. 持续性

数字普惠金融注重长期可持续发展，通过创新商业模式和探索新的合作机制，实现金融机构的可营利性和农村居民的可持续发展。数字普惠金融不仅关注短期经济效益，还注重对农村地区居民的长期帮助和支持。

6. 创新性

数字普惠金融通过不断创新，提供新的金融产品和服务，满足不同农村地区和经济体的需求。创新金融技术和业务模式，使得数字普惠金融成为农村振兴的重要推动力。

总的来说，数字普惠金融具有普及性、便捷性、包容性、可控性、持续性和创新性等特点，为农村地区和低收入人群提供了强大的金融服务支持，有助于推动乡村振兴进程。

（二）数字普惠金融赋能乡村振兴的实践逻辑

党的十九大报告提出乡村振兴战略后，国内很多学者针对金融服务乡村振兴展开了研究，并为金融如何更好地服务和支持乡村振兴献计献策。具体有以下四个方面：

1. 数字普惠金融对农村经济发展的作用

数字普惠金融对农村包容性增长有显著的直接促进作用（任碧云和李柳颖，2019）。与传统普惠金融相比，数字普惠金融可以更显著地缩小城乡收入差距（孙继国和赵俊美，2019）。但数字普惠金融发展及其覆盖广度、使用深度和数字化程度，以及新型城镇化对省域城乡收入差距收敛效应显著，而其发展指数与新型城镇化的交互项却扩大了城乡收入差距，存在着异化现象，这说明数字普惠金融与新型城镇化二者融合欠缺，不能有效缩小城乡收入差距（王永静和李慧，2021）。农村数字普惠金融能够降低交易成本，支撑农村数字经济增长，但会对数字基础设施、金融生态和客体认知禀赋等提出更高要求（星焱，2021）。由此可见，数字普惠金融有助于本地农村产业融合发展，具有显著的空间溢出效应，且自2015年开始农村产业融合发展试点以后该促进作用更加强烈（张林和温涛，2022）。数字普惠金融与农村经济增长存在空间正相关性，数字普惠金融发展通过空间溢出效应促进农村经济增长（陈鸣 等，2022）。数字普惠金融通过提升农业全要素生产率、增加信贷融资渠道、缩小产业间收入差距，显著促进乡村产业融合发展来提升农民共富效应；数字普惠金融覆盖广度和数字化程度的共富效应明显好于使用深度，且乡村产业融合功能越广，其带来的共富效应也越大（申云和李京蓉，2023）。

2. 数字普惠金融对于巩固拓展脱贫攻坚成果的作用

数字普惠金融不仅能够促进互联网信贷和互联网保险发展（即金融可得性），直接减缓农村贫困，同时也会通过增加个体就业和私营企业就业（即经济机会）间接减缓农村贫困；在考察期内，直接增加贫困农户金融可得性的减贫效果整体上优于瞄准当地经济和产业发展为贫困农户带来更多经济机会的减贫效果（刘锦怡、刘纯阳，2020）。数字普惠金融通过提升客户触达能力，促使城乡之间金融服务的机会均等化，降低融资交易成本，破解金融排斥，缩小城乡差距，降低农村地区的相对贫困水平；现阶段数字普惠金融只能够有效地降低东部地区的农村相对贫困水平，而在中西部地区，这种效应并不明显。中国应因地制宜地改进和提升数字普惠金融服务，提高各类微弱经济体的信贷可得性，增强金融赋能的精准性和有效性（蔡宏宇和阳超，2021）。数字普惠金融发展主要通过增加信贷可得性、促进收入增长和缩小收入差距等机制减缓居民贫困。而且，数字普惠金融发展的减贫作用呈先恶化后改善的效应，并具有显著的时滞性。对于人力资本越高的家庭，数字普惠金融越能发挥减贫作用；而对于收入越低、社会资本越匮乏、健康状况越差的家庭，数字普惠金融的减贫效应越显著，与数字普惠金融发展的初衷一致（周利 等，2021）。数字普惠金融发展水平对缓解相对贫困具有显著的正向影响，能有效缓解农村相对贫困，覆盖广度对缓解农村相对贫困具有显著的正向影响；为缓解农村相对贫困，实现脱贫攻坚与乡村振兴的有机衔接，要充分利用数字普惠金融手段，加强信息网络基础设施建设，改善数字普惠金融缓解农村相对贫困的硬件条件；建立信用评估机制，拓展数字普惠金融缓解农村相对贫困的供给广度；基于"三农"发展视角，营造数字普惠金融缓解农村相对贫困的良好环境；完善监管体系，提高数字普惠金融在缓解相对贫困中的风险规避能力（王凤羽和冉陆荣，2022）。数字普惠金融对多维贫困的减贫效应主要通过提高信贷可获得性、扩大保险的覆盖面等途径实现（曾祥炎和胡慧强，2023）。

3. 数字普惠金融对于乡村振兴的作用

我国乡村振兴战略旨在使农村产业兴旺、生态宜居、乡风文明、治理有效、生活富裕，而数字普惠金融能够从减少金融排斥、促进协同创新、增强风险管控等方面实现乡村振兴的上述要求（谢地、苏博，2021）。现阶段中国数字普惠金融水平整体已越过临界点，主要发挥对乡村振兴的促进作用；数字普惠金融对乡村振兴的影响具有显著的空间溢出效应，且溢出效应将率先促进邻近地区的乡村振兴；财政分权、信息化水平等可以有效改善乡村治理水平（葛和平和钱宇，2021）。数字普惠金融对我国乡村振兴水平有正向促进作用，这一促进作用主要通过数字普惠金融对乡风文明、产业兴旺、生活富裕和生态宜居这四个方面的显著正向影响来实现

（田霖 等，2022）。数字普惠金融依托金融科技，通过优化资源配置、实现金融信息共享、降低金融服务门槛等路径为乡村振兴注入充沛活力，但数字普惠金融推动乡村振兴的区域差异显著、区域金融资源分布不均衡、脱贫地区的数字技术条件及居民金融素养水平有待提高、金融改革举措和试验作用范围有待延伸等问题致使其促进乡村振兴面临瓶颈，需要建立农村区域间数字普惠金融合作机制、发挥数字普惠金融政策叠加效应、着力强化数字普惠金融基础设施建设以提高居民数字普惠金融认知度、重视农村区域金融一体化平台建设以加快欠发达地区的发展速度，加大数字普惠金融对乡村振兴的支撑和推动作用（赵春江和曲鸿源，2023）。

4. 数字普惠金融对农村居民发展的作用

数字普惠金融对提升农村居民收入具有显著效应，构筑数字普惠金融的服务体系，对于增加农民收入、全面实现乡村振兴战略具有现实意义（陈丹和姚明明，2019）。数字普惠金融发展促进了农户家庭参与金融市场的概率和配置风险金融资产的比例，而且当农户金融素养或智能化素养更高时，数字普惠金融发展对其金融市场参与和风险金融资产配置的影响更为强烈（周雨晴和何广文，2020）。数字金融新业态的发展对农民收入水平与增收渠道产生深远影响，能够促进本地农村居民收入的提升，但对周边地区农民收入的溢出、扩散效应还未显现；数字普惠金融对收入来源的影响途径与作用效果各不相同，数字普惠金融能够促进工资性收入、经营性收入和转移性收入的提升，但无法推动资产性收入的提高；数字普惠金融增收的主要渠道是通过促进地区经济增长、提高就业机会与工资水平来间接促进农民增收（刘自强和张天，2021）。数字普惠金融有益于丰富农户收入多样性：其一，能够通过拓宽覆盖广度，提升使用深度，正向促进农户收入多样性；其二，能够显著促进农户创业，从而拓宽农户收入渠道；其三，数字普惠金融对农户收入多样性具有异质性影响，且相较于低收入者，其对高收入者的作用更为强烈。基于此，拓宽农村地区数字普惠金融覆盖广度、提升农户数字普惠金融使用深度、激发农户创业效率、加大低收入人员扶持力度既是激发数字普惠金融产生经济效应的重要手段，也是缓冲外部冲击、丰富农户收入多样性的关键途径（鹿光耀 等，2022）。数字普惠金融的发展降低了农村低收入群体参与金融市场的门槛，刺激了农村居民对于金融服务的需求，成为农民增加收入的重要渠道，同时也是实现增收和防返贫的措施来源（郭劲光和张景媛，2023）。

根据上述文献综述，可以得出数字普惠金融赋能乡村经济高质量发展的逻辑理路：数字普惠金融作为一种新兴的金融模式，具有覆盖范围广、成本低、便捷快速等特点，可以为乡村振兴提供支持和助力；通过数字普惠金融，农村居民可以享受到更加便捷的金融服务，解决了传统金融机构无法覆盖到的地区和人群的金融需求，推动巩固拓展脱贫攻坚成果同乡村振兴有效衔接；数字普惠金融可以为农村经济发展提供融资渠道和金融支持，推动农村产业结构升级和经济增长，助推乡村振兴。

二、数字普惠金融助推江苏乡村振兴的成效

近年来，江苏在数字普惠金融助推乡村振兴方面已经出台了一系列政策和措施，如《省政府关于推进普惠金融发展的实施意见》《省政府关于全面推进农村金融创新发展的意见》《江苏省普惠金融发展专项资金管理暂行办法》《关于加强和优化科创金融供给服务科技自立自强的意见》等，旨在进一步促进数字普惠金融赋能乡村振兴。具体主要包括以下几个方面：

（一）数字普惠金融推动一、二、三产业融合发展

一、二、三产业融合是乡村产业振兴的未来方向。当前，农村地区不仅仅是单一从事农业生产的区域，而是越来越成为新农人创新创业、生活

居住的新空间，乡村的经济价值、生态价值、社会价值、文化价值日益凸显。2023 年出台的《江苏省贯彻落实扩大内需战略实施方案》，明确提出"深化农村一、二、三产业融合发展，发展壮大农产品加工业、乡村休闲旅游农业、乡土产业和乡村生活服务业等现代乡村产业；引导家庭农场、农民合作社等新型农业经营主体集群集聚发展，培育土地入股、托管、统一服务等多种新型农业经营模式，提升适度规模经营水平；建设农业农村发展载体平台，推进南京国家农业高新技术产业示范区等农业科技重大创新平台建设，建强国家农村产业融合发展示范园、农业科技园、农业现代化示范区和现代农业产业园；培育一批具有综合竞争力的农业龙头企业和大型企业集团。积极组织参与全国农业高新技术成果交易活动，推动农业科技成果向现实生产力转化。"由此可见，一、二、三产业融合发展对于农村金融的扁平化、链条化要求较高，为数字普惠金融赋能乡村产业振兴提供了场域。近年来，江苏数字普惠金融服务体系不断融入乡村休闲旅游、文化体验、农村电商、现代农业等新产业、新业态，为乡村产业高质量发展注入金融动力。通过完善数字化绩效考核体系，持续增强金融机构发展数字普惠金融服务的动力和倾向。

江苏数字普惠金融推动一、二、三产业融合发展，促进农村经济的发展，主要体现在：一方面是数字普惠金融提供了更便捷和灵活的金融服务渠道，用整体性方案解决农村经营主体的金融需求。江苏数字普惠金融通过建设大量的数字化金融服务网点、乡镇和村级设立的金融服务站点，提供更多的数字化金融产品和服务，为当地农村经营主体提供更便捷的全产业链金融服务。通过数字普惠金融服务体系，江苏农村经营主体可以便捷地获取金融资源和服务，极大地降低金融要素的获取成本，这有助于提高一、二、三产业融合发展的效率和质量，推动农村经济的转型升级。另一方面是数字普惠金融为农村经营主体提供了更广阔的市场和销售渠道。通过数字普惠金融链条化资源的支持，江苏农村经济生态圈达成农业企业、农民合作社及农村居民之间深度合作的目标。数字普惠金融不仅可以为农村经营主体提供金融咨询、贷款申请等金融服务，还可以确保农村经营主体的金融需求得到及时响应，并通过自身金融信息平台帮助农村经营主体将农产品推向更远的地方，扩大销售范围，提高农产品的附加值和收益，并为农民提供技术培训、生产资料供应等全方位的支持，进而提高农村地区的生产效率和经济效益，加快一、二、三产业融合发展。例如，江苏依托商业银行服务点搭建的"大美江苏乡村行"等数字普惠金融产品营销场景平台，积极推进电商业务向县乡下沉，帮助农村居民通过在线直播带货等形式推动农副产品销售。这些举措有力地增加了农民的收入，推进乡村产业振兴。

（二）数字普惠金融推动金融服务均等化发展

金融资源作为准公共产品，在当前地区发展不平衡及城乡二元差异的背景下，依旧存在不均等的问题。在乡村振兴战略实施的过程中，数字普惠金融作为一种新兴的金融模式，可以摆脱时空脱域的困境，进而实现地区和城乡差异的消解，已得到全省各级政府和金融机构的重视和推广。江苏在乡村振兴战略实施方案中明确提出了加强数字普惠金融建设的目标和任务，推动数字普惠金融服务向农村地区纵向延伸，提高农村经营主体数字金融资源的可得性和便利性。数字普惠金融通过数字化手段和大数据分析，简化了金融服务的流程，解决了传统金融服务常常需要农村经营主体提交大量的纸质材料，并经过烦琐的手续和人工审批等一系列增加交易成本的问题，提高了金融服务的效率。农村经营主体通过手机或电脑等终端提供相关的身份证明和经营情况，就可以提交银行或金融机构进行大数据分析和风险评估，快速与金融服务匹配，节省了大量的时间和精力，提高了金融资源获取的效率，推动金融服务标准化、均等化发展。

另外，江苏数字普惠金融利用互联网和移动支付等技术手段，积极推动农村金融服务的创新。力争到 2025 年底，江苏基本形成服务便捷高效、应用覆盖面广、生态较为完善的数字人民币运营管理体系。在应用规模方面，有序扩大数字人民币在批发零售、餐饮文旅、教育医疗、公共服务等重点领域应用，满足公众多层次、多样化的支付需求；在创新产品方面，为解决传统支付难点、痛点问题提供更优方案，探索首创性、示范性应用场景，形成更多可复制、可推广的试点经验。在金融生态体系方面，初步建立较为完善的数字人民币应用生态，促进金融普惠发展，有效提升支付体系运行效率，更好地服务经济社会发展。通过建设农村金融服务 App 和电子银行等平台以及手机进行转账、缴费、贷款申请等操作，实现农村居民可以随时随地进行金融服务的申请和查询。数字普惠金融极大地提高了江苏农村经营主体的金融服务体验，推动了农村金融服务的均等化。具体而言，江苏数字普惠金融促进金融产品和服务均等化发展具体可以归纳为：通过数字支付和移动银行等技术手段，为农村经营主体提供便捷的支付服务，可以通过手机进行支付，如缴纳水电费、购买农资等，提高支付效率和便利性；通过手机银行和互联网银行等渠道，为农村经营主体提供便捷的存款和贷款服务，可以通过线上渠道就能完成存款和贷款的操作，节省前往金融机构的时间和成本，提高了金融服务的便捷性；通过农村金融机构的电商平台和农产品电商等渠道，农村经营主体将农产品销售给城市消费者，促进农产品的销售和流通，扩大市场和增加收入。此外，数字普惠金融还可以为江苏农村居民提供线上保险和养老金等金融服务，可以通过网络购买农业保险，对农作物、家畜等种养殖业进行风险管理，减少农业产业的可能损失，并为农村居民提供线上理财等金融服务，为农民的财产性收入提供支持。总而言之，数字普惠金融促进了江苏农村金融服务均等化发展。

（三）数字普惠金融推动和美乡村建设

数字普惠金融利用技术优势，降低了农村生产经营活动金融需求的交易成本，是全面实现宜居宜业和美乡村的重要保障。具体而言，江苏数字普惠金融通过数字技术和政策导向，为农村可持续健康发展提供金融支持，通过推动更多金融资源精准投向特色产业、绿色产业，加快农房改造进程等，助推美丽乡村建设。依托数字化金融工具，江苏数字普惠金融有效增强了对农村地区小微客户的"精准滴灌"，进一步提升广大农村居民的获得感和创业创富活力，助推农村地区打造出线上金融平台下的供应链种植养殖、特色产业种植养殖、多类型农产品交易市场等批量化生产经营场景，带动培育了一批市场竞争力强、带动力强的新型农业经营主体，助推形成了一批发展空间大、就业容量大的乡村特色优势产业，支持了一大批国家地理标志产品与地方特色品牌做大做强，推动地方特色产业融合发展，丰富乡村经济形态，增强农业质量和效益。通过数字普惠金融服务平台，江苏积极推进农村生产生活服务的配套，吸引了大批年轻群体回乡就业、创业和返乡定居。总之，利用数字普惠金融平台提供的生产经营信息及村居生活改善服务，江苏农村经营主体拓展本地特色化农产品的线上销售渠道，进一步推动乡村生产结构的优化与农村居住环境的改善，形成了人旺、业旺具有蓬勃生机的和美乡村图景。

此外，江苏积极运用大数据、区块链等数字技术，不断完善优化乡村振兴的金融服务体系，助力和美乡村建设，成效显著。自 2022 年 12 月起，江苏省农业农村大数据云平台"苏农云"正式上线运行，构建了通用统一的"数字底座"，打造了覆盖全省的"智慧大脑"，搭建了高效便捷的"数字门户"，实现省市县涉农数据资源共享共用。特别是平台在惠农金融服务应用场景上进展较快，形成了一批特色明显的新型金融产品和服务模式，大大减少了金融机构下基层的工作强度和授信审核工作难度，帮助实现节本增效。通过"苏农云"金融数据服务平台，57 家金融机构形成农业农村金融数字化服务合作关系，例如，利用核心数据资源为金融机构打造了 40 多个标准化的数据产品，形成了农户、家庭农场、专业合作社、龙头企业、村集体等 5 类主体的精准画像，农户数量超过 3 000 万户；通过打造"惠农金融超市"，各家银行共上架了 96 款惠农信贷产品；通过"数据模型""多方计算"等方式为有关金融机构提供了 700 多万次数据调用服务，农户申请贷款通过率提升幅度超过 30%、授信额度最多提升 60%。由此可见，数字普惠金融的大力推广有力促进了宜居宜业和美乡村建设，进而助推乡村振兴。

（四）数字普惠金融推动农村居民金融素养提升

数字普惠金融可以实现金融资源的优化配置和合理利用，提升金融资源的使用效率。通过数字化技术，江苏金融机构可以更好地直接获取乡村地区的金融需求，提供精准的金融服务，实现金融资源的最优配置，并且对农民的金融素养起到了积极的影响。通过数字金融知识的普及和培训，江苏农村居民可以了解数字金融产品和服务的基本知识，学会合理理财和风险管理，并可以通过互联网平台实时了解市场动态，做出更明智的投资决策。通过数字金融平台，江苏农村居民可以选择适合自身的理财产品进行投资。这些理财产品包括农业产业链金融、农产品价格指数等，帮助农村居民实现资产增值和风险分散。通过互联网平台进行投资，江苏农村居民无需到银行或金融机构办理，提高了理财的便利性和灵活性。上述种种，有助于提高江苏农村居民对金融市场的认识度和把握能力，提高其金融素养，减少金融风险和损失。

数字普惠金融的发展推动了江苏农村互联网支付的普及。通过移动支付、电子支付等方式，江苏农村居民可以在金融服务站点、农产品市场等地方进行支付或只需使用手机或其他终端扫描二维码或输入相关信息，即可完成支付。数字普惠金融不仅方便快捷，还提高了交易的安全性和透明度，减少了现金交易带来的安全风险。数字普惠金融为全省农村互联网金融的发展提供了良好的机遇。通过互联网金融平台，江苏农村居民可以进行在线支付、投资理财等金融活动，提高了农村居民的金融包容性和金融服务水平。此外，数字普惠金融为农村电商和电子支付的推广提供了有力支撑。通过数字支付手段，江苏农村居民可以更加便捷地进行交易，提升了农产品的销售渠道和市场竞争力，促进了农村电商的发展。通过全省金融机构开发的数字普惠金融平台中的电商板块，帮助农村居民将农产品推向市场，提高农产品的销售额和附加值。此外，江苏农村居民实现了可以通过数字普惠金融平台展示和销售农产品，通过平台与买家进行直接交流和沟通，提高销售的效率和精准度。由此可见，江苏数字普惠金融服务提升了农村居民的数字金融素养，进而通过市场方式提升了农村经济的活力。

三、数字普惠金融在融入乡村振兴过程中的问题与挑战

江苏省是东部沿海地区经济最为发达的省份之一，也是农业大省。然而，随着城市化进程的加快和人口流动的增加，江苏的农村地区经济金融发展面临着一系列的发展问题和挑战。当前数字普惠金融赋能乡村振兴方面依然存在以下问题：

（一）主体模糊缺位，政策协同需完善

数字普惠金融在乡村振兴中的实践创新和政策优化需要各参与主体的合力推动。由此，江苏在乡村振兴战略实施中提出了加强数字普惠金融建设的目标和任务，推动数字金融产品服务向农村地区延伸，提高农村地区金融服务的可得性和便利性，进而提高金融服务效率。但是，当前江苏尚未建立完善的政策体系，推动数字普惠金融在乡村振兴中的广泛应用。一

方面，政府部门之间协同配合不足，尚未建立统一的数字普惠金融推进工作机制；另一方面，政府部门与金融机构、科技企业等数字普惠金融相关方的合作不够紧密，没有形成实践推动的合力。这导致数字普惠金融在普及推广过程中，存在一定程度的主体模糊缺位及政策碎片化。

（二）普及应用区隔，数字鸿沟需消解

江苏省城乡、农村内部的经济发展水平存在明显的差异，部分苏北、苏中地区的农村经济发展相对滞后，农民收入水平偏低。通过金融手段盘活农村资源资产，推进乡村配套设施完善，统筹乡村区域内外业态布局已成为乡村振兴工作的重点。然而，江苏农村金融资源主要集中在一些经济发达的苏南地区，而部分苏北、苏中经济薄弱地区的农村金融服务相对滞后。这就导致了地区的金融服务不平衡，存在着区域性"金融脱节"现象。一方面，数字普惠金融服务的设施和网络覆盖不完善，部分农村地区仍存在数字金融服务空白区；另一方面，数字普惠金融的产品和服务比较单一，无法满足农村居民多样化的需求。此外，江苏对数字普惠金融的政策资金支持相对不足，导致较浙江等数字金融发展较快地区，相对发展滞后，数字鸿沟显现。

（三）模式过度扩张，风险管控需加强

农村地区的金融风险较城市地区呈现出不确定因素较高、居民的信用状况不易评估的特点。同时，信息不对称和不完全导致数字金融机构难以准确评估农村居民的还款能力，金融业务开展的隐性风险加大。数字普惠金融涉及金融业务和金融数据的双重安全和稳定要求，需要有相应的监管政策来保障。然而，目前江苏省对数字普惠金融的监管政策还不完善，缺乏明确的规定和指导，对于一些数字普惠金融平台的业务规模快速扩张尚不能完全做到穿透式监管，导致平台风险管控有所滞后，有可能形成隐性风险。

（四）认知差异显现，金融素养需提升

江苏省正处于传统金融向数字化金融转型过渡时期，农村数字普惠金融参与个体对于金融数字化的认知差异开始显现。部分农村金融从业人员尚不完全具备数字化金融的风险控制能力，风险意识和安全防范能力有所欠缺。部分农村居民对于数字普惠金融知识的了解和掌握程度较低，缺乏对数字普惠金融的认识和理解。这些都限制了农村地区居民对数字普惠金融的参与率和利用率。此外，由于信息技术基础设施和金融知识水平的不足，一些农村居民无法充分利用数字技术进行金融服务，金融素养与数字金融要求不匹配，严重阻碍了数字普惠金融的应用与普及。

四、政策优化的建议

数字普惠金融在乡村振兴中具有重要的支持作用。通过数字普惠金融的应用，可以打破传统金融服务的时空限制，实现农村金融服务的均等化，提升江苏农村居民，尤其是经济社会发展薄弱农村地区居民的获得感。通过加强数字基础设施建设、提升金融知识普及、建立健全风险评估和风控机制、加强政策支持和引导等措施，推动数字普惠金融在江苏乡村振兴中的广泛应用，以实现促进农村经济发展和农民收入增长。因此，需要加强合作机制和创新模式、加强监管和风险防控、加强评估和研究，不断优化政策和实践，推动数字普惠金融在江苏乡村振兴中发挥更大的作用。尽管江苏省已经出台了一系列政策和措施来推动数字普惠金融在乡村振兴中的应用，但仍然有一些问题需要进一步优化和完善。由此，提出一些政策优化建议：

（一）加强政策衔接，提升数字普惠金融服务乡村振兴的靶向性和黏性

数字普惠金融应与江苏乡村振兴政策相衔接，可进一步加强其在农

业现代化、农村产业发展、农村基础设施建设等方面的应用。例如，可通过数字普惠金融提供产业链金融服务，推动农业现代化技术的应用和产业链的延伸；可通过数字普惠金融提供全过程融资支持，支持农业基础设施及配套建设等。数字普惠金融的发展需要政府、金融机构、科技企业和农村生产生活主体等各方的共同努力。政府应加强与金融机构、科技企业的合作，建立数字普惠金融发展联盟，汇集各方力量，共同研究和解决数字普惠金融在乡村振兴中的问题，共同推动数字普惠金融的发展。政府还可以鼓励支持金融机构与农村电商、农产品流通企业等进行深度合作，形成数字金融与实体经济的良好互动。此外，政府应加强政策的宏观协调和监督，确保政策的有效实施。例如，建立数字普惠金融发展的工作机制，明确责任分工和推进进展的时间节点；设立专门的机构或专责团队，推动数字普惠金融在江苏乡村振兴中的实施，监测和评估政策的效果和进展。

另外，为进一步推动数字普惠金融的发展，各级政府应该加大对数字普惠金融的资金支持力度。例如，设立更多专项资金，向数字普惠金融机构提供贷款或补贴资金，帮助其开展业务和扩大服务范围；支持金融机构增加对农村地区的投资，扩大数字金融服务站点的建设规模，提高数字金融服务的覆盖面；引导金融机构增加对数字普惠金融的投资，鼓励保障社会资本参与数字普惠金融的发展。

（二）创新金融产品和服务，构建符合地区实际的数字普惠金融应用评价体系

当前，数字普惠金融在助推江苏乡村振兴中的金融产品和服务还比较单一。各级政府应支持金融机构创新金融产品和服务，满足农村居民的多样化需求；加大对农村金融基础设施建设的支持力度，提升金融服务的覆盖面。例如，可推出针对一、二、三产业融合特殊需求的农业保险产品，降低涉农经营主体面临的风险和压力；提供农村信用评估和咨询服务，帮助农村生产生活主体提升信用等级，获得更多金融支持；开展金融教育和理财培训，提高农村居民的金融素养，帮助他们更好地管理和利用金融资源。为评估数字普惠金融在乡村振兴中的效果，江苏省可以建立地区性的数字普惠金融应用评价体系，包括数字普惠金融的普及程度、农民金融服务满意度、农村金融创新水平等方面的指标。通过定期评估，政府可以充分了解数字普惠金融在乡村振兴中的贡献和问题，并及时调整政策和措施。

另外，为促进数字普惠金融在江苏乡村振兴中的应用，政府应鼓励金融机构和科技企业开展创新和试点示范。例如，设立数字普惠金融创新基金，向有创新意愿和能力的机构提供资金支持，推动数字金融产品、技术和服务的创新；设立示范区或示范项目，在一些乡村地区推广数字普惠金融的成功经验和模式，带动其他地区的发展。数字普惠金融的发展需要大量的数据支持，应加强主体之间数据共享与合作。例如，支持金融机构、科技企业和政府部门共享数据资源，建立数字金融服务的数据平台，提供更加精准和个性化的服务；与其他省份和国际组织合作，推动数据标准化和互联互通，促进数字普惠金融跨地区和跨境的合作与发展。

（三）完善数字金融监管机制，夯实数字金融平台的安全保障基础

数字普惠金融涉及大量的金融数据、个人信息及资金流动，安全风险需要得到充分地重视。相关部门应加强对数字金融平台的风险监测和评估，建立健全的风险防控机制。目前，江苏省的数字金融监管机制还需要进一步完善。应加强对数字金融平台业务开展的全过程监管和风险防范，建立健全数字金融安全风险评估和防控机制；加强对数字金融从业人员的培训和监管，提高他们的专业素养和风险意识；加强对数字金融平台的数据使用监管和安全防范，建立健全的数据安全保障机制；通过加强技术投入，提升数字金融平台的安全性和稳定性。同时，加强对数字金融机构的评级评价，促进数字金融机构的业务推进与使风险控制处于合理区间。此外，可通过加强政府与金融机构、科技企业的合作，共同研究和解决数字普惠金融在乡村振兴中的风险问题。

（四）加强政策宣传推广，加大农村居民金融素养的教育和培训力度

通过走访调研，江苏数字金融从业人员和农村居民整体上对数字普惠金融的认知和接受度还有待提高。政府职能部门应该加强政策宣传和推广工作，提高农村居民对数字普惠金融的认知率和使用率。例如，可通过举办基层培训班、宣讲会等形式，向农村居民讲解数字普惠金融的基本知识和操作技能；还可以利用各类媒体和宣传渠道，宣传数字普惠金融的优势和作用，鼓励农村居民积极参与。教育活动可以结合实际案例，让农村居民更加深入地了解数字普惠金融的优势和作用，并提供实践机会，让他们亲身体验数字金融服务的便捷和效果；还可利用农村广播、电视或互联网App 等媒介，宣传数字普惠金融普及的重要性和可靠性，提高农村居民对数字金融的认知和接受度。

参考文献

［1］王晓：《国际组织对数字普惠金融监管的探索综述》，《上海金融》2016 年第 10 期。

［2］黄益平：《数字普惠金融的机会与风险》，《新金融》2017 年第 8 期。

［3］任碧云、李柳颖：《数字普惠金融是否促进农村包容性增长——基于京津冀 2114 位农村居民调查数据的研究》，《现代财经（天津财经大学学报）》2019 年第 4 期。

［4］孙继国、赵俊美：《普惠金融是否缩小了城乡收入差距？——基于传统和数字的比较分析》，《福建论坛（人文社会科学版）》2019 年第 10 期。

［5］王永静、李慧：《数字普惠金融、新型城镇化与城乡收入差距》，《统计与决策》2021 年第 6 期。

［6］星焱：《农村数字普惠金融的"红利"与"鸿沟"》，《经济学家》2021 年第 2 期。

［7］张林、温涛：《数字普惠金融如何影响农村产业融合发展》,《中国农村经济》2022 年第 7 期。

［8］陈鸣、陈峰、廖世伟：《数字普惠金融与农村经济增长：空间溢出机制与经验证据》,《首都经济贸易大学学报》2022 年第 6 期。

［9］申云、李京蓉：《数字普惠金融助力乡村产业融合发展的共富效应及空间分异》,《华南农业大学学报（社会科学版）》2023 年第 4 期。

［10］刘锦怡、刘纯阳：《数字普惠金融的农村减贫效应：效果与机制》,《财经论丛》2020 年第 1 期。

［11］蔡宏宇、阳超：《数字普惠金融、信贷可得性与中国相对贫困减缓》,《财经理论与实践》2021 年第 4 期。

［12］周利、廖婧琳、张浩：《数字普惠金融、信贷可得性与居民贫困减缓——来自中国家庭调查的微观证据》,《经济科学》2021 年第 4 期。

［13］王凤羽、冉陆荣：《数字普惠金融对缓解我国农村相对贫困的影响》,《中国流通经济》2022 年第 3 期。

［14］曾祥炎、胡慧强：《数字普惠金融发展对多维贫困的影响及作用机制》,《吉首大学学报（社会科学版）》2023 年第 3 期。

［15］谢地、苏博：《数字普惠金融助力乡村振兴发展：理论分析与实证检验》,《山东社会科学》2021 年第 1 期。

［16］葛和平、钱宇：《数字普惠金融服务乡村振兴的影响机理及实证检验》,《现代经济探讨》2021 年第 5 期。

［17］田霖、张园园、张仕杰：《数字普惠金融对乡村振兴的动态影响研究——基于系统 GMM 及门槛效应的检验》,《重庆大学学报（社会科学版）》2022 年第 3 期。

［18］赵春江、曲鸿源：《数字普惠金融促进乡村振兴的路径优化研究》,《理论探讨》2023 年第 4 期。

［19］陈丹、姚明明：《数字普惠金融对农村居民收入影响的实证分析》,《上海金融》2019 年第 6 期。

［20］周雨晴、何广文：《数字普惠金融发展对农户家庭金融资产配置的影响》,《当代经济科学》2020 年第 3 期。

［21］刘自强、张天：《数字普惠金融对农民收入的影响及其空间溢出效应》,《当代经济研究》2021 年第 12 期。

［22］鹿光耀、袁云云、吴春雅：《数字普惠金融有益于丰富农户收入多样性

吗？——基于江西"百村千户"的调研数据》,《江西社会科学》2022 年第
6 期。

[23] 郭劲光、张景媛：《数字普惠金融对农民可持续性增收的影响效应——兼论
相对贫困治理对策》,《学术交流》2023 年第 5 期。

[24]《江苏银行业保险业支持乡村振兴试点示范工作　三年成效显著》,https://
js.cnr.cn/rdzt/qnjs/qnjsgdxw/20230109/t20230109_526118447.shtml。

[25]《对省政协十三届二次会议第 1151 号提案的答复（关于创新财政金融政
策　推动普惠金融高质量发展的提案）》, https://www.farmer.com.cn/2023/
10/18/99938621.html。

[26]《江苏加快推动农业农村数字金融服务落地见效》, https://www.farmer.com.
cn/2023/10/18/99938621.html。

农村产权交易平台的金融服务

一、引言

中共中央办公厅、国务院办公厅在《关于构建更加完善的要素市场化配置体制机制的意见》中指出，完善要素市场化配置是建设统一开放、竞争有序的市场体系的内在要求，是完善社会主义市场经济体制的重要内容。为深化要素市场化配置改革，促进要素自主有序流动，提高要素配置效率，江苏省建设了农村产权交易信息服务平台，旨在构建更加完善的要素市场化配置体制机制，推动经济高质量发展。而盘活土地要素，深化产业用地市场化配置，离不开现代金融服务的支持。

2012年，江苏省首个县级农村产权交易服务中心在连云港市东海县成立，拉开了江苏省农村产权交易市场改革的序幕。自此，江苏省开始探索以点带面，进行全域推广。2014年，江苏省政府办公厅发布了《关于促进农村产权流转交易市场健康发展的实施意见》，从完善并优化制度、规范化建设、推行线上交易等方面进行改革。同年，改革区域增加至20个县，农村产权交易平台陆续开通线上服务。截至2023年4月，江苏全省各级农村产权交易市场累计完成交易项目超107万笔，交易总额达2 000.34亿元，江苏省农村产权交易市场交易总金额突破2 000亿元，成为全国首个突破2 000亿元的农村产权交易市场。

江苏省农业农村厅、省财政厅、中国银保监会江苏监管局、省地方金融监管局联合出台的《关于金融支持农村产权流转交易市场高质量发展的意见》中指出，强化农村产权流转交易成果应用，满足农村集体经济组织、新型农业经营主体等的金融需求，以提高农村资源要素配置和使用效率，发展壮大新型农村集体经济。可见，发展农村产权交易平台是深入推进乡村振兴战略的内在要求，践行普惠金融理念，破解"三农"融资难题，提升农村产权交易平台的金融服务功能是构建现代农村金融服务体系的重要举措和时代要求。

二、金融支持农村产权交易平台的理论基石

在农村金融影响农村经济发展的众多理论中，农村金融的储蓄及投资效应理论、农业信贷补贴理论、农村金融市场理论以及不完全竞争市场理论能较好地解释为何农村产权交易需要提升金融服务，具体阐述如下：

（一）农村金融的储蓄效应与投资效应

农村金融的不断发展会带动农村经济的发展，具体是通过发挥储蓄效应和投资效应来实现对农村经济的刺激作用。农村金融的发展，使得金融机构对农村地区的服务不断加深，表现为农村金融产品种类不断丰富，服务质量也得到不断提升。农村经济主体在面临储蓄时会有更加多样化的选择，而有融资需求的农村经济主体也有了更多融资机会和渠道，即农村地区金融服务水平的提升能够缓解农村资金流动性约束，发挥资本的储蓄效应。

农村金融发展为各类农村经营主体提供了更多的融资机会和途径，一定程度上缓解了金融机构与农业主体间的信息不对称问题，有助于提高金融交易的风险管理能力，促进农村经营主体的投资安全性和经济增长稳定性。同时金融机构也会借助信息优势，将资金用于高回报投资项目，通过调配农村金融资源，促进农村经济增长。农村金融对农村经济发展的积极作用会借助储蓄、投资、资源配置等途径实现，该理论表明发展农村产权

交易，也应充分发挥农村金融的基础性作用。

（二）农业信贷补贴理论

农业信贷补贴论是 20 世纪 80 年代提出的农村金融理论之一，该理论认为发展农村金融应当首先扩大对农村的信贷供给。该理论的假设前提是认为农村居民，特别是贫困阶层是没有储蓄能力的，因而农村地区普遍存在资金不足问题。结合江苏实际看，尽管农村地区并非缺乏储蓄能力，但由于农业具有收入不确定性、投资周期长、收益率低等天然弱势，金融机构缺乏对农业经营主体的融资意愿。因此，为了缓解农村地区资金匮乏的问题，真正带动农村产权的市场化交易，需要从外部引入政策性资金，并由非营利性质的部门进行资金分配。根据农业信贷补贴论，农业的天然属性导致其与其他产业存在结构性收入差距，应当对农业产权融资实行更低的利率。而目前农村产权抵押融资利率的政策性优势还不够突出。

但是该理论的假设前提与江苏实际有较大出入，且经验表明，当存在储蓄激励时，大多数贫困者仍然会进行储蓄活动。低息贷款政策也很难保证会固定用于某项农业活动。因此，笔者认为农业信贷补贴论仅在一定程度上对江苏农村金融发展具有理论指导意义，即政府应引导资金往农村地区调配，并给予一定的低息贷款支持，现实操作中还应充分调动市场手段，发挥市场机制的调配功能。

（三）农村金融市场论

20 世纪 80 年代以来，农村金融市场论开始逐渐替代农业信贷补贴论，该理论的前提假设是认为农村居民及贫困阶层是有储蓄能力的，因而没有必要实行信贷补贴，从外部注入资金；相反，对外部资金的过度依赖，会导致贷款回收率降低；且实行低息贷款政策反而会抑制金融发展。农村金融市场论强调要发挥市场的作用，但该理论对市场作用持过于乐观的态度。

经验表明，走中国特色社会主义发展道路不能照搬理论，要理论联系实际。依据农村金融市场论，发展农村产权交易应充分重视市场机制的调节作用，利率应由市场决定，而不是一味地响应政策，压低金融机构利润。但农村金融市场理论对外部资金的排斥，应当结合实际判断，当农村内部的资金被充分调动起来、能满足农村金融资金配置需求时，理应遵循市场规律；但是当农村内部金融中介无法正常发挥作用，资金缺口过大时，也应适时借助政府、社会团体力量，为农村产权交易提供类似农业信贷补贴性质的资金，形成适当的体制结构管理农村信贷。

（四）不完全竞争市场理论

20 世纪 90 年代后，不完全竞争市场理论开始被人们逐渐接受，该理论认为维持金融市场的高效率，离不开非市场要素的干预和支持。我国作为发展中国家，其金融市场不是完全竞争的市场，金融机构与资金需求方之间存在信息不对称的情况，仅依靠市场机制，无法培育出适合我国国情的金融市场。为了弥补市场失效的部分，政府应当适当介入金融机构与借款人之间。

根据不完全竞争市场理论，在发展农村产权交易时，很可能会存在市场缺陷而需要政府介入其中，但政府的介入应当依托于一个完善的体制结构中，而不是无章法的介入市场。构建完善的农村金融体系，加快农村金融机构改革，是保障农村金融市场有效运行的制度基础。

该理论也为小额信贷的发展提供了理论支持。传统的小额信贷模式是依托信贷补贴理论发展的，这种模式忽略了金融机构的可持续性。但新模式的小额信贷更加注重解决农村金融市场中的信息不对称和交易成本问题，在发展农村产权交易时，应注重发挥小额贷款公司、担保公司等非正规金融机构的作用，调动市场主体积极性，盘活农村资产，充分发挥金融服务农村产权交易的积极作用。

三、金融支持农村产权交易平台的案例分析

我国高度重视农村集体经济工作，新时代发展壮大农村集体经济是党和国家发展农村经济的重要内容。党的十七大开始探索农村集体经济的有效实现形式，党的十八大提出要建立新型的农业经营体系，探索新型集体经济经营形式，确保农民土地权益进一步得到保障的同时促进集体经济带动农民增收致富。党的十八届三中全会和五中全会则进一步明确了农村集体经济更新发展方式、推进新型经营体系构建的重要任务。党的十九大提出实施乡村振兴战略需要"深化农村集体产权制度改革，保障农民财产权益，壮大农村集体经济"。这些政策都充分体现了党和国家对发展农村集体经济的高度重视。

2014年，国务院办公厅发布《关于引导农村产权流转交易市场健康发展的意见》，从思想、制度、定位、运行、监管及方法等多维度，对农村产权市场交易提出严格要求。自此，全国各地开展农村产权交易中心试点工作，笔者将近年来农村产权交易发展水平领先于其他城市的成都市、武汉市作为案例，分析其在产权交易平台发展过程中的先进经验，为江苏提升农村产权交易平台的金融服务功能提供借鉴。

（一）成都农村产权交易所

1. 发展概况

2007年，成都被国务院列为农村产权改革试点区，建立专门的产权交易中心，开始实施农村产权制度改革；2008年，成都在全国率先落实农村产权确权工作；同年10月13日，成都农村产权交易所在成都高新区孵化园成立并揭牌，这是我国首家农村产权交易服务平台。成都农村产权交易所股权由成都投资集团所有，职能包括股权托管、产权交易、投资融资等，涉及的交易产品除了常规的房屋、农地指标外，还包括股权托管、资

产处置等金融业务。在农村产权制度改革过程中，成都市创新演化出了"新六权"，即农村土地所有权、房屋所有权、集体建设用地使用权、土地承包经营权，以及林地经营权、股权的确权颁证。

2017年，成都市农村产权交易所（简称成都农交所）探索以"独资建设"模式设立分公司、以"合资共建"模式设立子公司的市场化形式，在成都市涉农区（市）县相继设立了16家农村产权交易分支机构，在镇村设立了农村产权交易服务工作站和网点，搭建了全市全域覆盖的农村产权交易服务体系，培养了2 000余名农村产权信息员和经纪人，形成了较为完整的农村产权流转交易服务体系。自2022年6月底至2023年4月底，全市农村产权挂网公告数量达5 032宗，促成交易3 241宗，累计成交金额超104亿元，资产类业务最高溢价率达460.5%，资源类业务最高溢价率达405%，农村建设工程、村级货物和服务采购类项目成本呈下降趋势，平均降幅达7.9%。

2. 成都农村产权交易经验总结

第一，成都农村产权交易所在成立后开始实施"五证一卡"制度，严格明确产权归属，针对农村土地开展确权颁证工作，致力于建立现代产权制度体系，这为农村产权流转奠定了坚实根基。在实行产权流转前，农户只有通过农业生产才能获得收入，人均年收入水平在300元左右；在完成土地确权登记工作后，土地流转也成为农户增加收入的途径，土地借助资本化运作提升了附加值，参与土地流转后的农户，通过开展其他经营活动，年平均收入提高至700元—800元间，农户的经济收入得到显著增长。

第二，成都农交所设立了耕地保护基金，资金从建设用地使用费和出让土地的收入中支出，不足的部分再由当地政府提供补贴。耕地保护基金的设立，为农民增收增加了新途径，补贴标准是农田每年每户400元，耕地每年每亩300元；并且这项基金可以转入新农保，灵活便利性提高了耕地保护基金的利用率，切实维护了农民的合法权益。

第三，各地政府配套设立了流转服务中心，配合成都农交所完成农地流转交易。各级流转服务中心发挥了积极的作用，流转服务网络覆盖了市、区、镇各级，形成了较为完善的服务配套体系。流转服务中心通过不断发展，已经形成涵盖交易信息发布、土地价值评估等在内的科学体系，能有效提高农地流转效率。

第四，成都农交所积极推进配套机制的建设。为了盘活农村集体资产，成都农交所扩大了农村集体资产股份合作制改革的试点范围，并建立了符合市场经济环境的农村集体资产运营机制。鼓励农民按照自己的意愿参与经营权的流转，推动三权分置制度的实施，为了确保产权交易活动的顺利开展，由成都农交所领头，与省内 10 个市、州和 99 个区、县实行联网运行，较快建立了规范、科学的服务体系。同时，该体系也加快了农村地区信用体系的建设，解决农民和金融机构间信息不对称问题，为农民提供融资帮助，确保农村产权抵押融资业务的有效开展。

成都农村产权交易所为推进农村产权流转的一系列措施，不仅加快了农村产权流转交易的顺利完成，建立了配套服务体系，而且为农村产权金融服务的深度发展奠定了良好基础，为江苏深化农村产权交易的配套服务提供了有益借鉴。

3. 成都农村产权交易所的配套金融服务功能

成都农村产权交易所提供的金融服务包括招商引资、农贷通、指标担、农村土地流转履约保证保险和不良资产处置五类。现对成都农交所金融产品的具体功能介绍如下。

招商引资平台指地方政府或相关部门通过成都农交所平台发布招商信息，招引当地以外的企事业法人、自然人到当地投资建设项目。

农贷通平台指为了解决农村地区融资难、融资贵问题，利用"互联网＋"思路，以成都农交所及下级农村产权交易中心为基础搭建的农村金融综合服务平台，为农村各类经营主体提供农业政策咨询、融资供需对接、金融风险分担、信用信息共享等线上线下结合的服务，实现了农村产业信贷资金需求的"应贷尽贷"。"农贷通"平台已有的金融产品有农村产权融资担保贷款、土地经营权抵押贷款、农村住房财产权抵押贷款、农村土地综合整治项目贷款、家庭农村贷款、财政惠农补贴担保农户贷款、农户小额贷款、农业科技贷款、农业综合开发贷款。而江苏农村产权交易平台提供的金融服务与成都农交所的"农贷通"平台功能类似，相比之下金融产品种类有限，以土地经营权抵押为主，对其他类型农村产权的抵押担保产品较少，未来应扩大金融服务产品种类以提升对农村产权交易的支持力度。

指标担指成都农交所探索与银行、担保机构合作，创新研发的金融产品，主要满足农村土地综合整治项目的资金需求，质押标的为投资人土地整治产生的建设用地指标预期收入，在融资过程中农交所起到对接银行和担保机构的中介作用，以三方协议形式帮助项目投资人获得融资。

农村土地流转履约保证保险指在各类农村土地，包括耕地、林地、"四荒地"等，通过成都农交所流转交易后，交易双方以农交所出具的交易鉴证书为凭证，向保险机构提出申请，由保险公司向履约保证保险的受益人承诺对不履约方所产生的损失承担赔偿责任的一种保险形式，其本质是对农村土地流转双方的合同行为进行担保。

不良资产处置指股权、债券、实物、知识产权等各类资产在流转过程中，因风险产生导致其价值难以变现或价值降低时，可以通过农交所平台以拍卖、电子竞价等方式公开处置和变现，或是由农交所下属子公司进行有价购买。以上三种金融产品是拓展金融服务的创新举措，对江苏农村产权交易平台金融创新有一定参考价值。

4. 可供参考的经验

成都农交所的金融服务功能较为完善，为江苏农村产权交易平台深化金融服务提供了有益参考和借鉴。第一，金融产品创新程度高、种类丰富、担保方式灵活。农贷通平台集中展示了为农村各类产权提供抵押、担保的金融产品，涉及的农村产权标的物范围广，基本涵盖了不同规模的经营主体，注重正规金融与非正规金融相结合，发挥市场的调节机制。第二，积极引入专业评估机构、担保机构、保险机构参与农村产权融资活动，指标担创新性的以用地指标预期收入为质押标的，发挥了担保机构在农村产权融资中的作用；农村土地流转履约保证保险是保险机构参与的有益示范。第三，风险处置方式灵活，降低了金融机构的风险处置成本。充分发挥了农交所的信息平台功能，设置了风险处置功能，有利于提升金融机构对农村产权融资的意愿，也为风险资产提供了更多处置渠道。

（二）武汉农村综合产权交易所

1. 发展概况

武汉农村综合产权交易所（简称武汉农交所）成立于 2009 年，是我国第二家农村产权交易中心。武汉农交所是由武汉市政府批准成立的、非营利性质的企业法人，为农村各类产权流转交易提供信息发布、组织交易、抵押融资等综合服务，涉及的产权交易品种包括土地经营权、"四荒地"使用权、养殖水面承包经营权、林地使用权和林木所有权、农业类知识产权、农村集体经济组织股权、农村房屋所有权、闲置宅基地使用权、生产设施使用权、二手农机具所有权等十大类，交易规模、交易品种、抵押贷款规模在全国均处于领先水平。

除了提供常规农村产权流转交易服务外，武汉农交所还为交易双方开展一系列配套服务，包括信息咨询、交易策划、产权经纪、培训辅导、委托管理、投融资等。管理模式上，武汉农交所创新设立了"六统一"管理模式，即监督管理、交易规则、信息发布、交易鉴证、收费标准、平台这六项内容统一标准，这为农村产权交易的规范化运营提供了制度保障。在对本市农村产权交易提供服务的同时，建设区、乡镇垂直分支机构的交易平台，实现业务上的垂直管理，形成市、区、乡镇三级交易平台统一管理、协作联动的农村产权交易市场体系。

2. 武汉农村综合产权交易所的具体做法

第一，建立了较为完善的农村产权交易体系。武汉农交所的服务辐射周边多个城市，与其他城市农村交易平台形成了交易网络，覆盖了市、县、区、乡、镇，并且引入市场化交易模式，在城市间开展竞价、审批等各项交易活动，大大提高了信息使用效率。在对乡镇等资源进行整合的过程中，武汉农交所发挥积极促进作用，帮助建立了多个乡镇级产权交易机构，与市级平台通过网络系统互联对接，共同完成交易、审批等活动。

第二，为农村产权交易提供多元化的配套服务。为了实现对产权抵押融资业务的优化，武汉市搭建了专门的合作平台为农交所提供服务，加强金融机构与农业企业之间的联系，为农村产权的顺利融资提供了资金渠道的服务支持。武汉市经管局与中介机构建立合作关系，为缺少抵押的涉农企业提供产权抵押融资服务，打造武汉模式推动产权抵押融资业务的进一步发展。针对农村产权抵押贷款业务，还出台了相应的补贴制度，对林地经营权、水域养殖权等各项农村产权的抵押贷款业务提供了政策引导。

第三，注重对农村产权抵押的风险管控。武汉农交所建立了土地流转保证金制度，加强农村土地流转交易和抵押贷款的监管及风险控制，并建成农村产权抵押登记系统，联通产权管理部门、金融机构、交易市场、农业经营主体，防止重复抵押，确保风险可控。对于农村产权存在一定风险的抵押物，武汉市成立了专门的农业投资公司、农业担保公司，帮助促进农业产权抵押业务的顺利完成。

3. 可供参考的经验

首先，发展农村产权交易需要地方政府的大力支持。与成都农交所类似，武汉农交所的发展得到了地方政府的有力支持，武汉建立了专门的委员会对产权交易活动进行监管。并出台了较为完善的相关制度，对产权交易的申请、审批、抵押贷款等做出详细规定，引导农交所开展规范交易活动。

其次，武汉农交所建立了高效的网络联结系统，实现各级平台的信息共享。网络的高效运用对提升农村产权交易有着积极作用，利用网络完成信息传递，实现交易对象、服务窗口、交易平台共享信息，提高了产权资源的利用效率，扩大了信息覆盖范围，有利于各级农村产权资源的流转。

最后，建立完善的配套服务体系。武汉农交所较早地建立了完善的配套体系，随着交易品种的不断增加，产权交易平台也不断扩大服务内容，从最初的登记信息，发展到建立农村产权交易服务体系。通过加强与农业投资公司、担保公司的合作，为农村产权抵押提供普惠性质的信贷资金，帮助农民开展各项经营活动。

（三）启示

成都、武汉农村产权交易所的发展经验，尤其是在金融产品创新和为金融服务提供配套支撑方面的做法，为江苏进一步深化农村产权交易平台的金融服务提供了有益借鉴，但也需要注意避免以下问题。一是产权服务中心因隶属关系混乱导致的效率低下。以成都市为例，产权交易服务中心分为市、县区、乡镇三级，其中，市级服务中心隶属市农委，县区服务中心隶属政府办、农业农村局等部门，乡镇服务中心则挂靠在农业或自然资源部门，这就造成了各级服务中心监管关系混乱，在发生跨级交易时，需要协调多个部门，以推进交易的顺利完成，一定程度上降低了农村产权交易各级平台的联动效率。二是土地经营权市场化仍要防范市场风险。农村资产在经历市场化赋予更多资本价值后，能否为农户带来收入增加是需要得到优先保证的。农户对市场化经营可能遭遇的风险抵御能力较差，未来应将其纳入金融服务农村产权交易平台的体系中，切实增强农户的抗风险能力，提高农村产权经营的韧性。

四、江苏农村产权交易平台金融服务的现状及问题

（一）江苏农村产权交易平台发展概况

为贯彻中央关于深化农村改革的相关要求，江苏省委农工办与省农委、省综改办、省信息中心等相关部门于 2014 年合力建设了江苏省农村产权交易信息服务平台，该平台覆盖了江苏的省、市、县、镇（乡）、村，实现五级联动，形成了"统一平台建设、统一交易软件、统一信息发布、统一交易规则、统一文书格式、统一交易鉴证、统一监督管理"的农村产权交易市场体系。

江苏省统筹建设农村产权交易信息服务平台，着力打造省、市、县、镇（乡）、村五级联动市场体系，实现交易场所、交易品种、服务对象三个全覆盖。目前开展交易服务的品种覆盖农村土地经营权、农村集体经营性资产、涉农资金项目等 14 个交易品种，服务来自全国 30 个省份的经营主体，服务对象覆盖农户、农业企业、家庭农场，为各类经营主体发展提供产权交易信息平台。平台已开发了抵押融资登记系统，开展农村产权抵押贷款服务。截至 2023 年 6 月，江苏省农地经营权抵押融资项目超 1 万件，抵押土地贷款金额超 95 亿元。

（二）江苏农村产权交易平台金融服务特征分析

尽管农村产权交易可流转的品种达到 14 种，但农村产权交易的抵押物类型仅涉及农村土地经营权、住房财产权及设施所有权三类。现将江苏农村产权交易平台金融服务的特征概括如下。

1. 农村产权抵押以土地经营权抵押为主

根据江苏省农村产权交易服务中心网站披露的数据，2020—2023 年 6 月，共有 2 124 件产权抵押贷款项目，其中，2020—2022 年间仅有 4 例农业设施所有权和农民住房财产权抵押，其余都是土地经营权抵押。尽管 2023 年上半年农村设施所有权抵押贷款项目数量有所增长，达到 12 件；但农村土地经营权抵押项目占比达到 89% 以上，是农村产权抵押贷款的主要标的物。

2. 农村产权抵押总量逐年减少

一是农村产权抵押数量下降较为明显。2016 年至 2023 年 6 月（统计数据来源于江苏省农村产权交易服务中心网站，受数据可得性限制，2023 年数据仅统计至 6 月 30 日），江苏农村产权交易中披露的抵押项目数的变动情况如图 1 所示。可以看出，江苏省农村产权交易所涉及的抵押项目总数在 2018 年达到最高，随后逐年下降，2022 年抵押项目数量为 295 件，降幅达到 54% 以上。可能的原因在于，农村抵押产权主要是土地经营权，而可流转的土地总量是有限的，加之抵押年限较长，故出现抵押项目总数

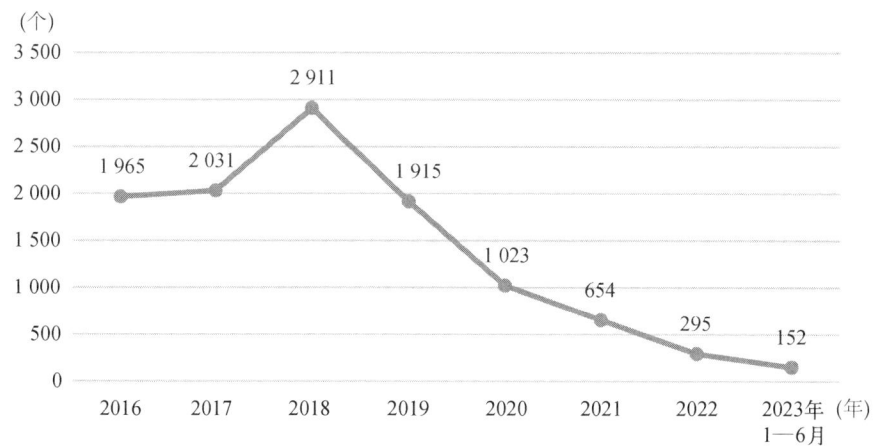

图 1　江苏省农业产权抵押项目数量变动情况
（数据来源：江苏省农村产权信息交易服务中心网站）

呈逐年下降的趋势。

二是农村产权抵押数量下降具有普遍性。各地抵押项目数量均呈现下降趋势，近三年，抵押项目总数最多的宿迁、淮安、泰州降幅最大，宿迁市从 2021 年的 353 件减少到 2022 年的 199 件，淮安则从 167 件减少至 32件，泰州从 78 件减少至 30 件；2023 年上半年，宿迁农村产权抵押总数为70 件，南通为 46 件，淮安为 10 件，泰州仅 7 件，除南通、徐州（2021年 4 件、2022 年 1 件、2023 年上半年 8 件）农村产权抵押总数增长外，其余城市均呈下降趋势；宿迁、淮安的降幅最大，平均减少了三成。

3. 农村产权抵押区域差异较大

图 2 为 2021—2023 年上半年江苏 13 市农村产权抵押项目的分布情况，可以看出，抵押项目累积最多的城市是宿迁，其次是淮安，排在第三位的是泰州，可见江苏农村产权抵押项目主要集中在苏北、苏中地区，苏南地区农村产权抵押项目总数仅为苏北地区总数的 3.8% 左右，这与农村产权交易的活跃度相一致。

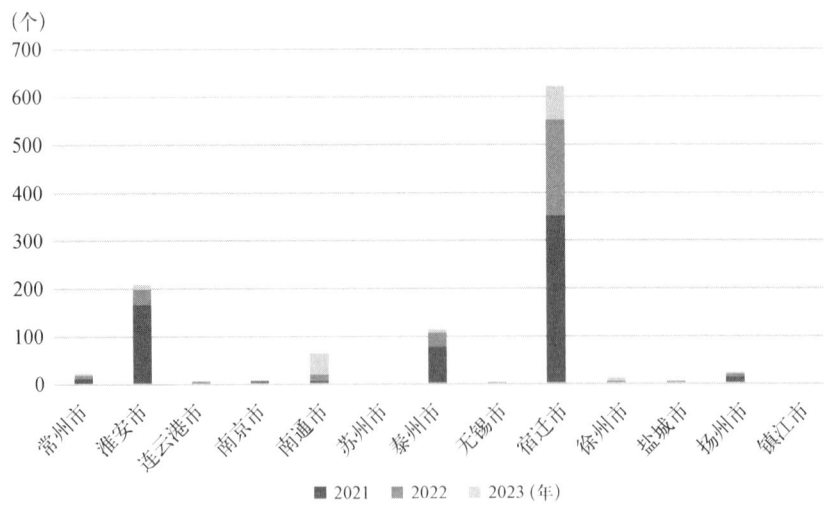

图 2　2021—2023 年江苏各市农村产权抵押项目累积分布情况

4. 苏北地区农村产权流转中的金融服务提升速度加快

图 3 为 2020—2022 年江苏农村产权抵押项目贷款金额的变动情况，从各市的平均贷款金额水平看，近三年江苏省农村产权抵押贷款的平均金额分别为 8 666 万元、7 776 万元、7 034 万元，尽管抵押项目总数呈下降趋势，但江苏农村产权抵押贷款的平均金额年均降幅约 10%，贷款金额下降幅度不大。

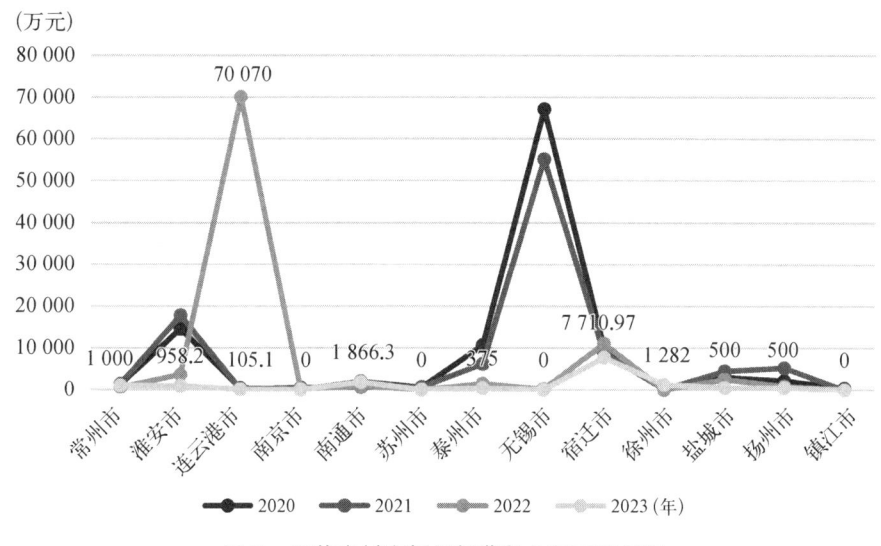

图 3　江苏农村产权抵押贷款金额变动情况

从项目总数与抵押金额的匹配度看，2020 年和 2021 年农村产权抵押贷款金额最多的是无锡，达到 67 150 万元和 55 100 万元，对应的抵押项目数分别为 8 件和 3 件。2022 年农村产权抵押贷款金额最多的是连云港市，为 70 070 万元，对应的抵押项目数量为 2 件；而抵押项目数量最多的宿迁市，贷款金额水平为 11 030 万元，位列第二；贷款金额位列第三的是淮安市，达到 3 645 万元，对应的抵押项目数量为 32 件。2023 年上半年，农村产权抵押贷款金额最多的是宿迁，为 7 710.97 万元，同时也是抵押项目总数最多的城市，达到 70 件；抵押贷款金额和项目总数排在第二的是南通市，数额分别为 1 866.3 万元、46 件；抵押贷款金额排在第三的是徐州市，达到 1 282 万元，而抵押项目总数排在第三的是淮安市，数量为 10 件，抵押贷款总金额仅次于徐州，为 985.2 万元。

以上数据表明，2020 年和 2021 年苏南地区农村产权抵押项目总数虽然不多，但单笔项目规模以及贷款金额远远高于苏北和苏中地区；但这一情况在 2022 年发生了转变，苏北地区的农村产权抵押数量及贷款金额均超过苏南地区，农村产权流转项目的金融服务功能实现跨越式发展。2023 年虽然只统计至上半年，但也可以看出，苏北地区农村产权抵押项目无论是总数还是贷款金额，都远高于苏南地区。并且 2020 和 2021 年农地抵押贷款金额最高的无锡市，截至统计时间，农村产权抵押贷款项目数为 0，这也一定程度反映出农村产权在资产性质、权利价值等方面与其他类型资产有很大不同，基于农村产权的公有性质和土地资产的有限价值，可用于再流转的农村产权会受到限制，因而可进行抵押贷款的价值也随之进一步减少。

（三）江苏省农村产权交易平台金融服务发展存在的问题

1. 各级平台服务功能定位不同，联动程度有待提升

江苏省致力于打造省、市、县、镇、村五级联动的农村产权交易信息服务平台，各级平台所辐射的地区及所发挥的功能不尽相同。省级平台负责省级区域内的统筹管理、发布信息并实行监管；市级平台主要负责市级区域内的信息统计；县、镇两级平台为交易双方提供服务窗口，主要功能是交易管理、公告发布、交易统计及预警监管等。但目前各级平台仍是独立运营，信息分散不互通，交易配套服务也未形成统一的标准，无法实现信息的有效共享。

省市级平台网站已经开通金融服务入口，但各市平台中金融服务线上功能完善程度不一，相较于省级平台，苏州市农金服务平台设置较为完

善，涉农贷款产品有 33 种，领先其他市以及省级平台。开通的线上金融服务，涵盖了正规金融机构，以及小额贷款公司、融资担保公司等，非正规金融机构对农村产权抵押交易也发挥了较强的金融服务功能。

苏州市服务平台中的金融产品不光有针对农村产权抵押的产品，还包括面向市场的贷款产品，例如，中国农业银行的助农消费贷、招商银行的闪电贷等。这说明商业银行面向普通群体的金融产品创新，也能覆盖到农村地区各类生产经营主体和农户的小额信贷需求，相比之下，针对农村产权的融资产品并没有明显优势，发挥的融资作用有限，市场推广路径较窄。

2. 产权交易市场信息不对称现象依然存在

江苏各级农村产权交易平台均独立运营，存在信息不互通现象；此外，平台与金融机构之间也存在信息不对称现象。各级农村产权交易平台均属于一级市场，各类产权可以实现线上挂牌竞拍，相应的金融需求信息也容易获取。但在农村产权流转市场中，依然存在二级市场流转现象，这些进入二次流转的项目多采取私下签订合同形式转让经营权或租赁权，金融机构在对有金融需求的项目审核中，往往发现存在产权人与经营人不符的情况，这就使得真正有金融需求的项目容易被金融机构拒之门外。

加上农村产权流转具有较强的地域性，流动性较低，大多数农村产权的流转在本村和邻近经营主体间，多数很难通过市场化方式进行处置。农村资产的所有权、经营权、承包权可能分属不同主体，在农村产权交易中心进行流转的可能只是部分权能，由于涉及的利益主体较多，故权利转让范围也受限。金融机构对这些信息的核实成本过高，会导致金融资源的错配。因此，农村产权流转，尤其是在二级市场中的信息共享度、透明度亟须提升，减少资金供求双方的信息不对称，有助于农村产权金融服务的深度发展。

3. 农村产权金融价值低, 金融机构缺乏内生动力

农村产权抵押标的物以土地经营权为主, 农村土地租金较低导致其价值有限。通常土地经营权的抵押年限是 1 年, 进一步导致土地经营权的金融价值受到削弱, 这是造成金融机构对农村产权抵押缺乏内生动力的重要因素。目前, 市场上土地流转费在 600 元—1 200 元, 以流转 100 亩土地为例, 可办理的银行抵押贷款额在 3 万元—5 万元之间, 难以满足经营主体的资金需求。需求方无法获得充足融资, 供给方缺乏融资动力, 这种结构性矛盾造成融资效率低下。

4. 金融机构参与度仍有提升空间, 产品创新不足

一是非正规金融机构参与不足。江苏省农村产权交易平台公布的合作金融机构有工商银行、农业银行、中国银行、建设银行、邮储银行、江苏省农村信用社联合社、江苏银行、南京银行 8 家; 市级农村产权交易平台中, 苏州市除了有正规金融机构参与外, 小额贷款公司、担保公司也参与了农村产权抵押贷款业务, 而其他市的非正规金融参与较少, 未来应重视发挥非正规金融的补充作用。二是金融机构产品创新不足。金融机构对农村产权抵押的产品都归为 "涉农贷款", 因而存在涉农贷款数据统计不精准现象。所推出的金融产品大多是从已有产品如普惠金融产品中衍生而来, 产品创新不足, 与农村产权特征契合度有待进一步提升。

5. 金融服务监督机制及风险防控体系有待完善

一是目前对市、县级农村产权交易平台在金融服务方面的监督机制较为单一。根据江苏省农村产权交易市场建设绩效考评制度及省农村产权交易平台发布的数据, 考评主要采取打分形式考核抵押项目数量和融资金额两方面, 仅以金融贷款结果为导向, 忽视了农村产权抵押场景中金融服务的差异性, 对金融产品的种类多样化程度缺乏考量, 未能激发金融机构的产品创新。二是农村产权抵押中的风险防控七成由金融机构承担, 造成其

风控压力较大。

五、农村产权交易平台金融服务的优化建议

农村产权制度改革涉及制度层面的突破，随着农村产业化和现代化的不断推进，金融竞争必然会延伸到农村领域。如何深化改革，挖掘农村产权的融资功能，将农村资产转化成新型农业资本，需要政府、金融机构、农业企业、农户等各类主体积极转变认知，共同促进农村产权与现代金融的深度融合发展。

（一）进一步深化农村改革，强化农村产权交易市场的金融支撑功能

农村产权交易市场存在自身的限制性因素，较多的制约因素是涉及农业的根本性政策，因此不能简单认识、随意更改，强化农村产权交易平台的金融服务功能最根本的需要进一步深化农村改革。一是要进一步深化农村土地制度改革，保持农村土地承包关系稳定并长久不变。根据中央农地文件精神，地方研究出台配套政策，完善落实集体所有权、稳定农户承包权、放活土地经营权的法律法规和政策体系。推进农村土地征收制度改革和农村集体经营性建设用地入市改革，加快建立城乡统一的建设用地市场。二是深入推进农村集体产权制度改革，按期完成全国农村集体资产清产核资，加快农村集体资产监督管理平台建设，建立健全农村集体资产的各项管理制度。完善农村集体产权权能，探索集体资产股权质押贷款，拓展金融服务农村产权交易的方式。

（二）完善农村产权流转法律法规，为农村产权融资提供制度保障

完善的法律法规是农村产权融资顺利进行的制度保障。农村产权融资创新不足的根本原因在于未能从根本上改变法律约束，《中华人民共和国农村土地承包法》和《中华人民共和国土地管理法》规定，农村承包土地经营权的流转需要经发包方的同意，极大限制了农地经营权的自由流转。

未来应从制度设计中放宽市场化用地主体的限制，扩大村集体组织的自主权。加快推进宅基地使用权确权登记颁证工作，全面整合农村不动产登记数据，形成准确无误的统一数据库。以农民住房财产权抵押融资为试点，盘活闲置宅基地和闲置农房等资产，扩大农房财产权抵押融资范围，建立权属清晰、权能完整、流转有序的农村宅基地制度，拓展农村产权流转标的覆盖面，丰富交易中心的市场化运营，提升农村产权的市场价值。

（三）健全农村产权价值评估体系，完善农村产权信息系统建设

权威的农村产权价值评估是农村产权流转、产权融资的评判依据。一是严格把关评估机构的审批和管理，应依托专业力量，大力培育资质高、信誉好的第三方专业评估机构，培养有专业资质的评估人员，客观、公平、公正确立农村产权权利价值，为产权流转、融资提供必不可少的参考依据。二是制定统一的指标体系、评估程序、评估办法和收费标准，提高价值评估的科学性、专业性和权威性，确立一套全省通用的评估标准体系。三是结合各地实际开展农村产权价值评估业务，建立覆盖全省的农村产权价值评估数据库，为金融机构开放端口，便于查看农村产权的抵押登记信息，降低金融机构审核成本，减少信息不对称，提高金融资源在农村产权领域的配置效率。四是完善农村产权信息系统建设，政府部门应牵头推进相关政务信息资源的整合，统筹信息共享，建设统一的信息共享平台，切实将"五级联动"落到交易层面，提升农村产权交易中心的信息化水平，实现信息跨区域互通。

（四）充分发挥平台大数据优势，提升金融服务便捷化程度

农村产权交易平台应充分挖掘现有数据资源，对农户尤其是新型农业经营主体进行精准画像，借助大数据优势，盘活数据资源，不断提升交易平台的金融服务能力。

提升平台金融服务功能的数字便捷化程度，通过完善金融服务板块的线上系统功能，为农业企业和农户等主体提供可随时咨询，线上申请，获得线上审核、审查、审批等便捷金融服务，从而实现了"一道门"进出、"一条龙"服务、"一站式"办理。

（五）提高农村产权金融价值，激发金融机构内生动力

农村产权交易中心作为非营利性质的公司制企业法人，当业务量和交易规模增长到一定规模后，未来必然要实现农村产权交易中心的转型。一是进一步扩大交易品种，探索增加建设用地挂钩指标和耕地占补平衡指标交易等种类，丰富农村产权交易品种，实现农村产权交易中心的市场化转型，从根本上提高农村产权的金融价值，激发金融机构服务农村产权交易的内生动力。二是借助农村产权信息系统平台，扩充农村产权交易二级市场相关信息，减少资金需求方与金融机构间信息不对称，满足各类经营主体的产权融资需求。

（六）构建多层次农村产权金融服务体系，促进金融产品创新

充分发挥担保机构、保险、基金等市场机构作用，探索构建多层次农村产权金融服务体系。一是重视非正规金融机构的参与，充分发挥小额贷款公司、农担公司等市场化机构体量小、灵活度高的优势，推进其与金融机构深度合作，鼓励创新担保模式及金融产品，降低农业产权担保成本。二是加强与保险机构合作，推动开展农业贷款保证保险、助农贷款履约保证保险等产品，提高农村产权抵押贷款保险的渗透率，拓展农村产权融资领域。三是吸纳各类社会资本和金融资本的参与，探索设立农村产权创投基金项目，扩展交易市场参与主体，提升农村产权的市场价值和资本增值。

（七）健全农村产权金融服务的监督机制，完善风险防控体系

农村产权抵押物处置难度大，当发生产权抵押贷款违约时，法律诉讼耗时耗力，即使判决金融机构胜诉，由于抵押物处置难度大，难以有效执行，处置成本较高。一是完善农村产权交易中心对金融服务的监督机制，

不以贷款量为唯一评判标准，建立多维度的金融服务评价体系，借助更加完善的信息平台，减少资金需求方与金融机构间信息不对称，满足各类经营主体的产权融资需求。二是健全农村产权风险处置机制，充分利用市场化机构力量，例如农村土地管理公司、农业社会化服务公司、农业担保机构，建立市场化机构与金融机构风险共担的合作模式，完善风险防控体系，降低金融机构风险处置成本，驱动金融机构对农村产权抵押贷款的内生动力，共同推动农村产权抵押贷款的全面实行。三是探索建立农村产权抵押贷款风险补偿基金，整合各级风险补偿基金，设立农村产权抵押贷款专项风险资金，缓解金融机构风控压力，提高金融机构开展农村产权抵押业务的积极性。四是探索土地流转保证金制度，加强农村产权抵押贷款的监管及风险控制，提高农村产权交易平台的风险处置能力。

参考文献

［1］张建平、余晋晶、侯景怡：《农地经营权流转、金融支农与农村居民收入》，《中国流通经济》2023 年第 37 卷第 3 期，第 72—83 页。

［2］马九杰、亓浩、吴本健、孔祥智：《农地经营权抵押的金融供给效应分析——来自农村金融机构的证据》，《统计研究》2023 年第 40 卷第 1 期，第 121—133 页。

［3］梁玉、沈梦茹、方超：《农村产权抵押融资问题研究》，《西部金融》2022 年第 11 期，第 75—80 页。

［4］张鲁：《农村产权融资发展的问题与对策研究——基于某农村产权交易中心业务实践视角》，《金融理论与实践》2021 年第 12 期，第 56—61 页。

［5］冯兴元：《农村产权交易平台现状、问题及其改革进路》，《社会科学战线》2021 年第 10 期，第 64—70 页。

［6］左力、王如峰、许本强、冯天忠、张荣昌：《土地流转定价创新模式对改善产权交易激励的倒逼机制研究——山东农交中心（潍坊）和武城农交中心案例》，《投资研究》2021 年第 40 卷第 8 期，第 55—75 页。

［7］张和明：《建设标准化服务平台　推动农村产权交易市场建设》，《江苏农村

经济》2020 年第 6 期，第 54—55 页。

［8］陈美球、廖彩荣、朱美英、张淑娴：《农村产权交易的市场化运作探索——基于浙江永嘉农村产权交易改革的调研》，《土地经济研究》2019 年第 2 期，第 32—43 页。

［9］陈丹临、焦文婷：《金融支持江苏农村产权交易研究》，《江南论坛》2024 年第 4 期，第 79—83 页。

［10］吴婷婷、黄惠春：《江苏农地经营权抵押贷款区域差异研究》，《南通大学学报（社会科学版）》2018 年第 5 期，第 36—42 页。

［11］吴婷婷：《农地经营权抵押贷款创新模式及风险分担机制——江苏沛县农土公司的典型案例分析》，《农村经济》2017 年第 2 期，第 58—63 页。

数字金融与消费潜力释放

——以江苏省为例

消费是市场中的最终需求，是市场经济下的研究重点领域。进入新时代，人民的物质文化生活水平得到大幅度提高。消费对经济增长的基础性作用不断增强、产生的影响日趋凸显，已当之无愧成为我国经济增长的"稳定器"和"主引擎"。从宏观来看，我国社会、经济环境的变化决定了消费市场发展潜力巨大；从中观来看，我国消费市场质效显著提升，可以从市场供给、消费需求、物流仓储、终端支持、金融服务中得到体现；从微观来看，消费主体行为呈现出新趋势、新特征。消费是内循环的核心动力来源，消费扩容提质是实现产业结构优化的重要驱动力。

一、释放消费潜力是经济发展的重要内容

（一）江苏促进消费的发展历程

促进消费、释放消费潜力是江苏经济发展的重点内容。改革开放 40 年以来，江苏城乡面貌发生了翻天覆地的变化，城乡居民收入不断向更高水平攀升，消费水平不断提高，人民生活正在向全面的、更高水平的小康迈进。但自 20 世纪 90 年代以来，江苏城乡居民消费水平对比上海、广东、山东、浙江等发达省市，对比世界中等乃至高收入国家，对比人均 GRP 大体相当的国家和地区，依然有较大的提升空间。

纵观我国的消费政策，根据国情国力的发展变化，基本经历了从重

积累到促消费的过程。改革开放 40 年以来，在我国经济发展的不同阶段，国家采取了不同的鼓励或抑制的消费政策，国家的消费政策对居民消费的增长具有较强的引导和鼓励作用。近年来，国家在一系列重要文件中一再提出要促进消费，各地也都在研究促进消费的政策。江苏也陆续出台了不少关于促进消费的思路与政策措施。2008 年，应对美国次贷危机，江苏将扩大内需作为经济调控的主旋律，将增加就业、扶持创业、夯实商业、加强农村网点建设作为施政要点，旨在通过政府增加资金扶持，打开内需市场。2014 年，国家出台《国务院办公厅关于促进内贸流通健康发展的若干意见》，提出要充分发挥内贸流通的作用。江苏充分贯彻落实国家指导意见，提出推动内贸流通促进消费实施的意见，旨在进一步完善消费供给与消费需求的流通渠道，以保障民生，促进经济新增长。2018—2019 年，国家密集出台关于消费的意见和方案，包括《关于完善促进消费体制机制　进一步激发居民消费潜力的若干意见》和《关于印发完善促进消费体制机制实施方案（2018—2020 年）的通知》，要求突出市场作用，结合现阶段及潜在的消费热点进行深度挖掘，精准合力促进消费。随后，江苏省委、省政府出台《关于完善促进消费体制机制　进一步激发居民消费潜力的实施意见》以及《江苏省完善促进消费体制机制行动方案（2019—2021年）》。2022 年，《江苏省"十四五"消费促进规划》出台并指出，到 2025年，江苏省促进消费的体制机制和政策体系更加完善，高标准消费市场体系基本建成，居民消费潜力得到有效释放，高质量消费成为高质量发展的强劲动能；提出了培育发展新型消费、全面激发消费潜力等八大重点任务，以及品牌培育、农民收入和农村消费提升、国际消费中心城市、诚信消费体系、消费金融等十大工程。2023 年，国家发展改革委发布了《关于恢复和扩大消费的措施》，其中，要求加强金融对消费领域的支持，加大对文化旅游、养老、体育健康等综合金融的支持力度，推动合理增加消费信贷等。

（二）现阶段释放消费潜力的重点领域

从江苏经济增长的构成来看，消费在 GDP 中的占比非常高，已经超过了 65%，是维持江苏经济增长的压舱石。"十四五"时期，释放江苏消费潜力、维持消费的可持续增长是保持经济适度增长的重要基础。

1. 关注中等收入群体和农村群体消费

居民收入水平是决定购买力和消费潜力的重要指标，也是国内消费扩容升级的有力支撑。而中等收入群体具有强大的购买力和强烈的消费意愿，尤其随着海外消费的回流及国货品牌的崛起，必将为江苏消费市场扩容提质带来强大的内生动力，对经济增长和双循环的拉动作用也将更加凸显。同时，为达到提高人民收入水平、扩大居民消费和实现共同富裕目标的统一，在新发展阶段上，应该把农村群体作为重点人群，挖掘其巨大的消费潜力，促进其尽快跨入中等收入群体行列。

2. 利用现代消费需求积极提升消费形式与能级

鼓励新业态、新模式的发展，加快产业升级的步伐。现在的直播带货、社区团购、在线服务、远程活动等都是借助了数字经济。未来也可以依托平台和现代科技手段来促进消费，强化个性化服务，增加消费的仪式感，改善营销手段。还可以拓展消费经济形式，例如，夜经济、低碳经济等，将消费潜力释放出来。

3. 从消费人口格局变化深挖消费热点

从未来五年主力消费人口格局的变化看，体验性消费、场景式消费、发展型消费、品质化消费和个性化消费越来越获得追捧。2020 年江苏省消保委的一项居民消费现状调查显示，江苏 31—50 岁消费者月均支出收入比 18—30 岁以及 51 岁及以上消费者的消费潜力更大。尤其是"90后""80后"人群将步入小康型消费，品质消费是首选，甚至达到享受型、发展型消费阶段。像创意市集、网红地标、智慧展馆、沉浸式演出等对他们来说就非常具有吸引力，在文化、体育、社交、旅游等方面的消费需求较大。结合政府工作报告中提出的要提升健康、文化、旅游、体育等服务消费，坐拥丰富文旅资源的经济大省江苏，需要积极构建文旅消费新格局，持续释放文旅消费新潜力，探索出有效激活文旅消费的新路径。

4. 关注老龄化加速带来的消费需求

根据第七次全国人口普查的数据，江苏65岁以上人口占比达到16.2%，高于全国13.5%的水平，也超过了14%这根线。随着老龄化社会的到来，如何切实保障老年人的消费，尤其是养老、康复、医疗等项目的支出，拉动"银发经济"的发展，是挑战也是机遇。

因此，江苏消费潜力集中在扩大居民收入、乡村振兴、提升消费能级与品质、完善老年消费等方面。从这一层意义上来说，就需要坚持就业优先的宏观政策，继续发展普惠金融，为小微企业等市场主体提供更有效的金融支持。与此同时，在收入的增长同时，鼓励和规范消费金融创新，支持居民消费的可持续增长。加大对低收入地区（特别是农村地区）和人群的政策支持力度，提升其可支配收入水平，充分释放这部分群体的消费升级潜力。

二、数字金融对释放消费潜力的促进作用

数字金融是传统金融机构与金融科技公司利用数字技术实现支付、融资、投资、保险等新型金融业务模式。通过结合场景、大数据和金融创新，数字金融有助于补足传统金融服务短板，降低金融服务门槛和服务成本，并从降低居民流动性约束和增加支付便利两个方面来推动消费。中国信通院发布的《中国数字经济发展报告（2022年）》显示，2021年中国数字经济规模达45.5万亿元，同比增长16.2%，占GDP比重达39.8%，年均增速高达15.9%。其中，江苏数字经济占比已经超过全国平均水平。金融行业是数字化水平最高的行业之一，要发挥出自身沉淀和积攒数据的最

大价值。

（一）数字金融提升了消费的便利性

自 2004 年支付宝上线、2013 年余额宝上线，数字金融的受众越来越广。普惠性是数字金融最大的特点，也展示出强大的优势。相比较传统金融，数字金融不受时间、地点的局限，通过网络连接时间和空间，完成相应的金融交易。方便多样化的支付方式和支付渠道可供选择，从大众广泛使用的支付宝、微信支付到现在的数字人民币支付，交易频率的提升和广泛的覆盖面提升了产业发展水平，增加了城乡居民的消费数量和金额，促进了消费结构的优化。部分自助模式和全天 24 小时的线上服务方式也大大节省了成本，提高了金融服务效率。

（二）数字金融减少了对消费的约束性

货币市场的流通决定了消费市场的活跃度，直接影响消费市场的发展质量。相比较传统金融，数字金融既方便快捷又具备差异性的特点，直接推动了消费市场的货币流通，大大减少了居民消费的约束力。首先，数字金融不存在时间、地理、位置等障碍壁垒，居民消费不仅节省成本，还能平滑居民各期收入，缓解可能存在的流动性问题。其次，数字金融为居民提供了一个相对自由宽松的借款渠道，不仅解决当期资金周转问题，同时也维持了居民消费的稳定性，小额消费贷款能够有效降低消费者当期消费额，降低消费者预期储蓄，间接促进了其他非生产性消费，如购车等。最后，相比较传统金融的信息不对称，数字金融通过信息平台整合大量数字信息，并进行无差别投放。信息的共享和信息的掌控促进了消费者的消费欲望，正向激励居民消费的同时，也正向激励居民创造新的生产力，促进国内大循环。

（三）数字金融提升了消费的保障力

相较于传统金融模式，数字金融能够以更低的成本帮助消费者度过资金困难期，保障居民基础生活的同时，更多地关注其他消费，促进消费结构的优化与调整。同时，数字金融的智能性、科学性、高效性能够拓宽生产者的信息来源渠道，收集相关数据并动态进行风险分析，不仅增加企业的资金资源的可获得性，还降低了企业的生产成本和融资成本，推动金融更充分赋能产业，从这个角度看，也是提升了消费的保障。最后，数字金融的透明和方便快捷推动了消费者跨期消费和跨期收益的思想，理财产品的多样化需求和收益为消费者提供保障。

依托大型服务器和处理器进行平台构建的数字金融可以通过技术手段甄别数据并进行精准预测，对服务对象的信用数据精准画像，进行信用评估，简化融资流程，尤其为小微企业大大拓宽融资渠道。对轻资产、重创意的行业，数字金融可利用大数据、云计算和人工智能等科技手段，挖掘税收、海关等表外数据，填平信息不对称的沟壑，提高风险投资、基金等金融产品的获得能力，保障了金融服务切实通达。

三、现阶段数字金融支持江苏消费的实践

（一）江苏消费环境持续向好

在全国城市消费者满意度调查中，江苏参评城市连续三年获得第一。新型消费市场、消费渠道、消费模式、消费融资等随着互联网的日渐成熟和大数据的广泛普及开始进入提质升级、规范竞争、成熟发展的新阶段。目前江苏省级消费示范教育基地共有 126 家，数量位居全国前列。除了创造环境引导消费升级，江苏还通过公益诉讼、消费调查、开拓互联网维权渠道等方式加强对消费者权益的保护。江苏"十四五"规划特别提出要增强消费辐射力，提高消费供给网络，加快建设服务于扩大内需、畅通循环的国际消费中心城市，积极推动江苏进入消费中心城市第一梯队。

2023 年上半年，江苏省人均生活消费支出 16 689 元，居全国第四

位，较 2022 年同期上升一位。此外，全省各地消费倾向提升，上半年全省居民消费倾向为 60.0%，高于上年同期 1.9 个百分点，高于 2021 年同期 0.7 个百分点。得益于旅游市场持续升温，服务消费增长较快。1—5 月，规模以上服务业中旅游游览和娱乐服务、居民出行服务分别增长 122%、50.8%；其中，旅行社及相关服务同比增长 148.6%。文旅市场强劲复苏，带动住餐消费快速增长，上半年住宿业、餐饮业营业额分别增长 30.3%、18.8%，比一季度分别加快 1.6 个、2.3 个百分点。上半年限上体育娱乐用品类商品零售额增长 36.1%，居民文体娱乐类消费正在加快恢复至常态。全省上下全面贯彻落实中央"把恢复和扩大消费摆在优先位置"的重大要求，强力推动促进文旅复苏"15 条举措"落地落实，强化打造"苏新消费""水韵江苏"等消费品牌，消费市场运行呈现较快恢复、回升向好态势。

（二）消费金融体系日趋完善

江苏消费金融规模不断扩张，服务体系逐渐完善。江苏省消费金融的规模增长十分迅速，2010 年后，江苏省短期的消费贷款占比在逐渐增长，而中长期的消费贷款在逐渐下降，这说明江苏省消费金融的结构在不断优化，未来短期消费信贷的占比有望进一步上升。随着互联网金融的兴起，一些互联网消费金融产品也成了消费金融市场上的一项选择，如"花呗""白条"等。此外，除了银行、消费金融公司、互联网消费金融机构外，一些小型贷款公司也提供了部分的消费金融服务。目前，江苏省的金融业规模和行业环境位列全国前列，仅次于北京、上海、广东。江苏消费金融水平次于北京、上海、广东、天津，基本与浙江省在一个水平线。

消费金融发展空间广阔，金融产品更加多元化。消费在促进国民经济增长的过程中发挥着越来越重要的作用，但是促进消费金融市场的健康发展，必然要依靠政府的规范和监管。2015 年，我国加快了市场监管的步伐，有了国家政策的推动，消费金融市场体系将会进一步改善。尤其在经济新常态中，消费成为拉动国民经济发展三驾马车中的重要力量。未来随着消费结构升级步伐加快，创新发展动力持续推动，江苏居民可支配收入将会不断增加，叠加政府政策推动，以及居民消费观念的改变，江苏消费金融的发展势头将会更加强劲。

消费金融监管更加规范、体系化。互联网技术的发展，使得消费金融未来的监管更加智能化，对风险的预测更为精准；在监管制度创新上，大数据能够帮助信息共享，从而加强协作，提高监管效率，促进监管制度的全面覆盖。近年来，消费市场朝着多元化、个性化、定制化的方向发展。传统金融从线下消费转变为线上消费。在金融和科技融合的时代背景下，推动消费金融创新发展是未来消费金融的趋势。近年来，国家先后出台了关于互联网消费金融健康发展的管理办法。中国互联网金融协会及电子商务消费金融协会成立，旨在促进互联网消费金融及一些电商平台消费金融的发展，未来消费金融产品将呈现出多样化、多元化的态势。

（三）数字金融发展态势良好

数字金融基础有保障。中研普华产业研究院发布的《2022—2027年中国数字金融行业市场前瞻与未来投资战略分析报告》显示，目前我国共有 6 906 家数字金融相关企业，从省份分布来看，江苏位列第二。据统计，近年来江苏省的数字金融产业带来的移动支付已达 70% 以上，自 2019 年起数字信息消费已达到 5 600 亿元，信息产业的业务收入占总产业业务收入近 40%。高利用率和高收入使得数字金融迅速获得广泛推广。数字技术的基础设施建设是数字金融的支撑。《中国新型基础设施竞争力指数白皮书（2020 年）》指出，江苏省具备的"新型数字基建"竞争力指数为 86.3，居全国第三。有关数字基建产业有 7 类，企业上百家。同时拥有 6 家具备创新基础设施的科研设备、100 家以上的重点实验室。和银行卡消费相比，以支付宝和微信支付为主的移动支付将数字金融普及至消费群体，显示出移动支付的优越性。根据央行发布的《2022年支付体系运行总体情况》，江苏省全年的移动支付数量总体增速较快。

数字人民币试点正酣。数字人民币是中国人民银行发行的数字形式的法定货币，具有高安全性、即时结算、精准追溯等特性。自江苏全域启动数字人民币试点以来，共开立个人钱包438.5万个、对公钱包37.4万个；新增受理商户25.6万家，流通业务累计2 019.1亿元。江苏提出争取到2025年底，基本形成服务便捷高效、应用覆盖面广、生态较为完善的数字人民币运营管理体系；提出在全省工信系统、工业和信息化领域重点企业和产业园区推广数字人民币应用，拓展数字人民币应用场景，赋能行业创新发展。目前，数字人民币应用已在江苏省公共资源交易中心和苏州、南通、盐城等市的10多个公共资源交易中心及分中心落地。盐城市公共资源交易中心数字人民币钱包入账1 740万元国有资产转让项目竞价保证金，实现数字人民币在国有产权交易领域的应用。苏州依托公共资源交易金融服务平台，推出"建设工程中标贷"数字人民币应用场景。镇江落地首笔数字人民币小微贷业务，以数字人民币形式为企业发放"小微贷"；建设银行联合江苏体彩中心创新打造"体彩＋数币"新模式，落地省内首个数字人民币购买体育彩票场景等。

数字金融以规划促深耕。例如，苏州首发了《苏州市数字金融产业发展三年行动计划（2023—2025年）》，以期充分利用数字金融创新成果服务实体经济和防范化解金融风险，提供更加便捷、高效的金融服务，利用数字化成果加强和完善现代金融监管，全力提高苏州数字金融产业在全国的竞争力。研究中心和江苏省数字金融工程研究中心启动共建，致力于通过多种形式的产、学、研、用合作，围绕核心技术、产品服务、金融监管、标准体系四大板块重点发力、不断创新，包括围绕云计算、大数据、人工智能、区块链等数字金融领域开展关键技术攻关等，力争形成一批拥有自主知识产权的核心技术，运用科技手段围绕金融服务场景，进行业务流程改造、风控模式优化、金融产品创新及金融科技产品打造，提升普惠金融、绿色金融、供应链金融等金融服务实体经济数字化水平。江苏省数字金融协会等智库在南京正式揭牌，立足江苏、放眼全国，围绕促进数字经济和实体经济深度融合的目标，强化数字技术创新引领，推动新一代人工智能、5G、物联网、云计算、大数据等科技手段在金融领域深入应用。

四、重点领域中数字金融赋能消费潜力的缺憾

经济发展水平和经济结构的变动都会对消费金融产业直接或者间接的联系。江苏的第三产业是对经济贡献率最大的产业，而金融业作为第三产业的重要组成部分也在不断完善和发展，产业结构的不断优化升级促进文化、教育、娱乐等行业，直接带动居民消费。在江苏省消费金融规模中，长期消费金融仍然占据主体，如车贷、房贷等。随着科技进步，消费观念和意识也在不断改变，跨期消费也越来越被使用。居民生活收入和保障的改善和生活环境的提升也促进了消费金融的发展。社会保险和商业保险有效地保障居民的基础生活，城镇化率的提高带来更多的人口集聚，江苏的城镇化率已经超过 70%，这就要求更多的公共产品和公共服务配套，加大了居民对生活质量以及消费品质的要求，客观上对消费金额提出更高诉求。同时，目前江苏消费金融供给以商业银行为主，金融产品较为单一，不能满足居民需求的多样化，并且目前江苏省内已开业的消费金融公司屈指可数。社会信用信息的时效性不尽如人意，信用体系建设还存在漏洞补缺，有关消费金融的法律不够健全。尤其在经历疫情后，新的消费习惯和消费需求井喷，线上场景消费迎来爆发期。线上购物、线上学习、线上办公、线上医疗等在线消费习惯得到延续。数字金融灵活、分散、服务场景化的优势得到充分发挥，促进消费主导型经济的转变。抓住重点领域赋能释放消费潜力，是数字金融的服务使命。

（一）金融市场发展水平与数字金融生态体系建设水平有待提高

一是金融市场发展水平与居民需求适应性有待提高。金融市场的发展不均衡，市场结构不合理，分割较多，缺乏联动，特别是金融衍生品市场发展滞后。对于国内消费需求来说，金融市场的发展，特别是消费信贷市场的发展已经成为制约潜力释放的重要因素。在小康型消费迈向富裕型消费的进程中，先储蓄后消费的个人积累过程已经无法满足需要，强大的信用消费体系成为需求释放的有力支撑。二是数字金融服务体系还没有达到全生命周期以及满足消费者全方位需求，企业无法根据自身所需，获得多维的金融服务，如，股权、保险、担保等。如何将线上线下的金融资源整合，更好地发挥数字金融的优势，值得探索。

（二）数字金融支持乡村振兴的现有措施和力度有待提高

作为经济发达省份，工农、城乡间发展较为协调，是江苏经济的显著特色和优势。然而，发展不平衡不充分问题在当前江苏农村尤其在苏北乡村仍然突出，一些地方底子薄、发展滞后等状况尚未改变，有待金融大力支持。当前农村金融服务无论是机构数量和融资水平，还是服务质量和金融环境均与乡村振兴的金融需求不相适应，极大地制约了乡村振兴战略的实施。比如，乡村产业发展缺乏完整的发展规划，影响了金融服务的精准性；现有乡村产业大多层次较低，企业同质化经营现象突出，产业链条偏短、偏窄，且存在明显的脆弱性，标准化、精简化、流程化的金融服务难推广；互联网金融快速发展下，传统金融机构的金融创新还不足。而数字金融通过大数据、互联网以及人工智能等数字技术，能够补齐农村金融服务的短板，增加农户家庭信用资产，提高信用贷款可得性。但就目前看，江苏农村数字金融载体建设还有待提高，互联网、移动通信、智能金融设备等基础设施虽然搭建完善，但是部门协作不够通畅，信息平台没有完全发挥信息共享的作用，部门之间仍然缺乏信息壁垒和数据资源整合。受受教育程度的影响，农村金融素养偏低，金融意识建立缓慢，信贷意识淡薄，金融宣传也不够落地，呈现碎片化模式。农村征信体系不完备会影响线上金融服务的开展，同时也会导致农村数字金融风险高于城市数字金融风险，为数字金融推进和监管带来难度。

（三）养老金融存在真实供给不足的问题

江苏养老服务正在快速发展，但还存在有效供给不足、消费政策不健全、营商和消费环境有待改善等突出问题，难以满足广大老年人多样化、多层次养老服务需求。需要全方位优化养老服务有效供给，加强养老服务消费支撑保障，培育养老服务消费新业态，提高老年人消费支付能力，优化养老服务营商和消费环境。

养老金融是高质量金融发展服务中国式现代化的重要组成部分，养老金融市场缺乏顶层设计所带来的问题却在逐渐暴露。市面上养老金融产品数量不少，但真实供给却严重不足。政府工作报告提出，要规范发展第三支柱养老保险。商业银行推出养老概念的理财产品虽较一般银行理财产品的期限有所加长，但也只有 3 至 5 年。数字技术应用赋能养老金融提质增效，数字化养老金融产品创新是方向，数字化养老金融服务是提质的关键，数字化养老金融运营升级是目标。需要积极打造更年轻的养老品牌，率先抢占"年轻养老市场"，将养老金融服务延伸至全生命周期，让客户在不同年龄阶段的养老享老需求都能得到满足，实现"早规划、早储备、早享老"的目标。积极打造数字化养老金融服务生态，实现了经营数字化、服务智能化、业务场景化、渠道一体化，从而为消费者提供卓越的"养老"体验，整合老年护理、老年医疗、老年消费和老年金融等养老服务产业链，打造综合养老"生态圈"，为消费者提供全方位的养老金融服务。

（四）数字金融助力文化产业发展存在瓶颈

发挥数字金融对文化产业高质量发展的助推作用，是推进文化自信自强和经济高质量发展的重要抓手。江苏省政府工作报告将"大力推动发展文化事业和文化产业"列入 2023 年重点工作，指出要加快发展现代文化产业，培育新型文化业态和文化消费模式。文化数字化是让文化"活"起来的重要途径。近两年，江苏省文化和旅游厅全面推进文化和旅游领域数字化建设。不断强化文旅产业链的数字化赋能，聚焦平台建设、数据分析，扎实推进全省文旅领域数字化建设。

尽管数字金融助力文化产业高质量发展取得了显著的成效，但挑战并存。首先，文化产业具有典型的轻资产、重创意等行业特征，资产负债难以评估融资难度。文化产业项目一般运营时间较长，环节众多，经营不确定性也高，授信管理难度大，无形资产为主的文化产业无法让市场来进行精准评估，往往是模糊不清晰。导致数字金融服务文化产业的成本相对偏高。其次，传统文化行业的数字化改造数量和质量都有待提升，较低的数字化改造率也带来较高的征信难度。文化行业本身还存在粗加工、低成本投入的生产模式。再次，文化产业不仅是知识密集型产业，也是资本密集型产业，数字金融专业和文化产业专业的复合人才缺乏。懂金融的人不懂文化属性和运营规律，懂文化行业的人不懂金融服务的特点，导致两者之间不能匹配，数字金融服务不能有效支撑文化产业的发展。最后，除了数字金融的技术风险、法律风险，文化产业与数字金融还存在融合风险。传统金融机构与文化企业的有限交流存在信息不对称的问题，对接困难。数字金融从业者也可能存在操作、分析的风险和漏洞。

（五）数字金融消费者权益保护有待加强

面对金融产品的更迭复杂化，金融消费者的力量薄弱而分散，对金融产品品质的正确精准判断越来越有难度。不正当竞争行为会导致安全保障、信息安全等权利受到损害。首先，存在数据泄露风险。数字金融以数据为基础依托，平台可能会采集消费者的工作信息、财产信息、消费习惯、定位信息等隐私数据并进行判断分析，将消费者归类贴标签。消费者如果不提供各类数据就无法使用数字金融类 App。同时存在不法的金融平台或者工作人员将消费者数据打包出售的情况，极大地侵害了消费者隐私和消费者权益。其次，数据是数字金融的核心资产，数字金融的算法的不合理应用也在消耗消费者的消费热情，比如大数据杀熟等。精准画像为实现利润最大化，对消费者差别对待甚至诱导消费者过度消费，干扰了正常的消费市场秩序。再次，消费者维权困难。我国还没有制定数字金融方面的消费者权益保护法律。普通消费者难以收集电子证据，传统的消费者权益保护部门对于数字金融业的投诉也缺乏专业性，金融消费者维权难度大。最后，数字金融消费者的金融素养有待提高。2022 年 2 月，中国人民银行发布的《消费者金融素养调查分析报告（2021）》显示，2020 年我国消费者金融素养指数为 66.81，与 2019 年相比，提高了 2.04，但仍有较大的提升空间。公众对分散化投资及风险收益的关系等基础金融常识仍缺乏足够的认识，容易产生非理性投资行为。居民金融素养在年龄上呈现倒"U"形，老年人和青少年的金融素养水平相对较低，"一老一少"是金融教育持续关注的重点，特别是老年人更依赖传统渠道和方式满足自身的金融需求，在适应金融数字化方面还存在明显的不足。数字金融产品的专业性更强、业务更复杂，对消费者的金融素养和科技素养提出了更高的要求。

五、数字金融赋能江苏释放消费潜力的对策研究

（一）以数字金融赋能民生，提高释放消费潜力的底气

理论上，消费需求的无限性和消费制约的有限性要靠消费者的购买力来平衡。扩大就业和完善社会保障体系分别起到提高收入来源和为消费免除后顾之忧的作用，提升消费者意愿。要积极推动经济结构的调整，积极

推动第三产业的发展，鼓励与居民生活密切相关的医疗、教育、文化、旅游等产业发展，满足居民多元化消费需求。同时在风险可控的范围内，积极鼓励金融行业开发更多、更好的跨期数字金融消费产品。

积极改革现有的收入分配制度，藏富于民。增加财政转移支付，充分发挥税收调节收入差距的功能性作用。协调财政和货币政策的联动使用，稳定商品市场供应和价格波动，严厉打击干预市场秩序正常运行的行为，积极维护消费者合法权益，鼓励金融机构充分发挥消费信贷的积极作用，缓解居民消费的信贷约束，释放居民消费潜力；不断提高公共服务水平，加大对数字基础设施的投资力度，弥补传统金融的短板，发挥数字金融的普惠特性。尽可能降低中低收入人群和农村家庭参与金融服务的门槛。依据当地数字经济发展水平和家庭对高水平公共服务的享受意愿，评估建设更高水平公共服务设施的可能性，建设游泳馆、运动馆、健身房等健身场地，持续提高公共服务水平，满足居民保健、锻炼需要，将健康消费需求转化为健康消费行动，进一步释放健康消费潜力。注重数字金融发展的区域协调性，制定针对不同区域的差异化、层次化发展策略，推动各区域数字金融协调发展，提升居民的互联网技能和整体的金融素养，努力弥合数字鸿沟，更好地发挥数字金融对居民消费的促进作用。

（二）数字金融赋能国际消费中心城市建设，优化消费环境

2023年，江苏南京、苏州被定义为国际消费中心潜力城市。中国消费者协会《2021年100个城市消费者满意度测评报告》显示，苏州市消费者满意度得分89.70分，位列全国百城第一，南京位列第四。国际消费中心城市应是创新力强的城市。

1. 创新消费金融产品，优化金融生态环境

更好发挥数字金融在促进传统消费、培育新型消费、发展服务消费等方面的助推作用。引导金融机构围绕促进消费、扩大内需推动金融服务创

新。比如，通过支付创新、业务创新等，引领和促进线下消费服务并使其加速"触网"，充分释放线上经济潜力。以服务创新支持新业态、新模式发展，提供更高效、更便捷、更低成本的金融产品和服务，增强消费拉动经济发展的基础性作用。积极改善消费环境。积极开发金融产品和服务，加快建立完善普惠金融体系，推动金融机构百花齐放的大生态，充分发挥数字技术优势，建立健全广覆盖、可持续、互助共享、线上线下同步发展的普惠金融体系和信贷风险识别、监控、预警及处置体系。优化微型金融和普惠金融发展生态，加强数字普惠金融领域的金融标准建设。

2. 壮大江苏消费品牌，加快建设国际消费中心城市

建设国际消费中心城市，要积极推动国内商品与国际市场的同步。根据 2023 年江苏出台的《江苏省贯彻落实扩大内需战略实施方案》，未来南京、苏州、徐州、无锡将着力培育建设国际消费中心城市，并打造具有国际影响力的新型消费商圈。支持有条件的设区市打造全国性或区域性消费中心，加强中小型消费城市梯队建设，增强县城和中心镇消费集聚和辐射能力，促进城乡消费市场融合发展。从目前来看，南京、苏州能够代表江苏消费中心城市的水平，但是品牌知名度、企业知名度、人才引进程度都不如北上广深，尤其是在长三角地区，消费吸引力被上海虹吸，需要结合地方文化特色展示，打造独具一格的特色优势和消费热点。数字金融要支持建设消费新业态产业基地、孵化基地和众创空间，从而吸引高端创新人才创业发展，加大消费品牌建设。江苏旅游资源丰富，文化特色鲜明，要结合各地消费热点、风俗文化和特色优势，基于城市定位和资源禀赋，推动"夜经济"品牌化，积极打造《夜江苏消费地图》《夜江苏消费指南》。比如，支持南京以秦淮文化为抓手，打造夫子庙、老门东、新街口、百家湖等"夜经济"聚集区，擦亮金陵"夜名片"。支持苏州围绕"姑苏八点半"夜间经济品牌，让更多的百姓在夜间走出家门。注重老字号保护与创

新，培育一批能够展示国家和江苏产品优质形象的品牌。

（三）加大数字金融赋能重点领域的数字金融扶持力度，提高消费动力

1. 运用数字金融促进农村消费内需动力全面释放

完善农业及农村数字基础设施建设，加快推进 5G 网络、信息平台、大数据等数字信息基础设施建设，减少农民交易成本。扩大乡村基础设施建设投资领域及美丽乡村建设领域。乡村发展领域主要包括基础农业发展、特色效益农业发展、跨界经营农业发展。乡村基础设施建设投资领域主要包括农业基础设施领域、农村基础设施领域。提高数字金融的接受度和使用率，建设数字金融服务体验区等，帮助农村居民熟练掌握数字金融基本功能和使用程序，实现农村居民的基础金融服务不出村、重点金融服务不出镇。

积极培养农村居民数字金融素养。帮助农村居民整理与金融相关的知识与技能，将理论融入农村生活实践，以农民容易接受的方式培训金融知识和技能，并逐步常态化。同时帮助他们加强网络安全教育，提高自我保护及甄别能力。充分利用常见的媒体中介，比如微信短视频、抖音、微博等，向农村居民普及金融产品及基础性的金融常识。引导居民通过正规渠道提高金融信息和金融产品的传播面和传播效率。重视农村数字化平台建设，为农村居民家庭的现金管理、数字借贷、数字理财等创新业务顺利开展创造条件。通过鼓励农村居民合理调配金融资源完成资产配置，鼓励农村居民的信息交互，提高获得财产性收入的水平。

提高农村居民的风险防范意识。帮助农村居民提高对自身资产状况、负债能力等的判断能力，合理选择风险低收益比合适的金融产品，避免盲目借贷。数字金融产品要更有深度和温度。加快数字资源共享平台建设。让商业银行将重心向乡村金融的数字资源上倾斜，使乡村金融的数字资源成为商业银行一项具有市场竞争能力的服务。

2. 全力释放社会发展所需的消费潜力，加大对养老消费的金融支持

基于养老消费金融市场的发展需求，将养老消费金融所涉及的"保障""储备"和发展类业务，统一构建形成"大养老"金融服务体系，将养老消费金融业务与养老社区服务相结合，结合未来老年客户网络用户日益增多的趋势，优化老年自助银行服务、网上银行、手机银行服务，调整网点功能区划分，梳理优化远程授权等流程，方便老年客户开展金融业务。

除了针对老年群体的金融服务外，金融机构也应从全生命周期的角度看待老龄金融服务，在养老储蓄、企业年金、商业养老保险、长期护理险、养老信托等方面加强对中青年客户群体的产品设计与推广，真正体现金融机构跨时间配置资金的特性。

3. 加大数字金融对文旅消费市场的支持力度

提高文化产业对数字金融的吸引力。2020年3月14日，国家发展改革委等23部门联合印发《关于促进消费扩容提质加快形成强大国内市场的实施意见》，把推进文旅休闲消费提质升级作为信贷支持的重点，不断丰富特色文化旅游产品，拓展服务内容，扩大服务覆盖面。探索文旅相关融资配套，加大对文旅融资增信力度，鼓励金融机构与担保机构合作。设立文旅纾困基金，优化理赔流程和效率，营造良好的文旅产业高质量发展经营环境。同时提升文化产业的经营水平，发展数字文化，提高文化产业对数字金融的吸引力。

重视对数字技术的开发，破解文化资产评估难题，针对文旅产业提供数字金融产品，设计一些标准产品以满足因体量小而无法获得定制服务用户的金融需求。促进数字技术研究成果的转化，使数字技术真正助力提高金融服务水平。比如，借助5G技术提高数字金融场景的运营效率，利用

人工智能技术动态优化迭代信用评估计量模型，运用大数据技术以拓展模型数据来源等。

积极推进内部融资渠道，拓展外部融资方式，推动数字金融与文化产业融合发展。积极创建专门的文化金融服务，比如，提供文化资产定价及其证券化服务，结合文化产业的无形资产特征调整信用评价体系。完善相关旅游企业的经营模式，对其盈利手段进行改革创新。旅游企业内部须建立专门的资金管理部门，并对资金管理政策进行调整以提升筹资效率，有效降低融资风险。建立"数字金融＋文旅产业"的相关平台，严格预防其利用海量用户流量攫取超额利润，扰乱平台发展秩序。建立严格的文旅金融监管体制，将违反规则的行为纳入征信，提高文旅产业自治能力，重视"文旅＋数字金融"的复合型人才培养。

（四）数字金融赋能金融机构的转型与创新，强化消费支撑

鼓励设立合法的消费金融机构。目前江苏只有两家获得消费金融牌照，苏宁消费金融和江苏苏银凯基消费金融公司。鼓励金融机构有针对性地开发产品，满足差异化消费需求。江苏苏宁银行持续在大数据、人工智能、金融云、区块链、物联网等前沿领域布局，成为江苏省首家通过国家高新技术企业认定的商业银行。目前苏宁银行的消费金融、微商金融、产业链金融、科创金融、财富管理、场景支付六大核心业务线已全部完成数字化升级，实现99%的客户来自线上，99%的业务在线办理，以550余名员工服务了862万消费贷款用户、161万个人存款用户和66万小微企业用户。江苏还应积极推进产业系消费金融公司和电商系消费金融公司的构建。目前而言，江苏省缺乏统一的社会征信体系，这使得消费金融机构在放贷时容易有漏洞。需要构建统一的信用评价体系。

促进商业银行的转型创新。商业银行可以将发展数字消费金融的相关业务作为未来转型的一大重点。服务消费、信息消费、绿色消费、品质消费等，打造多元化消费场景将是未来消费金融市场竞争的关键。除此之外，还可以与线上互联网巨头合作，例如，旅游分期消费场景、教育分期消费场景等。消费金融机构要积极调研消费者的各项消费需求，推出合适的消费金融产品。同时也要考虑到江苏实际，合理地设计适合江苏具体情况的消费金融产品，进而满足消费者多样化的需求。

参考文献

［1］曾刚：《双循环格局下金融改革与发展重点》，《中国农村金融》2021 年第 3 期。

［2］祝惠春：《粤港澳大湾区建设数字金融高地》，《经济日报》2023 年 3 月 2 日。

［3］《上半年江苏居民人均消费支出公布》，《新华日报》2023 年 7 月 30 日。

［4］《"新引擎"释放澎湃新动能》，《新华日报》2023 年 7 月 30 日。

［5］程珊琳：《江苏消费信贷发展研究》，南京大学博士学位论文，2019 年。

［6］蔡慧：《江苏省数字金融现状及政策优化》，《中小企业管理与科技》2020 年第 9 期。

［7］《江苏数字人民币流通业务累计 2 019.1 亿元》，《江苏经济报》2023 年 4 月 26 日第 A01 版。

［8］《江苏数字人民币试点正酣》，《江苏经济报》2023 年 7 月 13 日。

［9］邹蕴涵：《我国居民消费率发展趋势分析》，《宏观经济管理》2017 年第 9 期。

［10］王峰、董静：《金融支持乡村振兴的"江苏实践"》，《中国金融家》2019 年第 9 期。

［11］《"养在未老时"已成必选各银行争抢年轻客群打造全链服务》，《21 世纪经济报道》2022 年 12 月 13 日。

［12］《广发银行全面布局个人养老金服务打造数字化养老金融服务生态》，《经济观察报》2023 年 3 月 28 日。

［13］李呈：《数字金融助力文化产业高质量发展：机制、效果、挑战与路径》，《东岳论丛》2023 年第 5 期。

［14］华红梅：《我国数字金融消费者权益保护探析》，《吉林金融研究》2023 年第 4 期。

［15］胡若冰、贤成毅：《数字金融对消费潜力释放的影响研究》，《无锡商业职业技术学院学报》2023 年第 2 期。

［16］张文文、景维民：《移动支付如何影响家庭健康消费决策？》，《消费经济》2023 年第 4 期。

［17］张国云：《拿什么样的金融投身于新发展格局中？》，《中国发展观察》2021 年第 5 期。

［18］邱兆祥：《金融要服务好构建新发展格局（思想纵横）》，《人民日报》2021 年 2 月 18 日第 9 版。

［19］陈雨露：《"双循环"新发展格局与金融改革发展》，《企业文化》2020 年第 5 期。

［20］夏网生、彭程：《壮大夜间经济　挖掘消费潜力》，《群众》2020 年第 16 期。

［21］孙继国、赵文燕：《数字金融素养何以推动农民农村共同富裕》，《上海财经大学学报》2023 年第 6 期。

［22］田新朝：《养老消费金融发展路径与政策研究》，《理论月刊》2016 年第 2 期。

［23］钟小东：《数字金融助力文化旅游产业发展的路径》，《产业创新研究》2020 年第 5 期。

数字金融与适老化服务

在 2023 年 10 月举行的全国高层金融论坛上，重点议题聚焦于科技金融、绿色金融、普惠金融、养老金融以及数字金融"五篇大文章"的构建。金融的多元化发展对于国家经济的强盛与繁荣具有长远的策略影响。金融工作会议提出五大领域间的融合与促进，共同构建了一个既多元又协调的金融生态系统，为国家经济的稳定增长奠定了稳固的基石。然而，我国当前在养老金融产品和服务的供应上存在短缺、老年人享受数字金融服务的步伐较慢，以及金融知识普及程度不足等问题。为推动养老金融的全面进步，创新养老金融产品，加速金融服务适老化转型，实施定向金融教育等措施显得尤为关键。特别是在数字化时代，如何使金融更好地适应老龄化需求变得至关重要。养老金融与数字金融的协同演进，为金融在新时代的高质量发展中增添了崭新的驱动力。

一、数字金融服务适老化建设的背景分析

在过去的十年里，我国的老龄化进程显著加速，老年人口的数量急剧膨胀。截至 2024 年底，全国 60 岁以上的老年人口比例已经攀升至 22%，并且从数据趋势来看，这个比例仍在逐年递增，老龄化的步伐正在快速推进。据中国发展研究基金会预测，2035—2050 年，我国将迈入老龄化社会的高峰；2050 年，65 岁及以上的老年人数量将高达 3.8 亿人，几乎占总人口的三分之一。在这样的时代背景下，金融服务必须特别关照日益庞

大的老年群体，他们是普惠金融的重要服务对象和关注焦点。养老金融的发展潜力不仅能为国家的经济增长注入新的活力和驱动力，还能催生出新的经济增长点。中国老龄科学研究中心在《中国老龄产业发展及指标体系研究》中预测，2030 年，我国老年人的消费总额可能占 GDP 的 8.3%—10.8%，2050 年，这个比例可能会进一步跃升到 12.2%—20.7%。同时，老年人中的富裕群体比例也在稳定增长，这为养老经济的繁荣提供了强大的内生动力。在政策利好的推动下，我国的养老产业正迎来前所未有的发展机遇，养老金融无疑将成为推动经济发展的新引擎。

在全球化、智能化和个性化的浪潮中，数字金融扮演着革新者的角色。数字货币的出现，无疑给支付手段带来了颠覆性的改变，引领着金融业的革新之路。在社会老龄化的趋势下，关注并满足老年人的金融需求变得尤为重要。因此，金融服务适老化建设应运而生，致力于打造针对老年人群的差异化、定制化的养老金融产品，旨在满足老年人晚年生活的经济需求，提升他们的生活品质。这不仅关乎个人晚年的幸福，更对整个社会养老体系的构建有着深远影响。通过创新的产品设计，如定制的医疗保险、养老金方案和长寿保险等，金融行业为老年人提供了更加灵活且个性化的选择，以确保他们的经济安全。同时，通过引入更多数字金融工具和产品，不仅为老年人提供了更全面的经济保障，还鼓励他们积极参与社会活动，对构建和谐老龄社会起到了推动作用。养老金融的数字化、差异化和个性化特点，不仅为老年人提供了更广泛、更贴心的经济支持，也为社会养老体系的创新和完善开辟了新的途径，为应对老龄化挑战提供了积极的策略。

二、数字金融服务适老化建设的研究

关于金融服务适老化建设的研究，国内外学者均取得了一系列显著的成果。中国政府、市场和社会均提出了延税型养老储蓄方案，已经达成了关于适老化建设和与金融协调发展的社会共识（杨燕绥，2012）；养老金融的发展将解决养老金本身保值增值和资本市场缺乏超长期战略投资者两方面的困境，实现养老金和资本市场的"双赢"（胡继晔，2021）；养老金融服务体系以养老产业为依托，以银行、保险、证券、信托公司等金融机构为主体，由各支柱养老金、住房反向抵押、养老信托等金融服务方式构成统一体系（马海龙，2015）。多支柱体系能够确保金融适老化建设的可持续性发展，政府、企业和个人共同参与，分散风险，增强养老金融体系的韧性（陆岷峰和徐玉锋，2024），同时需要处理好政府和市场的关系，促进不同治理主体行为规范有序，实现经济和服务双重保障基本功能（施文凯和董克用，2024）。

随着科技的飞速进步，数字化养老金融已逐渐成为学术界和业界的焦点。专家们不仅深入研究了如何运用数字技术来重塑养老金融的运营模式，还积极探寻提升服务效能、削减成本的策略。国内的实证研究也在探索数字养老金融的实际应用和长期可行性方面取得了显著成果。尤为引人注目的是，数字化技术在提升养老金融服务的易用性、精确度和包容性方面的潜力上的作用得到了广泛认同。同时，关于养老金融产品创新与风险管控的讨论也十分活跃，如何在保护资金安全的同时，满足老年人日益多样的金融需求，是当前亟待解决的问题。例如，制定相应的扶持政策，研究建立怎样的标准来确立数字金融服务体系，为智慧养老等数字化服务模式提供规范化保障，并为智慧养老模式持续推进夯实基础，打造智慧养老数字金融服务体系，确保智慧养老产业可持续性发展（詹子怡 等，2023）。在养老金融领域，商业银行应布局养老目标日期基金、科技赋能产品多元化、设计综合性服务方案，以立于第三支柱发展中（高文静，2023）。数字银行则应该在中国老龄化背景下发挥其特有优势，通过技术创新和服务优化，满足老年人特殊需求，促进养老金融和数字金融两篇大文章融合发展（曲海慧，2023）。同时，政府应加强人才培养、共享数据，并制定新的内部管理规范。增加对金融科技及基础设施的投入，推动统一标准的建立（刘润心，2022）。

在探索数字养老金融的前沿，国外的学术研究较国内更早熟且体系完备。国外研究者尤为关注的是如何将数字创新与养老金融无缝融合，力图开创出高效、灵巧的养老金融服务新途径。同时，在应对数据隐私保护与风险规避这些核心议题时，国际研究也展现出超前的洞察。通过解析全球的学术脉动，我们清晰地看到，尽管研究的焦点和手段可能存在差异，但共同的愿景无疑是促进金融服务适应老年人口的增长带来的社会挑战。

三、数字金融服务适老化建设的发展现状

随着人口老龄化的加剧，养老问题已成为社会关注的焦点。养老金融作为解决养老问题的重要途径之一，其发展现状备受关注。近年来，科技的飞跃，尤其是数字化和智能化的革新，为养老金融领域开辟了崭新的道路。各大金融机构在这个前沿阵地积极求变，陆续推出了多元化且个性化的养老金融产品与服务，旨在全方位满足各类人群的养老规划需要。

（一）政策导向明晰

为了满足日益增长的老年人口对金融服务的需求以及保障金融体系的稳定，国家在逐步推行一系列措施，旨在消除老年人与数字化世界的隔阂，确保他们能顺利地接入并利用金融系统。这些举措包括《解决老年人智能技术应用难题的行动计划》《提升老年人支付便捷性的指导原则》《银行和保险机构应对老年人技术难题的通知》等重要文件的发布。这些政策的推行促使金融机构积极提升服务的适老化程度，确保所有老年人都能平等地享受到高效、易用的金融产品和服务。养老金融政策与体系从无到有，从小范围到大范围，从特定群体扩展到全民覆盖，经历了持续的发展

和完善。特别是在人口老龄化趋势加速的近几年，政府更是密集出台了一系列养老金融政策，加速推动个人养老金制度的建设，这无疑显示了国家将应对人口老龄化问题提升到了战略层面。

（二）适老化数字金融市场的规模逐年增长

《2021 中国中老年互联网产品洞察报告》显示，我国 60 岁及以上网民达到 1.11 亿人，增量高达 58%。这些新晋网民较之年轻人拥有更多的时间上网，51% 的中老年群体日均上网时长超过 4 小时，远高于全国网民日均上网时长。根据《2021 全球消费者洞察调研》的调研，超过四分之一的老年消费者已习惯使用淘宝、支付宝等平台进行线上购物，展现出他们的数字消费力。同时，普华永道的报告显示，全球老龄化金融市场的规模预计在未来数年内将激增至 21 万亿美元，年均增长率预计为 7.3%。尽管养老金、退休金和医疗保险等传统的数字化金融服务仍是市场的主要驱动力，但智能医疗、长期护理保险以及数字遗产管理等创新产品也在逐渐崭露头角，为市场增添了新的活力。

（三）金融服务模式逐步完善，产品层出不穷

在推进金融服务的包容性和可达性方面，金融机构正全力以赴地改造其服务网点，以适应不同年龄层的需求。特别是在关注老年群体方面，他们设立了专门的老年关怀区域，设置便捷通道，并配置了一系列便于老年人使用的设施，旨在优化传统的银行服务方式。除了首批公示的 7 家已完成无障碍设施改造的银行和第三方支付机构，全国范围内的金融机构也在紧锣密鼓地提升其网络平台和智能设备的适老化水平。通过创新设计，金融机构推出了关爱模式，增加了字体放大、语音引导和一键求助等贴心功能，旨在帮助老年人更好地适应数字化生活。同时，中国人民银行在全国大力推广移动支付的便利示范项目，指导各银行优化老年人在线支付的使用体验，让移动支付在老年人日常消费中发挥更大的作用。当前，中国的

养老金融市场正展现出丰富多样的特性，金融机构在养老金融产品领域不断探索，推出了诸如银行理财产品、公募基金以及养老保险等多元化的选择。同时，数字化技术的广泛应用也为养老金融产品的创新提供了强大的后盾，使得服务更加高效和智能化，让老年人也能享受到科技带来的便利。

（四）适老化数字金融风险管理机制逐渐健全

随着适老化数字金融市场的发展，监管部门也在逐渐加强对适老化数字金融产品和服务的监管和风险管理。例如，中国人民银行、中国证监会和中国保险监督管理委员会等多个监管机构联合发布的《关于金融支持养老服务业加快发展的指导意见》明确了各类金融机构在老年人金融服务中应当遵守的准则和规范。为了保障老年群体现金使用习惯，保障其传统支付需求，中国人民银行持续开展整治拒收人民币专项行动。同时，针对老年群体金融风险重灾区，央行牵头组织开展了打击治理电信网络诈骗、防范非法集资和打击整治养老诈骗等专项行动，筑牢老年群体金融安全防线。大数据和人工智能技术在风险评估和欺诈检测上的应用，使金融机构能够更精准地识别高风险行为，为老年人提供更安全的金融环境。例如，通过分析老年人的交易数据和行为模式，智能风控系统可以及时发现异常，有效防止金融欺诈，保障老年人的金融安全。

四、数字金融服务适老化建设的挑战与机遇

尽管养老金融市场发展迅速，但仍面临一些挑战。一方面，养老金融产品的种类和数量虽然不断增加，但市场供给与需求之间仍存在一定的不匹配。另一方面，养老金融服务的普及程度还有待提高，特别是在农村地区和偏远地区。此外，养老金融产品的风险管理和监管也需要进一步加强。金融产品的适老化改造还不够彻底，服务媒介、服务场景和应用渠道等方面仍需进一步完善。

（一）老年人数字素养不足

老年人数字鸿沟问题严重是数字适老化金融建设的重要阻力之一。中国老龄科研中心调研数据显示，我国老年人小学及以下文化程度超七成，极大地影响老年人网络使用体验，从而加深"数字鸿沟"现象。多数老年人无法对抓取的信息作出及时反应和正确判断，在主观意愿上对数字金融没有积极地尝试适应。许多老年人对互联网和移动设备的使用不熟悉，导致他们在面对数字养老金融产品和服务时感到困惑，难以充分利用这些便捷的工具。加之老年人易轻信互联网上的信息，对于个人隐私信息没有保护意识，参与数字金融时，个人隐私更易被侵犯。防范意识相对较弱，他们对于互联网诈骗往往缺乏足够的警惕和判断力。这些因素叠加在一起，导致老年人对数字金融的接受度和使用率大幅降低。这不仅阻碍了他们参与金融活动，也限制了他们从数字金融中获得经济福利。

（二）现有数字金融适老化产品供需失衡

养老金融产品规模虽然在持续增长，但存在产品同质、产品策略不丰富以及产品规划不系统等问题。老年群体尤为关注的健康医疗、品质养老等方面的养老型金融产品占比低、种类少，缺乏对老年群体金融需求的深度调研及适当的资产配置方案。目前市场涌现的一批适老化应用，也难以满足银发群体的个性化、多样化需求，且市场主体为年轻群体，致使网络信息传播呈现年轻化特征，信息含义及其表达方式大幅改变，老年人参与数字金融难度较大。

究其原因，适老化的应用，需要经过精心设计和测试，以确保在老年人群体中易于使用和可靠，然而相关设计团队及个体人才在市场上极其缺乏。老年人使用的设备大多落后于当前时代，而硬件设备限制往往影响应用程序运行情况，历史遗留问题和硬件状况大幅度限制了适老化设计的兼容性。开发及推广适老化应用会极大程度增加商业谈判的难度和开发成本。考虑适老设计通常去除开屏广告，与多数应用收入渠道存在冲突，企业改造动力不足。

金融机构和科技公司在开发针对老年人的数字产品时，业务指引及操作流程不够通俗易懂，导致老年群体因看不清、读不懂、无人解释等原因无法及时、完整获悉重要告知事项，无法准确辨别和选择金融服务。而且，由于缺乏对老年人特定风险承受能力的了解，现有的数字化养老产品往往未能提供与他们需求相匹配的风险管理方案，导致产品吸引力不足。技术层面的不足也体现在数据的收集、处理和分析上。尽管大数据和人工智能为个性化服务提供了可能，但老年人的金融数据往往分散且不完整，使得精准画像和个性化推荐难以实现。同时，数据安全和隐私保护问题也制约了金融机构和科技公司的数据利用，因为老年人对数据安全更为敏感，对隐私泄露的担忧可能阻止他们使用数字金融服务。

（三）相关法律和监管制度不完善

除了技术与信息不足，法律和监管体系的滞后也是一个不容忽视的问题。尽管养老金融的政策在持续推动，但与快速发展的数字技术相比，相关法律法规的建设步伐显得滞后。现有的法律体系中，与养老金融相关的法规尚不健全，特别是在数字养老金融这一新兴领域，法律空白和操作细则的缺失尤为明显。这导致在实际运行中，部分业务可能游走在法律边缘，给市场参与者带来不确定性，同时也给消费者权益保护带来挑战。面对数字养老金融的高速发展，现有的监管手段和技术可能不足以应对新兴风险，例如，对数据安全、隐私保护和消费者信息安全的监管可能存在滞后，使得不法分子有机可乘，对老年人的金融安全构成威胁。而且，对金融科技的创新应用，例如，人工智能、区块链等，监管机构需要不断更新知识库，提高对新技术的理解和应用能力，有效进行风险防范。

消费者教育与权益保护机制的缺失。我国消费者的金融素养在年龄分布上呈现出倒 U 形，60 岁以上群体的金融素养偏低。由于金融知识的匮乏、信息的获取能力和甄别能力的低下，老年群体往往无法识别不法分子制造的各种数字化金融骗局，容易成为金融违法活动的受害者。数字养老金融的复杂性往往使消费者，尤其是老年消费者，在面对产品选择时感到困惑。针对欺诈行为的威慑力不足，使得一些不法分子利用老年人的数字素养差距，进行金融诈骗。此外，监管机构对新技术的把握和理解也存在挑战，如何在鼓励创新与保护消费者之间找到平衡，是监管体系必须面对的难题。现有的消费者教育体系可能不足以帮助他们理解数字金融产品，识别欺诈行为，以及有效维护自身权益。这不仅降低了老年人使用数字养老金融的积极性，也加大了市场公平性的挑战。

综上所述，养老金融作为解决养老问题的重要途径之一，其发展备受关注。面对挑战，我国数字适老化金融建设的潜力依然巨大。未来，随着人口老龄化的加剧和数字化、智能化技术的发展，养老金融市场将迎来更大的发展机遇。随着科技的进步、政策的引导和市场的自我调整，金融机构将更加注重养老金融产品创新和服务的提升，以满足不同人群的养老需求。同时，数字化技术将进一步推动养老金融服务的普及和优化，使得养老服务更加便捷、智能化。此外，养老金融产品的风险管理和监管也将更加严格，以保障市场的稳定和健康发展。通过克服现有问题，数字养老金融将在应对老龄化问题上发挥更大的作用，推动我国养老金融体系的现代化，为构建包容、普惠的养老服务体系做出贡献。为实现老有所养、老有所依的目标提供有力支撑。

五、数字金融服务适老化建设的国外经验借鉴

（一）制定政策以数字技术促进老龄化

政府通过颁布养老规划、设立专门的机构和协会等方式，引导社会各

界重视适老化服务，并采取了一系列措施来加强适老化服务管理。2019年，美国发布的《支持人口老龄化的新兴技术》报告中提出，采用人工智能、智能家居、物联网、机器人、新材料、生物医学、下一代无线网络等创新技术，从日常独立生活能力、认知能力、沟通和社会联系、个人行动、交通、医疗服务六个方面提高老年人生活质量。报告认为，公共、私人和慈善部门应在多个科学领域共同合作，将前沿领域的创新融入家庭和社区。日本政府在2018年发布的《老龄社会白皮书》中就已提出推进"Society 5.0"有关利用先进技术应对老龄化的策略，以便充分利用先进技术提高生活质量，建立技术利用的良性循环，让技术创新与老龄社会相互积极影响，并将数字技术确定为应对老龄化挑战的一个有效手段。

（二）以模式创新推进数字金融适老化建设的发展

新加坡的数字养老金融模式旨在通过数字化手段提高养老金管理的效率和透明度。通过SingPass Mobile应用访问中央公积金制度（CPF）在线服务，实现养老金查询、支付和结算；通过CPF投资计划允许会员通过数字平台投资股票、债券和共同基金等金融产品；通过政府提供退休需求计算器等在线工具，帮助公民根据个人财务状况和目标制定养老计划；通过CPF网站、社交媒体和公共研讨会等渠道，积极推广养老金融知识；通过CPF系统采用多层安全措施，包括双因素认证、定期的安全审计和加密技术；同时，新加坡金融管理局（MAS）还制定了一系列政策和指导原则，在促进金融科技创新的同时确保系统的稳定和安全。新加坡通过全面的数字基础设施的建设，不仅改善了全民的金融素质教育，还实现了数字金融适老化建设的创新发展。

强大的数字支付和结算系统使得瑞典几乎实现现金无流通，养老金系统高度数字化，允许通过银行在线服务或专门的应用程序管理养老金账户；提供多样化和个性化的养老金融产品，如私人养老保险和基于投资的产品，这些可以通过数字平台进行管理，同时也提供高度个性化的服务，包括在线工具和应用程序，帮助用户制定养老计划；在风险管理和安全保障方面，采用先进技术保护用户数据和交易安全，包括强大的加密技术和身份验证系统。瑞典通过制定明确的法律和规章支持数字养老金融的发展，监管机构负责监督市场，保护消费者利益，通过跨部门的合作与协作推进数字金融产品的多元化和个性化。和新加坡类似，重视改善全民金融素质教育。

（三）重视适老化金融消费者的权益保护

发达国家高度重视适老化金融消费者的权益保护。美国联邦储备系统的金融消费者保护局专设了一个名为"老年人金融保护办公室"（Office for Older Americans）的机构，负责 62 岁以上老年人的金融消费保护。该办公室定期发布金融风险防范提示和理财防骗指南，并通过与非营利组织、金融机构、执法机关和老年人法律援助机构等的合作，保障老年群体的金融安全。美国一家名为 True Link Financial 的公司推出了一款智能信用卡，可以通过设置限额、限制消费地点等方式帮助老年人防范诈骗，95% 的用户表示该卡片确实有助于提高他们的安全感和信任感。不仅如此，针对遗产管理方面的问题，美国大都会人寿保险公司推出了一款名为"MetLife Infinity"的数字遗产管理平台，旨在帮助老年人管理和保护他们的数字遗产和信息。该平台支持多种数字资产的管理和传承，包括社交媒体账号、云存储、虚拟资产等，为老年人提供了更好的数字安全。日本则在县和市设立了专门的消费者事务中心，专注于消费者咨询和教育工作，包括提供防债务诈骗、金融投资知识讲座等服务。此外，日本还在全国范围内实施了老龄友好城市计划，旨在对媒体、社交、购物、旅游、医疗、保健、教育、养老等生活场景进行无障碍改造。

发达国家率先进入老龄化社会，在探索适老化金融服务方面积累了丰富经验。它们不仅建立了相对完善的适老化金融服务体系，而且在适老化金融服务理念、产品配置和 ESG 投资应用方面拥有成熟模式。金融机构将适老化服务融入公司治理、日常经营和业务发展，形成了关爱老年群体、热情服务的金融文化。同时，将适老化金融服务理念贯穿到了老年群体的金融投资者教育和消费者权益保护等各个领域，以确保老年群体能享受到普惠、温暖的金融服务。我国正处于适老化金融服务体系建设的关键时期。通过借鉴国际经验，并结合我国实际情况，可以从理念推广、制度完善、产品优化和数字化转型等方面着手，加快推进适老化金融服务创新，以满足我国日益增长的适老化金融需求，并为广大老年群体提供更加普惠适宜的金融服务。

六、数字金融服务适老化建设的优化策略

（一）政府角度——加强监管，夯实基础设施建设

完善法规体系与强化监管效力。通过立法手段，制定覆盖储蓄、投资、保险、信托等多元金融形态的综合性法规，以确保养老金融产品和服务的合法性、信息透明度以及权益保障的充分性。细化产品规则，明确规定养老金融产品的设计、发行、销售及后续服务各环节的规范要求，强化信息披露，要求金融机构在提供养老服务过程中充分披露产品信息，清晰揭示风险。推行老年人专属的客户适宜性管理制度，确保金融机构在推介产品或服务时充分考虑老年人的个体特征。避免不当销售，立法严禁基于年龄的金融歧视行为，明确金融机构有义务提供无年龄障碍的服务环境，如采用简化的合同文本、通俗易懂的语言表述，以及配备无障碍设施等。根据不同地区，采取差异化协同发展措施使全省人民共享智慧养老发展成果。同时，政府也要加大宣传，引导社会各类社会组织、

社团机构，密切关注老年群体的现实需要，积极做好老人网络应用的技术培训与指导工作，使老人更愿意掌握、乐意使用新型的信息网络工具，提高老年群体的数字金融素养，帮助老年群体跨越智慧养老领域"数字鸿沟"。

完善数字基础设施建设，构建数字金融服务体系。政府要继续加大数字基础设施投入，不断推进数字基础设施建设。各级部门需要积极参与数字养老模式建设，协调数字养老服务各方主体积极融入并不断优化适老化建设模式。制定相应的扶持政策，研究建立怎样的标准来确立数字金融服务体系，为适老化建设等数字化服务模式提供规范化保障，打造智慧养老数字金融服务体系，确保数字养老产业可持续性发展。

（二）金融机构和金融产品角度——强化适老化改造，提供个性化金融服务

建议商业银行充分挖掘养老客群的潜在需求，搭建养老金融综合服务平台，为他们提供个性化的金融服务，例如，发行老年客户专属借记卡，并积极与互联网平台开展跨界合作，搭建银行统一的"金融＋非金融"养老金融综合服务平台。聚焦涉及老年客户和高频业务的服务场景，坚持传统服务方式与智能化服务创新并行，切实解决老年客户在接受金融服务时遇到的突出困难，为老年客户提供更周全、更贴心、更直接的便利化服务。老年用户通常面临更复杂的健康需求和更频繁的医疗服务使用，将数字银行服务与医疗行业紧密整合，例如，开发一键支付医疗费用的功能，或者与保险公司协作，提供简化的医疗保险理赔流程等。整合养老产业各方资源，通过与服务提供商、投资运营商等各类市场主体开展全方位、高层次合作，形成涵盖老年医养、老年服务、老年文化、老年出行等诸多环节的完整养老产业链条，探索创新型获客模式。同时，开展对公、机构条线协同，以智慧政务、养老产业联盟等形式。整合养老服务链条上下游资源，有效提升获客、留客能力。

强化数字金融服务适老化改造，移动应用与网银界面应遵循老年人使用习惯。采用大字体、直观简洁的设计风格，并集成语音识别、一键求助等便捷功能，降低操作难度。结合智能辅助与人工支持，提供实时在线帮助与人工介入选项，提升老年人的防欺诈能力，强化风险提示与账户安全防护机制，使数字化服务成为老年人易于接受、乐于使用的金融工具。逐步实现金融术语的去专业化，保留柜面业务员，提供"一站式"解决方案。持续创新与迭代升级。金融机构需定期收集并深入分析老年人的反馈信息，积极探索新业务模式、技术创新与跨行业合作，如引入区块链、数字货币、元宇宙等前沿技术，为老年人提供前瞻性的养老金融解决方案，以应对未来养老金融市场的挑战与机遇。

银行业等金融机构要积极跟进市场化运作，将各项数字养老金融服务纳入全面风险管理体系，遵循"主动防、智能控、全面管"的风险管理方法，达到对各项业务、机构、风险和人员管理的整体保障、全面渗透和智能监控。借助数字化技术和大数据的使用，提高多方面联合风险控制能力，对于信用风险、欺诈风险、操作风险、合规风险等不同种类风险，改进监测模型，提升风险主动预警及处置能力。大力引进和培养数字金融助力智慧养老领域发展急需的专业人才，加快开展养老服务人员专业教育和培训，特别是数字金融相关的培训和指导，增强其专业能力和职业素养，让其合理利用金融科技，不断创新，充分发挥数字金融在发展智慧养老领域的支持力。

（三）居民个人角度——加强金融教育建设，提升参与金融活动的信心

联合政府、社区、教育部门等多元主体，共同推动面向老年人的金融知识普及教育与数字技能培养，深化老年人对金融概念的理解，增强其风险识别与防范能力，知晓权益维护的基本知识，同时提升其适应数字化时代的技能，未来应着重提升老年人的数字技能，通过社区教育、家庭辅导等方式，帮助他们掌握基本的数字工具使用技巧。同时，金融机构需开发更加友好的界面，简化操作流程，以适应老年人的特殊需求。在数据处理上，应注重隐私保护，通过合规的数据收集和处理技术，提升老年人对数字服务的信任度。如熟练使用智能手机、进行在线交易等。通过系统化、针对性的教育赋能，老年人跨越认知壁垒，增强对金融产品的理解力与接纳度，进而提升参与金融活动的信心与主动性，有效减少因知识与技能欠缺引发的金融排斥现象。通过宣传数字普惠金融的好处（有用性）、方便性（易用性）和可靠性，全面提升老年人的金融福祉。设立专业的咨询服务团队，耐心、细致解答老年人对产品与服务的各种疑问，有效消除因信息不对称导致的困扰，增强其对金融市场的信任感。此外，构建完善、高效的投诉处理机制，确保老年人在遇到问题时能得到及时、有效的解决，切实保障其合法权益。对于金融欺诈行为，尤其是针对老年人的不法侵害，养老金融机构应秉持零容忍态度，加强风险预警与监控，积极协助监管机构严厉惩治违法行为，共同营造一个公平、透明、可信赖的金融生态环境，为老年人的晚年安宁提供坚实的金融保障。

参考文献

［1］陆岷峰、徐玉锋："基于数字养老金融理论与国际案例借鉴的数字养老金融探索"《金融科技时代》，2024 年第 5 期，第 23—32 页。

［2］施文凯、董克用："人口老龄化背景下建设中国特色养老金融体系研究"，《中国高校社会科学》，2024 年第 1 期，第 96—104 页。

［3］朱苡榕："俄罗斯《数字金融资产法》及其对我国的启示"，《商业经济》2023 年第 7 期，第 175—178 页。

［4］阳义南、刘振伟："老年人金融排斥的养老金融发展治理研究"，《西安财经

大学学报》2024 年第 5 期，第 67—76 页。

[5]詹子怡等："数字化金融助力智慧养老模式创新研究"，《内蒙古科技与经济》2023 年第 6 期，第 37—42 页。

[6]杨燕绥、闫俊、刘方涛："中国延税型养老储蓄政策的路径选择"，《武汉金融》2012 年第 8 期，第 8—11 页。

[7]胡继晔、王慧："构建养老金生态体系 发挥第三支柱'四位一体'功能"，《清华金融评论》2021 年第 2 期，第 86—88 页。

[8]马海龙："商业银行在养老金融服务方面扮演的角色研究"，《金融经济》2015 年第 18 期，第 50—51 页。

[9]高文静："我国商业银行养老金融业务发展的困境与对策研究——基于美国经验的借鉴"，《科技与金融》2023 年第 11 期，第 59—62 页。

[10]曲海慧、梅兴文："数字银行促进数字金融和养老金融融合发展"，《中国银行家》2023 年第 12 期，第 128—129 页。

[11]刘润心、邱格磊："金融科技对商业银行养老金融的助力及发展策略"，《三明学院学报》，2022 年第 10 期，第 30—39 页。

图书在版编目（CIP）数据

数字金融与高质量发展研究 / 张立冬等著. -- 上海 ：
上海社会科学院出版社，2025. -- ISBN 978-7-5520
-4661-8

Ⅰ. F832-39

中国国家版本馆CIP数据核字第2025EM0487号

数字金融与高质量发展研究

著　　者：张立冬、方维慰、王德华、范玮等
责任编辑：周　萌
封面设计：黄婧昉
出版发行：上海社会科学院出版社
　　　　　上海顺昌路622号　邮编200025
　　　　　电话总机021－63315947　销售热线021－53063735
　　　　　https://cbs.sass.org.cn　E-mail: sassp@sassp.cn
排　　版：南京展望文化发展有限公司
印　　刷：上海新文印刷厂有限公司
开　　本：710毫米×1000毫米　1/16
印　　张：21.75
字　　数：288千
版　　次：2025年6月第1版　　2025年6月第1次印刷

ISBN 978-7-5520-4661-8 / F·814　　　　　定价：98.00元